PETER WINKLER
Amerika hat die Wahl

PETER WINKLER

AMERIKA

HAT DIE WAHL

Wie der Kampf ums Weiße Haus
unsere Zukunft bestimmt

QUADRIGA

Originalausgabe

Copyright © 2024 by Bastei Lübbe AG,
Schanzenstraße 6–20, 51063 Köln

Vervielfältigungen dieses Werkes für das
Text- und Data-Mining bleiben vorbehalten.

Textredaktion: Burkard Miltenberger, Berlin
Umschlaggestaltung: Massimo Peter-Bille
unter Verwendung eines Motivs von © shutterstock: Digital Media Pro
Satz: hanseatenSatz-bremen, Bremen
Gesetzt aus der Minion Pro
Druck und Verarbeitung: GGP Media GmbH, Pößneck

Printed in Germany
ISBN 978-3-86995-139-3

5   4   3   2   1

Sie finden uns im Internet unter quadriga-verlag.de
Bitte beachten Sie auch: lesejury.de

Inhalt

Einleitung: Die Qual dieser ganz besonderen Wahl

»Amerika hat die Wahl« – und das in vielerlei Hinsicht. Buchstäblich am 5. November, wenn das grosse Finale des Wahlzyklus 2024 über die Bühne gehen soll. Aber statt freudiger Erwartung herrscht im Publikum im Vorfeld vielmehr Unmut. Da stehen sich aller Wahrscheinlichkeit nach zwei alte weiße Männer gegenüber, der amtierende und ein ehemaliger Präsident, die eine Mehrheit der Amerikaner eigentlich gar nicht mehr wählen möchte. Der eine wäre bei seiner Vereidigung 82 Jahre alt, der andere 79. Ist es so schwierig, anderes, vielleicht gar jüngeres Personal zu finden?

Wir wissen vermutlich immer noch nicht, ob es wirklich zu diesem Duell kommen wird. Im amerikanischen Wahlkampf ist vieles möglich. Doch selbst wenn im November Joe Biden und Donald Trump zur Wahl antreten, steht mehr auf dem Spiel als nur die Frage, welcher der beiden der westlichen Führungsmacht vorsteht. Amerika hat auch die Wahl, ob es den Aufbruch in eine Zukunft wagen will, in der es auf seine vielfältig zusammengesetzte Bevölkerung stolz ist und in der zwar ein gesunder Wettbewerb herrscht, sich die verschiedenen Gruppen aber nicht stets neidisch belauern und missgünstig gegenüberstehen. Oder wollen sich die USA doch lieber noch einmal rückwärts wenden, vergangene Größe herbeisehnen und die Zeiten der unbestrittenen weißen Vorherrschaft beschwören?

Amerika hat auch die Wahl, ob es seine Führungsaufgabe im Lager der freiheitlichen Demokratien in einem kooperativen oder einem konfrontativen Stil wahrnehmen will – und nicht zuletzt hat es die Wahl, ob es diese Rolle überhaupt noch spielen will. Das sind Fragen, die auf Amerika zukommen, ob nun einer der zwei alten weißen Männer Präsident wird oder doch noch jemand anderer. Und es sind Fragen, die uns auch diesseits des Atlantiks bewegen und bewegen müssen.

In manchen europäischen Staaten scheinen die Meinungen allerdings bereits gemacht: Da heißt es, das Duell der Alten sei schlechte Werbung für die Demokratie, die im letzten Jahrzehnt von autoritären »Gegenmodellen« ohnehin immer stärker unter Druck geraten ist. Dass ein Duell stattfinden könnte, das eigentlich die Mehrheit nicht will, wird häufig den amerikanischen Republikanern und ihrer Hinwendung zu Donald Trump angelastet. Sie hätten die Chance verpasst, sich von Trump zu emanzipieren, dann hätten sie eine unbelastete Figur in eine aussichtsreiche Position für die Wahl im Herbst bringen können. Und dann hätte vielleicht auch Biden der Versuchung widerstehen können, trotz seiner unübersehbaren Schwäche erneut anzutreten. Biden fühlt sich gegenüber dem Mann, den er aus dem Weißen Haus verdrängte, im Vorteil. Und offensichtlich glauben auch viele Demokraten, dass ein Mann mit so viel Gepäck wie Trump unmöglich noch einmal gewinnen könne.

Genau deshalb wollen Biden und die Mehrheit der Parteiführung offenbar im November den dramatischen Showdown des klassischen Westerns inszenieren. Dafür kamen ihnen die verschiedenen Strafverfahren gegen Trump gerade recht. Sie wussten natürlich, dass die Anklagen im gegnerischen Lager zu einem Wagenburg-Effekt führen würden, dass sich die Republikaner um

Trump scharen würden und dass es für jeglichen Herausforderer in der Republikanischen Partei umso schwerer werden würde.

Trotz beunruhigender Umfrageresultate in einigen kritischen Bundesstaaten rechnen sich die Demokraten für die Wahl im November 2024 deshalb Vorteile aus. Die Medienberichte über die Prozesse oder deren Vorbereitungen sollen dafür sorgen, dass Trumps Tabubruch nach der letzten Präsidentenwahl in den Schlagzeilen bleibt. Er selbst wird keine Gelegenheit auslassen, die Mär von der »gestohlenen Wahl« zu verbreiten und sich als Opfer dunkler Machenschaften darzustellen. Er soll dazu provoziert werden, immer schrillere Töne anzuschlagen, was in den letzten Monaten des Jahres 2023 bereits unüberhörbar der Fall war. Das müsste ihn, so lautet das Kalkül der Demokraten, für Wechselwähler und Unabhängige unwählbar machen. Zugleich soll es die potenziellen demokratischen Wählerinnen und Wähler derart aufschrecken, dass sie hoch motiviert an die Urnen strömen.

Sollte der Plan der Demokraten aufgehen, würde Trump sowohl rechtlich als auch politisch zur Verantwortung gezogen: einerseits mit möglichen Schuldsprüchen vor Gericht, andererseits mit einer weiteren Wahlniederlage. Das wäre, so hoffen sie, ein wirksames Mittel der Abschreckung gegen all jene, die sich Trump und dessen Verhalten nach seiner Wahlniederlage 2020 zum Vorbild machen wollen. Das einzige Problem dieser Wette ist, dass auch ein ganz anderer Ausgang möglich ist. Ein Sieg Trumps hätte verheerende Folgen. Eine Wiederwahl würde ihn nicht nur für geraume Zeit juristisch unantastbar machen, sie würde ihn und seinen Versuch, die friedliche Übergabe der Macht zu torpedieren, auch politisch rehabilitieren.

Trump hat bereits mehrfach damit gedroht, dass er sich im Fall eines Wahlsiegs rächen werde. Er schiebt vor, Unrecht vergelten zu wollen, das seinen Wählerinnen und Wählern angetan worden sei. Aber es ist völlig klar, dass es ihm nur um seine eigene Person geht. Es ist kaum vorstellbar, dass Trump nicht versuchen würde, diese Drohungen wenigstens zum Teil wahrzumachen. Es könnte dann in Amerika zum neuen Normalzustand werden, dass jene an der Macht den politischen Gegner mit Strafverfahren überziehen.

Wenn es denn so offensichtlich ist, was die Demokraten vorhaben, so fragt man sich unwillkürlich, warum die Republikaner das Spiel mitspielen. Dafür gibt es eine Reihe von Erklärungen. Die einfachste ist, dass ein wesentlicher Teil der konservativen Wählerschaft kompromisslos hinter Trump steht. Dieser hatte die Republikanische Partei mit seinem Sieg in den Vorwahlen von 2016 gekapert wie ein Pirat. Die unfreundliche Übernahme war relativ einfach, weil die Partei sich in einer Identitätskrise befand. Vier Jahre zuvor, 2012, hatte sie nämlich gegen einen Präsidenten verloren, der wegen des schleppenden Gangs der Wirtschaft und wegen der damals äußerst unbeliebten Reform der Krankenversicherung durchaus zu schlagen gewesen wäre. Aber Barack Obama siegte, dank einer Regenbogenkoalition mit Mehrheiten bei den Frauen, den jungen und den nicht weißen Wählern.[1] Die republikanische Führung stellte ihre Strategie daraufhin auf den Prüfstand. In ihrer Analyse kam sie zum Schluss, die Partei müsse sich gegenüber genau diesen Wählergruppen stärker öffnen, um wieder wachsen und sich reale Siegeschancen erarbeiten zu können.[2]

Doch die Parteibasis hatte andere Pläne. Unter den Bewerberinnen und Bewerbern, die vier Jahre später versuchten, den Sprung ins Weiße Haus zu schaffen, wählten sie exakt denjenigen, der von einer Öffnung der Partei für neue Bevölkerungsschichten am wenigsten hielt. Ganz im Gegenteil – Donald Trump wandte sich vornehmlich an die Weißen und schaffte es, diese immer noch größte Wählergruppe in einer Art zu mobilisieren, die kaum jemand für möglich gehalten hatte.

Die Übernahme der Republikanischen Partei durch Trump war auch darum so einfach, weil es die beiden großen Parteien in Amerika in den letzten Jahrzehnten zuließen, dass von außen kommende, manchmal intransparente Kräfte über ihre Geldspenden sehr viel Einfluss erhielten. Die Ohnmacht der Parteien, unerwünschte Quereinsteiger abzuwehren, zeigte sich 2016 exemplarisch. Trump, der republikanische Kandidat, hatte seine Parteizugehörigkeit wie die meisten seiner Ansichten immer wieder mal gewechselt; er hatte sich auch schon als Demokrat und als Unabhängiger registrieren lassen. Bei den Demokraten war Bernie Sanders, der plötzlich zum überraschend starken Rivalen Hillary Clintons aufstieg, nicht einmal Parteimitglied.

Amerika ist nicht Europa
Wenn ausländische Journalisten und Analytiker vor einer Wahl jeweils die Parteiprogramme mit der Lupe nach politischem Sprengstoff absuchen und atemlos darüber berichten, wenn sie welchen gefunden haben, bedeutet dies vor allem eines: Sie haben das amerikanische Parteiensystem missverstanden, weil sie es aus einer europäischen Perspektive heraus betrachteten. Die beiden großen Parteien, die Demokraten und die Republikaner, unterscheiden sich jedoch fundamental von ihren europäischen Schwestern. Früher waren sie in erster Linie bloße »Wahlmaschinen« gewesen. Die Spannweite ihrer Flügel war dermaßen groß, dass sich darunter problemlos vier oder mehr Parteien im westeuropäischen Sinn wiederfinden konnten. Eine gemeinsame ideologische Ausrichtung existierte kaum.

Das hat auch mit ihrer etwas eigenartigen Führungsstruktur zu tun. Formell stehen den Parteien zwar Leitungsausschüsse vor, das Republican National Committee (RNC) und das Democratic National Committee (DNC). Aber deren Aufgabe ist grundsätzlich administrativer Natur. Die wirklichen Chefs der amerikanischen Parteien sind amtierende Präsidenten oder die Präsidentschaftskandidaten, wenn ihre Nominierung feststeht. Selbst wenn diese an Macht und Einfluss verlieren, wenn sie zu »lame ducks« werden, zu lahmen Enten, die nichts mehr bewirken können, droht in der Regel keine Gefahr von der formellen Parteiführung in den Leitungsausschüssen. In diesem Fall positionieren sich eher Parteikolleginnen und -kollegen im Kongress oder einflussreiche Gouverneure, um personelle Fragen zu klären. Doch solange sie noch Autorität haben und politisches Gewicht auf die Waage bringen, lassen sich Präsidenten ganz sicher nicht von einem Parteiprogramm vorschreiben, was sie zu tun oder zu lassen haben.

Für Kandidaten sind solche Programme eigentlich nur bis zum Wahltag interessant. Mit einem Verweis auf die eine oder andere Passage im Parteiprogramm können sie den verschiedensten Interessengruppen einigermaßen glaubwürdig versichern, dass sie deren Anliegen gehört, ernst genommen und auf die politische Tagesordnung gesetzt haben. Dabei gibt es allerdings einen Abnutzungseffekt, denn an Interessengruppen mangelt es auch in Amerika nicht. Die Programme gleichen darum Listen für den Großeinkauf: Es gibt kaum einen Artikel des täglichen Bedarfs, der nicht darauf zu finden ist. Die Folge ist, dass das Wahlprogramm noch mehr an Relevanz verliert.

Das hat sich bis heute nicht wesentlich geändert, auch wenn die Spannweite der Parteiflügel stark geschrumpft ist und es zwischen den Parteien kaum noch ein Überlappen in der Mitte gibt. Trump ging 2020 noch einen Schritt weiter. Er verzichtete darauf, überhaupt ein Parteiprogramm ausarbeiten zu lassen. Vielleicht ist es auf seinen unternehmerischen Hintergrund zurückzuführen, dass er am Sinn einer arbeits- und kostenintensiven Übung zweifelte, die eher früher als später sowieso Makulatur wird.

Trumps Verzicht auf ein Programm ist aber auch die Konsequenz eines anderen, immer stärker spürbaren Trends bei den amerikanischen Präsidentenwahlen: Der wichtigste Programmpunkt lautet »Siegen« – oder wenigstens »Verhindern, dass der Gegner gewinnt«. Dazu reicht es, Reizthemen zu bewirtschaften, damit den potenziellen Wählerinnen und Wählern möglichst der Schreck in die Glieder fährt. Das gezielte Schüren von Furcht und Abneigung mag langfristig für die Demokratie schädlich sein, leider funktioniert die Methode jedoch ziemlich gut, und zwar nicht erst, seit Donald Trump am 16. Juni 2015 im New Yorker »Trump Tower« die goldene Rolltreppe hinunterglitt, um seine Bewerbung für das Präsidentenamt bekanntzugeben. Henry Adams, ein Spross jener neuenglischen Familie, die im 18. und 19. Jahrhundert zwei amerikanische Präsidenten gestellt hatte, erkannte dies schon vor über 100 Jahren. In seiner Autobiografie mit dem Titel »The Education of Henry Adams«, für die er 1919 posthum den Pulitzer-Preis erhielt, schrieb er über seine Heimat: »Politik, egal welcher Ausrichtung, war in der Praxis schon immer das systematische Organisieren von Hass.«[3]

Politische Geiselhaft
Unter Trumps Führung ist die Grand Old Party, wie sich die Republikanische Partei immer noch gerne nennt, unberechenbarer und aggressiver geworden. Sie hat sich Trump ausgeliefert, weil dieser in der Basis auf eine große, überaus loyale Gefolgschaft zählen kann. Unter jenen, die am Vorwahlprozess teilnehmen, wird ihr Anteil auf mindestens 30 bis 40 Prozent geschätzt. Die angebliche Politisierung der Justiz durch die Demokraten hatte dann den von den Demokraten gewünschten Effekt: Sie trieb die Republikaner in die Arme Trumps. Die erste Vorwahl in Iowa am 15. Januar zeigte, dass dieser praktisch ohne Anstren-

gungen 51 Prozent der Stimmen ergattern konnte. Sein stärkster Rivale, Gouverneur Ron DeSantis aus Florida, hatte monatelang sämtliche Countys von Iowa bereist, immerhin 99 an der Zahl, und sich ganz auf den Bundesstaat konzentriert. Er konnte nicht ein einziges County für sich entscheiden und landete weit abgeschlagen mit gut 21 Prozent der Stimmen auf Platz 2. Man könnte einwenden, dass Iowa zwar den Reigen der Vorwahlen eröffnete und darum viel Aufmerksamkeit erhielt, dass aber die Resultate aus dem betont ländlichen, weissen und religiösen Iowa nie besonders relevant seien. Dies ist insofern richtig, als ein Sieg in Iowa noch nicht viel über die Chancen im November aussagt. Aber Tatsache ist, dass Niederlagen in Iowa schon viele Ambitionen auf das Präsidentenamt zunichte machten, ganz genau so, wie es DeSantis widerfuhr.

Die republikanischen Wähler über einen Leisten zu schlagen und als reaktionäre Rassisten abzustempeln ist nicht zielführend. Im gegenwärtig gültigen System, bei dem die Präsidentschaftskandidaten in Vorwahlen im ganzen Land gekürt und dann an einem Parteikonvent formell bestätigt werden, ist es sehr schwierig, sich gegen eine solche Sperrminorität von 30 bis 40 Prozent durchzusetzen. Trump hätte nur erreichen müssen, dass seine Rivalen einander den Rest der Stimmen streitig machen, dann würde keiner von ihnen auch nur entfernt an seine Werte herankommen. Wir wissen, dass es anders kam. Selbst als er nur noch eine Konkurrentin hatte, schaffte er es mühelos, die Mehrheit zu ergattern. Und sogar wenn in konservativ gesinnten Kreisen eine Mehrheit offen für eine alternative Kandidatur gewesen wäre, hätte sie schlechte Karten, um sich gegen die Hindernisse des Vorwahlsystems durchzusetzen. Die Gründe dafür werden in den Kapiteln fünf und sechs breiten Raum einnehmen.

Die Demokraten spielen auf ihre Weise mit. In ihrer Bewertung des Geschehens kann es ihnen nur nützen, wenn Trump wieder zum offiziellen Kandidaten nominiert wird. Schließlich hat er die Republikaner 2018 und 2020 in eine Niederlage geführt und 2022 dafür gesorgt, dass ihr Ergebnis bei den Kongresswahlen weit hinter den Erwartungen zurückblieb. Mit dem Verweis auf die Erstürmung des Kapitols in Washington am Dreikönigstag 2021 setzen die Demokraten alles daran, Trump als Anführer eines unkontrollierbaren Mobs darzustellen. Dafür werfen sie alles Republikanische in einen Topf, alles wird – unter Berufung auf Trumps Losung »Make America Great Again« – mit der leicht erkennbaren und abschreckenden Marke MAGA versehen. Auch dieses Vorgehen gleicht frappant der Politik, wie sie Henry Adams beschrieben hatte.

Vielleicht haben die Demokraten recht, und sie können gegen Trump auch mit einem gebrechlich wirkenden Kandidaten gewinnen. Aber es gab in Amerika immer wieder Wahlen, deren Ausgang gesichert schien, bis sie in einer Überraschung endeten. Die Wählerinnen und Wähler schätzen es nicht, wenn sie den Eindruck haben, es werde in den Machtzirkeln vorbestimmt, wie sie sich zu verhalten hätten. Präsident Harry Truman hatte das große Vergnügen, nach seiner unerwarteten Wiederwahl im Jahr 1948 eine Ausgabe der »Chicago Daily Tribune« vorzeigen zu können, auf der etwas voreilig seine Niederlage verkündet wurde.[4] Hillary Clinton sowie weite Teile der medialen Landschaft und der Meinungsforschungsinstitute erlebten die letzte große Überraschung 2016 am eigenen Leib. Über Sieg und Niederlage entschieden sowohl damals als auch 2020 nur einige zehntausend Stimmen.

Dieses Buch wird nicht voraussagen, wer im November 2024 zum Präsidenten der USA gewählt wird. Das kann und will es auch gar nicht versuchen. Aber es kann vielleicht zeigen, was alles auf dem Spiel steht und warum das amerikanische Wahlsystem nicht immer bewirkt, dass der Wille des Volkes triumphiert.

1. Der Tabubruch und seine Folgen

Ein Gedankenspiel: Es ist der 6. Januar 2021, frühabends in Washington. Europa ist mit mulmigen Gefühlen zu Bett gegangen, und Amerika verfolgt fassungslos, was in seiner Hauptstadt vorgeht. Aufgebrachte Anhänger des abgewählten Präsidenten Donald Trump haben das Kapitol gestürmt. Dort nehmen sie eine Reihe von Geiseln, unter ihnen Vizepräsident Mike Pence und die demokratische Vorsitzende (Speaker) des Repräsentantenhauses, Nancy Pelosi. Die Polizeikräfte haben sich auf Verlangen der Besetzer aus dem Wahrzeichen der amerikanischen Demokratie zurückgezogen. Vor laufenden Fernsehkameras fordern Anhänger Trumps ultimativ, dass der Kongress das Ergebnis der »gestohlenen Wahl« vom 3. November 2020 korrigiere, andernfalls müssten die Geiseln mit »sehr ernsten Konsequenzen« rechnen. Die Gerüchte überschlagen sich. Hinrichtungen am Galgen, so heißt es, würden vorbereitet, mit Pelosi und Pence »ganz oben auf der Liste«. Pence hat den Zorn der Trump-Anhänger auf sich gezogen, weil er sich weigert, eine Anweisung des Präsidenten zu einem offenen Verfassungsbruch auszuführen. Pelosi hassen sie, weil die ebenso skrupellose wie erfolgreiche Demokratin für radikale Konservative in Amerika schon lange ein rotes Tuch ist.

Wie einfach das Kapitol gestürmt werden kann, erscheint grotesk. Trump hat die Menge mit einer aufrührerischen Rede vor dem Weißen Haus aufgepeitscht. Er gibt ihnen eine vielsagende Losung mit auf den Weg: »Wenn ihr nicht entschlossen kämpft, werdet ihr kein Heimatland mehr haben.« Er spornt sie auch später immer wieder an, als sie Polizeikordons gewaltsam durchbrechen, Fenster einschlagen und Türen ausheben. Vor dem Fernseher sitzend, verspricht er ihnen über Twitter den unmittelbar bevorstehenden Sieg. Ein gutes Dutzend republikanische Abgeordnete und Senatoren haben sich mit den Besetzern solidarisiert. Sie heißen zwar nicht das gewaltsame Vorgehen gut, stellen sich aber hinter die Forderung nach einer »Korrektur« des Wahlergebnisses.

Die Sicherheitskräfte sind wie gelähmt. Die Befehlsketten sind unterbrochen, und wichtige Entscheidungsträger wagen es nicht, dem Präsidenten offen zu widersprechen oder hinter seinem Rücken die Niederschlagung des Aufstandes anzuordnen. Die amerikanischen Streitkräfte müssen sich zurückhalten, da sie im Inland nur unter eng definierten Umständen eingesetzt werden dürfen. Die Nationalgarde des Hauptstadtbezirks Washington, die direkt dem Präsidenten unterstellt ist, erhält von einem seiner engsten Berater den Befehl, ihre Kaserne nicht zu verlassen.

Dagegen mobilisieren die benachbarten Bundesstaaten Maryland und Virginia ihre jeweilige Nationalgarde und bringen Einheiten an der Grenze zur Hauptstadt, auf den Zufahrtsstraßen sowie an anderen neuralgischen Punkten in Stellung. Die beiden Gouverneure haben sich abgesprochen und versuchen, das Machtvakuum in Washington wenigstens teilweise zu füllen. Sie wollen den Zugang zur Hauptstadt hermetisch abriegeln, denn aus dem ganzen Land treffen Berichte ein, wonach Zehntausende von Menschen, die meisten von ihnen bewaffnet, in

Fahrzeugkolonnen auf dem Weg seien, entweder um »die Patrioten im Kapitol zu unterstützen« oder um »die Demokratie gegen einen Putsch zu verteidigen«. Es soll bereits blutige Zusammenstöße zwischen solchen Gruppen geben.

In den Tagen des Chaos, die der Erstürmung des Kapitols folgen, läuft ein umfangreicher chinesischer Flottenverband Richtung Taiwan aus. Russland zieht Truppen an der Grenze der Ukraine und der baltischen Staaten zusammen. Die Welt hält den Atem an.

All das klingt zum Glück nur nach einem Albtraum oder einem Politthriller. Die tatsächlichen Ereignisse des Dreikönigstages 2021 waren zwar haarsträubend genug, aber sie stellten zu keiner Zeit eine akute Gefahr für die amerikanische Demokratie und keine unmittelbare Bedrohung für die amerikanisch geführten Verteidigungsbündnisse dar. Wir wissen nicht, wie weit Trump gegangen wäre, um im Weißen Haus bleiben zu können. Er ist gerissen genug, um sich in heiklen Situationen gern in eine vorsätzliche Mehrdeutigkeit zu flüchten.

Wir wissen, dass subalterne Mitglieder von Trumps Regierung und dubiose Einflüsterer von zweifelhafter juristischer Kompetenz ihn ermutigten, bis zum Letzten zu gehen und die Macht an sich zu reißen – natürlich alles zum Wohle des Landes. Wir wissen aber auch, dass es andere in Trumps Regierung gab, die sich im entscheidenden Moment daran erinnerten, dass sie ihren Eid auf die Verfassung der Vereinigten Staaten von Amerika abgelegt hatten, nicht auf den Präsidenten. Und wir wissen auch, dass es sich dabei zum Teil um Personen handelte, die zuvor in manchmal schrillen Tönen beschimpft worden waren, sie hätten kein Rückgrat, würden ihre Amtspflicht verletzen und gleichsam das Vaterland verraten, nur um Trump zufriedenzustellen. Zu diesen Personen gehörten Mike Pence, der damalige Vizepräsident, und Justizminister William Barr. Beide besannen sich im entscheidenden Moment auf ihre Pflicht dem Land gegenüber. Viele andere, die namentlich nie bekannt wurden, taten dies ebenfalls. Sonst wäre Trumps Versuch, das Wahlergebnis umzustoßen, nicht derart schnell im Keim erstickt worden.

1.1. Ein Schock, der rasch überwunden wird

Der Spuk im Kapitol am 6. Januar 2021 erschien, als die Ereignisse noch im Fluss waren, wie eine kleine Ewigkeit. Im Rückblick – die Sache war nach knapp vier Stunden zu Ende – wirkt das alles sehr überschaubar. Doch diese vier Stunden stellen eine Zäsur dar, die nie mehr ungeschehen gemacht werden kann. Der Sturm auf das Kapitol strahlte ein Signal aus, das weltweit gehört wurde. Die Ereignisse in Brasilien fast genau zwei Jahre später zeigten es deutlich: Das Beispiel in Washington hatte Schule gemacht. In Brasilia drang am 8. Januar 2023 ebenfalls ein Mob von Anhängern des unterlegenen Präsidenten Jair Bolsonaro mit Gewalt in die Amtssitze des Präsidenten, des Parlaments und des Obersten Gerichts ein, um das Wahlergebnis noch zu drehen. Wie die Trump-Anhänger im Norden zwei Jahre zuvor, waren auch sie fest davon überzeugt, dass ihr Idol eine faire Wahl ganz einfach nicht verlieren könne. Es musste sich zweifellos um Betrug handeln, und der Aufstand dagegen war patriotische Pflicht.

Trumps Verhalten war ein Tabubruch, dessen Folgen noch nicht absehbar sind. Er versuchte zum ersten Mal in der bald 250 Jahre alten Geschichte der USA, den vielleicht wesentlichsten Mechanismus einer Demokratie auszuhebeln: die friedliche Übergabe der Macht. Die Tragweite dieses Vorfalls schien nicht wenige zu überfordern. Es wurde verharmlost, beschönigt, vor Dramatisierung gewarnt: Im Grunde sei doch bloß eine Demonstration von Unzufriedenen aus dem Ruder gelaufen. Andere munkelten, es seien wohl linksradikale Provokateure am Werk gewesen. Konservative würden schließlich Recht und Gesetz verteidigen. Wieder andere wunderten sich öffentlich wie merkwürdig es gewesen sei, dass die Sicherheitskräfte sich derart übertölpeln ließen. Wer sucht, der findet – auch eine passende Verschwörungstheorie.

Abgesehen davon, dass die Sicherheitskräfte tatsächlich in einem erschreckenden Maß unvorbereitet wirkten, waren solche Wortmeldungen reine Ablenkungsmanöver. Zu verharmlosen gab es nämlich gar nichts. Selbst in den höchsten Führungsgremien der Republikanischen Partei saß der Schock über den gewaltsamen Sturm auf das Kapitol zunächst tief. Kein Wunder, denn viele von ihnen hatten die Sache aus bedrohlicher Nähe mitverfolgt oder mussten sogar in äußerster Not evakuiert werden. Einige hatten in den chaotischen vier Stunden ihre Liebsten angerufen, um sich für den Fall der Fälle verabschiedet zu haben. All das passierte wirklich an diesem Tag, den Donald Trump später, im Mai 2023, vor den Kameras von CNN[5] als »wunderschön« bezeichnen durfte.

Die Untersuchungen, die das Repräsentantenhaus unter demokratischer Führung über die Vorfälle des Dreikönigstags in die Wege leiteten, ergab in groben Strichen folgendes Bild: Angespornt von dubiosen juristischen Quacksalbern glaubte Trump, er könne mithilfe des Mobs und antiquierten Gesetzestexten das Wahlergebnis tatsächlich noch umstoßen und damit durchkommen. Die Horde war keineswegs nur ein Haufen empörter, fehlgeleiteter Anhänger des Präsidenten. Er bestand zum Teil aus gut organisierten und gewaltbereiten Gruppen, die in entscheidenden Momenten das Kommando übernahmen und den Verteidigungswall der Polizei durchbrachen. Es fällt rückblickend schwer, darin einen Zufall zu erkennen. Eine der beteiligten Truppen, die ohne jeden Zweifel einen Umsturz geplant hatte, waren die sogenannten Proud Boys, eine ultranationalistische Männermiliz mit Ablegern im ganzen Land. Sie hatten bereits im Wahlkampf von sich reden gemacht, weil sie Trump offensiv unterstützt hatten. In einer der Wahlkampfdebatten, die im Fernsehen direkt übertragen wurden, war Trump darauf angesprochen worden. Er wurde aufgefordert, sich von den Rechtsextremisten zu distanzieren. Doch Trump rief ihnen über den Äther zu: »Stand back, and stand by!« (»Haltet euch zurück, aber haltet euch bereit!«) Am Dreikönigstag waren die Proud Boys bereit, und sie waren nicht die Einzigen.

1.2. Neue Gipfel der Angstmacherei

Dass in den USA vor nationalen Wahlen düsterste Untergangsszenarien an die Wand gemalt werden, ist nicht neu. Das ist zweifellos eine Folge der außergewöhnlich starken Polarisierung, und diese wiederum mag mit dem Zweiparteiensystem zu tun haben, das in Amerika fest verankert ist. In anderen westlichen Demokratien trägt die Notwendigkeit, unter mehreren Parteien in Koalitionsverhandlungen wechselnde Mehrheiten zu schmieden, möglicherweise zu einer gewissen Mäßigung bei. Aber grundsätzlich gilt natürlich auch dort: Den Menschen Angst einzujagen wirkt als Wahlkampftaktik zu gut, als dass man darauf verzichten wollte. Das Kalkül zielt direkt auf die Emotionen und mobilisiert darum deutlich besser, als der Wählerschaft in nüchternen Analysen Vor- und Nachteile der einen oder der anderen Politik darzulegen.

2016 war es besonders hoch hergegangen. Der konservative Intellektuelle Michael Anton[6] verglich in den letzten Monaten des amerikanischen Wahlkampfs die Wahl zwischen

Trump und der Demokratin Hillary Clinton mit dem tragischen
Schicksal des »Flugs Nummer 93«. Dabei handelte es sich um
jenes vierte Flugzeug, das bei den Anschlägen vom 11. September
2001 von Terroristen entführt worden war und nach einem
Aufstand der Passagiere in Pennsylvania abstürzte, statt ins Kapitol zu krachen. Auch bei der Präsidentenwahl seien radikale
Maßnahmen nötig, argumentierte Anton. Denn nach acht Jahren unter dem linken Barack Obama würden weitere vier Jahre
demokratischer Herrschaft unter einer Präsidentin Clinton dem
konservativen Amerika mit Sicherheit den Todesstoß versetzen,
genauso wie es der »Flug Nummer 93« nach den Plänen der Hi-
jacker mit dem Kapitol hätte tun sollen. Clintons Sieg müsse um
jeden Preis verhindert werden, mit der bedingungslosen Unterstützung ihres Gegners Trump. Dessen Wahl, so lautete Antons
Botschaft, berge zwar auch erhebliche Risiken. Doch die Alternative sei, bildlich gesprochen, der sichere Tod.

Die Vorstellung, dass der Sieg des politischen Gegners fatale,
apokalyptische Konsequenzen haben werde, ist Gift für den demokratischen Wettstreit. Aber die Horrorvision wird trotzdem
immer wieder bewirtschaftet. Trump selbst bedient sich des
Mittels besonders gern. Über den Jahreswechsel 2020/2021 befeuerte er Schreckensszenarien, als er das Wahlresultat per Verfassungsbruch umdrehen wollte. Und er kam bereits an seiner
ersten Wahlveranstaltung für den laufenden Wahlkampf im Januar 2023 auf den »Kassenschlager« zurück: Eine erfolgreiche
Wahl im November 2024, rief er gleich mehrfach aus, sei die
letzte Gelegenheit, das Land vor dem Untergang zu retten.

Gleichzeitig hält er unverdrossen an der Legende fest, wonach er die Wahl von 2020 nicht etwa verloren habe, sondern
dass er mit unlauteren Machenschaften um den Sieg betrogen
worden sei. Den langen Schatten von mehreren Straf- und Zi-
vilrechtsanklagen gegen ihn quittierte er mit dem Vorwurf, die

Justizbehörden verfolgten ihn allein aus politischen Gründen.
Sie seien zu Waffen des politischen Gegners geworden, für den
erbärmlichen Versuch, seinen kommenden Sieg von 2024 zu
torpedieren.

Mit diesen Elementen spann Trump bereits das Muster, das
für jeden seiner Wahlkämpfe wesentlich ist. Die simple Botschaft lautet: Ohne ihn wird das Land vor die Hunde gehen. Mit
ihm als Präsidenten kommen nicht nur bessere Zeiten auf Amerika zu. Er wird auch dafür sorgen, dass Vergeltung für erlitte-
nes Unrecht geübt wird, was besonders bedrohlich klingt. Denn
bereits zuvor hatte er klargemacht, dass er sich auf seiner Mis-
sion von Verfassung und Gesetz nicht zwingend einschränken
lasse. Auf seinem eigens gegründeten Nachrichtenportal »Truth
Social« meinte er, der »massive Wahlbetrug« von 2020 erlaube
es, sämtliche Gesetze, Regeln und Artikel außer Kraft zu setzen,
»selbst jene in der Verfassung«.[7] Um das Land zu retten, sind alle
Mittel erlaubt. Das passt zum Auftrag, den er seinen Anhängern
vor dem Marsch auf das Kapitol am 6. Januar 2021 mitgegeben
hatte. Im Dezember 2023 legte er im Gespräch mit seinem Leib-
moderator Sean Hannity von Fox News nach, Diktator werde er
»nur am ersten Tag« seiner neuen Amtszeit sein.[8]

Während er sich immer wieder als Bewahrer von Recht und
Ordnung in Szene setzt, lässt Trump – wie der republikanische
Politikstratege Karl Rove im »Wall Street Journal« meinte – zunehmend offen seinen »bösen Zwilling« durchscheinen,[9] der
Gewalt und Straftaten in Kauf nimmt und sogar Begnadigun-
gen in Aussicht stellt, wenn sie in seinem Sinn oder unter seinem Namen verübt werden. An Wahlveranstaltungen lobt er
die Aufrührer des 6. Januars und stellt ihnen für den Fall seines Wahlsiegs Straferlass in Aussicht. Das Publikum ist begeis-
tert. Den Teilnehmern des Sturms auf das Kapitol kam ihr »Triumph« derweil teuer zu stehen. Zahlreiche Haftstrafen ergingen.

Der ehemalige Anführer der Proud Boys, Enrique Tarrio, muss
für 22 Jahre hinter Gitter.[10]

Als sich der Bezirksstaatsanwalt von New York, Alvin Bragg,
im März 2023 bereit machte, Trump wegen einer Schweige-
geldzahlung an die Pornodarstellerin Stormy Daniels unter
Anklage zu stellen, rief Trump bereits vorsorglich zu Protesten
auf. Das klingt harmloser, als es ist. Im heutigen Amerika ist
es unmöglich, sich Proteste von Trump-Anhängern vorzustellen, die friedlich und geordnet bleiben. Zu sehr haben sich die
Eindrücke vom Dreikönigstag 2021 in das kollektive Gedächt-
nis gebrannt. Trump weiß das, und er spielt bewusst damit. Der
ehemalige Gouverneur von New Jersey, Chris Christie, Republikaner und mittlerweile ein Widersacher Trumps, brachte es auf
den Punkt, als er in einer Fernsehdiskussion zu Trumps Aufruf
meinte: »Der Zirkus geht weiter.«[11] Trump profitiere von Chaos
und Tumult, und deshalb sei er daran interessiert, genau solche
Verhältnisse zu schaffen.

Im Nachgang zu diesem dunklen Fleck in der Geschichte der
amerikanischen Demokratie erwiesen sich der Schock und die
Empörung bei vielen Republikanern in Washington als erstaunlich kurzlebig. Kevin McCarthy, der 2023 für einige Monate
Vorsitzender (Speaker) des Repräsentantenhauses wurde, gab
die Richtung und das Tempo des Kurswechsels gleich persönlich vor. In den ersten Tagen nach dem Dreikönigstag 2021 hatte
er dem Präsidenten noch öffentlich und unmissverständlich
einen Teil der Verantwortung angelastet. McCarthy hatte selbst
vor dem Mob fliehen müssen und den gewalttätigen Protest verurteilt. Er hatte auch eingeräumt, dass einige Demonstranten
gut vorbereitet wirkten und unter anderem einen Galgen und
einen Strick mit sich führten. Doch schon einige Wochen später,
Ende Januar 2021, schwenkte McCarthy wieder auf die Trump-
Linie ein: Er reiste zu Trump in dessen Residenz Mar-a-Lago in

Florida, um die Scherben im Verhältnis zum ehemaligen Präsidenten zu kitten. Brav posierte McCarthy für ein gemeinsames Foto.[12]

Das politische Tagesgeschäft hatte die Republikaner wieder eingeholt. Sie waren wild entschlossen, den 6. Januar so rasch wie möglich hinter sich zu lassen. Sie waren sich bewusst, dass dieser schwarze Tag für immer mit einer unangenehmen Wahrheit verbunden sein würde: Die Partei und ihre Führung im Kongress waren auf den unberechenbaren Donald Trump bedeutend stärker angewiesen als dieser auf sie. Ohne seine Anhänger würde die Grand Old Party, wie die Republikanische Partei sich stolz nennt, in den nächsten Wahlzyklen ohne jede Aussicht auf einen Sieg antreten müssen. Wir werden im nächsten Kapitel noch genauer sehen, warum das so ist. Fest steht, dass nur wenige republikanische Kongressmitglieder die Reißleine zogen und sich von Trump abwandten. Alle waren sich bewusst, dass dieser Schritt ziemlich sicher das vorläufige Ende ihrer politischen Karriere bedeuten würde. Die große Mehrheit entschied sich aus diesem Grund, gute Miene zum bösen Spiel zu machen und McCarthys Kehrtwende zu folgen. Einige, so wurde es in Washington kolportiert, taten dies auch ganz einfach aus Furcht vor Trumps Anhängern und möglichen Gewalttaten gegen sie oder ihre Familien.[13]

Seit dem Auftreten Trumps auf der nationalen politischen Bühne ist klar, dass unzählige republikanische Mandatsträger Loyalität gegenüber Trump vortäuschen, ihn in Wahrheit aber verachten. Dieses Verhalten mag ethisch fragwürdig sein, aber es ist durchaus rational. In der Politik werden die Verteilung und Ausübung von Macht organisiert. Es werden entscheidende Kontakte aufgebaut und gepflegt. Wer dabei mitmischen will, muss auf dem Spielfeld bleiben. »Relevant« bleiben, hatte es der republikanische Senator aus South Carolina, Lindsey Graham, bei seiner ersten 180-Grad-Drehung in Sachen Trump genannt.[14] Er war im Wahlkampf 2016 zuerst Rivale des New Yorker Baulöwen gewesen und hatte an ihm kein gutes Haar gelassen. Doch dann, als seine eigenen Aspirationen zerplatzt waren, wurde er ein eifriger Trump-Anhänger und -Versteher. Nach dem 6. Januar 2021 legte Graham dann sogar eine gestaffelte, aber volle 360-Grad-Pirouette hin, indem er zuerst empört ausrief, er mache »hier nicht mehr mit«, aber sich dann kleinlaut wieder in jene republikanischen Reihen stellte, die »die Vergangenheit hinter sich lassen« und »in die Zukunft« blicken wollten.

Das politische Tagesgeschäft zwang die meisten Republikanern dazu, die Untersuchungskommission des Repräsentantenhauses zu den Vorfällen des 6. Januar als politisches Spielchen abzutun. Diesem Reflex wohnt eine deprimierende Logik inne. Weil die Demokraten mit diesem Ausschuss in der Lage waren, über Monate hinweg Schlagzeilen zu generieren, die sich in wenig schmeichelhafter Art um den ehemaligen republikanischen Präsidenten, seine Mitarbeiter und seine gewalttätigen Anhänger drehten, konnten die meisten Republikaner nicht anders, als sich vom ganzen Prozess zu distanzieren. Ebenso logisch war es, nach dem Sieg in den Zwischenwahlen für das Repräsentantenhaus im November 2022 sofort einen neuen Ausschuss zusammenzustellen, der nun das Vorgehen des vorherigen Untersuchungsausschusses prüfen sollte.[15] Falls dieser Anlauf zum Reinwaschen nicht einfach versandet, was sehr gut möglich ist, darf man wohl davon ausgehen, dass die Republikaner Hinweise finden werden, wonach die Demokraten die Fakten und Aussagen einseitig auslegten, um politische Vorteile herauszuschinden. Es wird in ihrem Bericht mit Bestimmtheit um alle möglichen Fragen gehen, nur nicht um die eine: inwieweit Trump und sein Umfeld für die Geschehnisse Verantwortung trugen.

1.3. Lügen können richtig viel Geld kosten

Beim Kalkül der Republikaner spielte die Tatsache eine wichtige Rolle, dass ein erheblicher Teil ihrer Anhänger über die Vorgänge in den Wahllokalen oder im Kapitol nur aus einer sorgfältig kuratierten Berichterstattung in ausgewählten Medien erfuhren. Dass die Medien in Amerika, wie auch anderswo, teilweise eine erhebliche Schlagseite aufweisen, ist nicht neu. Aber wie zynisch und bewusst die elementarsten Regeln der Informationsvermittlung verletzt werden, wenn politischer Aktivismus und der Zwang zum größtmöglichen Profit mit Journalismus verwechselt werden, ist selten mit derart eindrücklicher Klarheit dokumentiert worden wie im Fall einer Milliardenklage gegen die Fernsehanstalt Fox News.

Die Legende vom »Diebstahl der Wahl«, die Trump und seine Anhänger schon am Abend des Wahltags zu verbreiten begannen, stützt sich auf verschiedene Behauptungen, für die bisher kein einziger Beweis erbracht werden konnte. Eine davon ist, dass die Wahlmaschinen manipuliert gewesen seien und deshalb Stimmen, die für Trump abgegeben wurden, mit verdeckt programmierten Manipulationen Joe Biden zugeschlagen wurden. Die Details dieser Verschwörungstheorie sind derart hanebüchen, dass es sich nicht lohnt, ihnen nähere Aufmerksamkeit zu widmen. Dennoch war die Mär von den manipulierten Maschinen wochen-, ja monatelang ein Thema in den konservativen und rechtsnationalen News- und Chat-Rooms. Den Herstellern dieser Maschinen, Dominion Voting Systems und Smartmatic USA, platzte schließlich der Kragen, und sie verklagten Fox News und andere[16] wegen Verleumdung, verbunden mit Schadenersatzforderungen in Milliardenhöhe.

Dominion zog vor das Obergericht in Delaware und wollte allein von Fox News 1,6 Milliarden Dollar, Smartmatic klagte in

New York und verlangte gar 2,7 Milliarden Dollar vom popu-
lärsten der rechtslastigen Fernsehsender. Bei diesem von einem
konsistenten Programm zu sprechen, ist allerdings nicht ganz
zutreffend. Fox News besteht im Grunde aus zwei verschiedenen
Sendungsformaten. Es gibt einerseits Informationssendungen,
die zwar eine dezidiert konservative Themengewichtung und
-auswahl betreiben, um das Publikum bei der Stange zu halten,
die aber den Anforderungen an eine objektive Darstellung weitgehend genügen. Daneben wird in anderen Sendungen ein Hand-
werk betrieben, das nur noch den Namen Propaganda verdient.
Bei den Klagen der Wahlmaschinenhersteller geht es um diese
Sendungen, die – zumindest damals noch – von Stars wie Tucker
Carlson, Sean Hannity und Laura Ingraham in den besonders be-
liebten Abendsendungen zur Prime Time präsentiert wurden.

Das Gericht in Delaware sorgte dafür, dass Fox News unzählige interne Dokumente für die Beweiserhebung herausge-
ben musste. In diesen Schriftstücken, die Dominion dann für
sein Plädoyer[17] benutzte, wurde deutlich, dass die Präsentatoren der Abendsendungen die Legende von den manipulierten
Maschinen weiterverbreiteten, obwohl sie selbst längst nicht
mehr daran glaubten. Sie wussten, dass Trump verloren hatte
und die Betrugsvorwürfe aus der Luft gegriffen waren. Doch sie
waren von der Gunst eines Publikums abhängig, das sie selbst
über die Jahre hinweg radikalisiert hatten. Als die Informationssendungen von Fox News, die diesen Namen verdienen, über
Zweifel an Trumps Betrugsvorwürfen berichteten, zappten die
Zuschauerinnen und Zuschauer nämlich scharenweise weg, zu
Sendern, die noch extremere Schlagseite hatten. Nur um die
Einschaltquoten halten zu können, wurden also bewusst Falsch-
heiten und Lügen verbreitet, zum Teil von ausgewählten Gästen,
die man frei schwadronieren ließ, zum Teil aber auch von den
Präsentatoren selbst.

Der Fall Dominion wurde im April 2023 mit einem Vergleich abgeschlossen. Fox News musste zwar nicht 1,6 Milliarden Dollar zahlen, aber immerhin knapp die Hälfte. Der Fall von Smartmatic ist noch anhängig,[18] doch natürlich hat dieser Wahlmaschinenhersteller nun die Unterlagen aus dem Prozess in Delaware auch für seine Klage zur Hand. Die Chancen stehen deshalb gut, dass es zu einem weiteren Vergleich kommen wird. Auch der Sender Newsmax, der sich als rechte Alternative zu Fox News angeboten hatte, muss sich in Delaware verantworten. Gemäß der Klageschrift von Smartmatic verlor das Unternehmen wegen der verleumderischen Berichterstattung zwei Milliarden Dollar an Wert.[19]

Die Strafe, die Fox News für das Verhalten seiner Präsentatoren und Produzenten zahlen musste, scheint auf den ersten Blick hoch. Doch es gilt dabei zu bedenken, dass die Gewinnmargen von Fox News enorm sind. Wenn noch eine zweite Zahlung in einem vergleichbaren Umfang an Smartmatic folgen sollte, wäre vielleicht genügend »Motivation« geschaffen, um in Zukunft etwas vorsichtiger mit Lügen und Legenden umzugehen. Doch sicher ist dies nicht. Das Publikum, dies haben die Quoteneinbußen bei Fox News gezeigt, lässt sich ungern von Nachrichten beirren, die nicht in sein Weltbild passen. Mindestens ein Teil wandert in diesem Fall einfach zum nächsten Sender, der das sagt, was man hören will. Dazu kommt, dass Fernsehen in den USA in erster Linie ein Geschäft ist. Seine Stars verdienen gigantische Beträge, aber dafür braucht es Einschaltquoten. Das Verprellen des Publikums ist dabei keine gute Strategie.

1.4. Warum sollte Trump eine Niederlage akzeptieren?

Trump ist nicht der erste Politiker, der in den USA ein Wahlresultat anzweifelte und seine Niederlage nicht akzeptierte. Im Gegenteil, es scheint ein wachsender Trend zu sein, auch wenn Betrugsbehauptungen praktisch nie mit harten Fakten unterlegt werden können. Doch man muss sich bange fragen, wie die schwierigen Wochen nach der Präsidentenwahl im Jahr 2000 geendet hätten, wenn sich die ganze Sache heute abspielte. Damals entschieden äußerst knappe und heftig umstrittene Ergebnisse in einem einzigen Bundesstaat, Florida, über Sieg oder Niederlage im Duell zwischen dem Demokraten Al Gore und dem leicht in Front liegenden Republikaner George W. Bush. Es brauchte schließlich ein Machtwort des Obersten Gerichtshofs,[20] um die Stimmennachzählung in Florida abzubrechen, die Gore vielleicht noch den Sieg hätte bescheren können.

Schon damals hatte es übrigens in Miami eine gewalttätige Episode gegeben, die etwas ironisch als »Brooks Brothers Riot« in die Geschichtsbücher Eingang fand. Der Name bezieht sich auf ein bekanntes Kleidergeschäft der höheren Preiskategorie und auf die Tatsache, dass viele der Krawallbrüder in Miami außergewöhnlich gut angezogen waren. Wie sich später herausstellte, fanden sich unter den Aufrührern viele extra aufgebotene Aktivisten oder Mitarbeiter von Kongressmitgliedern der Republikanischen Partei. Sie erreichten, dass eine umstrittene Stimmennachzählung von Hand abgebrochen werden musste.[21] Die Bush-Anhänger hatten den Zählern vorgeworfen, sich auf jene Wahllokale zu beschränken, in denen vor allem demokratisch gewählt worden sei, und im Zweifelsfall stets zugunsten von Gore zu entscheiden.[22]

Das Resultat war, dass allein in Miami rund 10.000 Stimmen

ungeprüft blieben, und dies bei gut 500 Stimmen, die am Ende den Ausschlag für Bush gaben. Die Losung lautete schon damals »Stoppt den Diebstahl!« (»Stop the steal!«). Die Nachzählung, so die implizite Botschaft, komme einem Betrug gleich, mit dem Bush der Wahlsieg noch gestohlen werden sollte. Parallelen zu 2021 sind nicht zufällig, auch wenn der »Brooks Brothers Riot« in Sachen Größe, Gewaltanwendung und Zerstörung in keiner Weise mit der Erstürmung des Kapitols verglichen werden kann. Aber der elementare Unterschied war, dass Al Gore am Tag nach dem Entscheid des Obersten Gerichtshofs seine Niederlage öffentlich akzeptierte. Danach führte er bei der formellen Zählung und Bestätigung des Wahlergebnisses im Kongress als Vizepräsident ohne Klage den Vorsitz. Niemand bedrohte ihn dafür mit dem Tod.

Die Weigerung, eine Niederlage einzuräumen, ist nicht das Monopol der Republikanischen Partei. Die Demokratin Stacey Abrams, eine Ikone des fortschrittlichen Amerikas und die erste schwarze Kandidatin für ein Gouverneursamt in der Geschichte des Landes, scheiterte 2018 in Georgia knapp gegen den Republikaner Brian Kemp. Der Rückstand hatte rund 55.000 Stimmen betragen. Das ist nicht viel, aber doch deutlich mehr als in Florida im Jahr 2000. Abrams nahm zwar das Resultat »zur Kenntnis«, gestand aber ihre Niederlage nie ein. Dafür behauptete sie, sie habe nur verloren, weil Kemp als Kandidat und damals noch als oberster Wahlleiter am Wahlregister unfaire Manipulationen vorgenommen habe. Beweise blieb sie schuldig, und fast vier Jahre später wies ein Richter auch die letzten ihrer Klagen rechtsgültig ab.[23] Kurz danach verlor sie auch das zweite Duell gegen Kemp, und zwar deutlich, mit knapp 46 zu gut 53 Prozent der Stimmen.

Ironischerweise hatte sich Kemp zwei Jahre vorher ausgerechnet durch Standhaftigkeit gegenüber Donald Trump profilieren können. Trump hatte, um seine Niederlage bei den Präsidentenwahlen in Georgia noch zu drehen, großen Druck auf die Behörden des »Pfirsichstaats« Georgia ausgeübt. Er forderte in einem Telefongespräch mit dem obersten Wahlleiter Brad Raffensperger[24] ziemlich direkt eine illegale Korrektur des Resultats. Als sich die Führung in Atlanta dem Ansinnen verweigerte, machte Trump neben Raffensperger auch Kemp persönlich für den Verlust des Weißen Hauses verantwortlich.

Zwei Jahre später gewannen beide ihre Wiederwahl deutlich. Sie gehören damit zu den wenigen Republikanern, die ihren offenen Widerstand gegen Trump nicht mit dem Ende ihrer Karriere bezahlten. Ihr Sieg war in gewisser Weise ein Vorbote für das, was sich auch auf nationaler Ebene abspielen könnte: Die eingefleischten Trump-Anhänger hatten angekündigt, sie würden an der Wahl von Kemp und Raffensperger wegen des »Verrats« an ihrem Idol nicht teilnehmen. Doch ihre Wahlabstinenz wurde wettgemacht durch unabhängige Wähler und Demokraten, die sich für die Standhaftigkeit der beiden Republikaner im Jahr 2020 bedankten.[25] Und dies, obwohl Kemp und Raffensperger beide stramm konservativ sind.

Die Gefahr, dass das Resultat der Wahl von 2024 nicht nur angefochten, sondern ganz in Frage gestellt wird, ist real. Vor allem dann, wenn der Kandidat der Republikaner Donald Trump heißen sollte. Er befeuert am laufenden Band die Legende vom Wahlbetrug sowohl rückwirkend als auch vorsorglich. Er hatte die gleichen Behauptungen schon vor seinem Überraschungssieg von 2016 verbreitet. Belege hatte er allerdings nicht vorzulegen. Ein spezieller, 2017 von ihm eingesetzter Untersuchungsausschuss und unzählige Verhandlungen vor amerikanischen Gerichten – mit Richtern, die sowohl von republikanischen als auch von demokratischen Präsidenten berufen worden waren – kamen alle zum gleichen Schluss: Es kann kein einziger schlagender Beweis für ergebnisrelevante Unregelmäßigkeiten oder gar Betrug im entscheidenden Umfang erbracht werden. Aber darum geht es Trump längst nicht mehr. Er gedeiht, wie Chris Christie richtig festgestellt hatte, in Chaos und Tumult. Betrugsvorwürfe untergraben die Institutionen und die demokratische Ordnung. Deshalb sind sie für ihn ein probates Mittel zum Zweck.

Ist es unvermeidlich, dass nach der Wahl Chaos und Tumult ausbrechen? Nicht, wenn sich alle führenden Kandidaten dezidiert einem solches Szenario entgegenstellen und sich insbesondere von Aufrufen zur Gewalt bedingungslos distanzieren. Zuversicht und Ruhe zu bewahren müsste eigentlich auch den Republikanern leichtfallen, haben sie doch in den Bundesstaaten, in denen sie die politische Macht ausüben, seit 2020 fleißig Änderungen am Wahlrecht vollzogen, um – wie sie stets betonten – Wahlen in Zukunft sicher zu machen. Auch die Demokraten blieben nicht untätig und versuchten ihrerseits, den Zugang zu den Urnen zu erleichtern. Sie warfen den Republikanern vor, mit ihren Reformen Hürden für die Stimmabgabe zu errichten. Damit sollten vor allem jene Bürgerinnen und Bürger behindert werden, die statistisch gesehen oder aus Tradition eher demokratisch wählen.

Der Streit darüber ist gelegentlich in geschmacklose Demagogie abgeglitten. Vor allem die historischen Bezüge zur systematischen und gewalttätigen Unterdrückung der Bürgerrechte der Afroamerikaner in den Südstaaten nach dem Bürgerkrieg, die von demokratischer Seite mit erstaunlicher Nonchalance erhoben wurden, waren und sind haltlos. Auch Präsident Joe Biden konnte sich dem Sog der billigen Dämonisierung nicht entziehen: Die republikanische Wahlrechtsreform in Georgia »will eure Stimme unterdrücken, eure Demokratie untergraben«, rief er seinen Anhängern in einer Rede in Atlanta im Januar 2022 zu.[26] Nur: Die Reform wurde verabschiedet, und die Demokraten gewannen am Ende des Jahres trotzdem auch den zweiten Senatssitz des Bundesstaats. Wie sich das vereinbaren lässt mit dem angeblichen »Unterdrücken der Stimmen« und dem »Untergraben der Demokratie«, bleibt schleierhaft.

Zum eigentlichen Zankapfel hat sich die Stimmabgabe per Post entwickelt. Auf beiden Seiten des politischen Spektrums wurde fleißig an den Kriterien geschraubt, unter welchen Bedingungen diese Art der Stimmabgabe möglich sein soll. Laut der progressiven Wahlrechts-Interessengruppe Voting Rights Lab[27] haben seit 2020 landesweit 20 Staaten die Stimmabgabe per Post erleichtert; elf haben sie erschwert. Drei mischten ein wenig von beidem in ihr Rezept, und 16 änderten gar nichts. Das ist ein differenziertes Bild, das auch ausdrückt, was in den USA schon immer der Fall war: Die Organisation der Wahlen ist Sache der Bundesstaaten, und diese haben recht große Gestaltungsfreiheit. Ob die einzelnen Staaten ihren Wählerinnen und Wählern die Stimmabgabe etwas einfacher oder etwas schwerer machen, und ob sie gute Gründe dafür haben oder nicht, ist immer heiß umstritten. Manchmal kommt der Verdacht auf, Bequemlichkeit werde mit Motivation verwechselt. Unbestreitbar ist nämlich, dass bei genügend großer Mobilisierung und Motivation auch dort, wo angeblich Schranken hochgezogen wurden, bei der Wahlbeteiligung immer wieder Rekordzahlen gemessen werden. Dies traf auch in Georgia zu, gleich bei der ersten Wahl nach Inkrafttreten der so umstrittenen Reform.[28]

Das soll nicht heißen, dass die Parteien nicht versuchen, mit allerlei Tricks und faulen Manövern Vorteile herauszuholen. Wir werden darauf im Kapitel fünf im Detail zu sprechen kommen, wenn wir den Blick etwas tiefer in den »Maschinenraum« des amerikanischen Wahlsystems richten. An dieser Stelle genügt es festzuhalten, dass beide großen Parteien solche Vorteile suchen, wann immer sie können. Beide fahren auch immer mächtige rhetorische Geschütze auf, wenn es darum geht, die Pläne des Gegners zu verteufeln. Das trägt zum stetigen Temperaturanstieg bei und hilft mit, jene Wahlen, die der Gegner gewinnt, reflexartig als existenzgefährdend zu betrachten.

Die Zwischenwahlen für den Kongress vom November 2022 ließen dann aber einen wohltuend anderen Eindruck entstehen, nämlich den, dass das Volk genug hatte von diesem künstlichen Dauerstress, und dass es darum bewusst für ein Abflauen der Fieberkurve sorgen wollte. Kandidatinnen und Kandidaten, die in besonders schrillen Tönen Wahlkampf gemacht hatten, blieben oft auf der Strecke. Trump nachzuahmen sorgte nicht mehr automatisch für bessere Siegeschancen, selbst dann nicht, wenn der frühere Präsident die Kandidatur aktiv unterstützte. Daraus abzuleiten, Trump reite bereits in den berühmten Hollywood-Sonnenuntergang, wo sich seine Konturen langsam auflösen, erwies sich aber als voreilig. Eine Präsidentenwahl ist immer eine Persönlichkeitswahl, und Trumps Chancen, sich die republikanische Kandidatur zu sichern, blieben mehr als nur intakt.

Wie schon bemerkt, hat Trump die Lehren aus dem Dreikönigstag 2021 gezogen, allerdings nicht so, wie das wahrscheinlich die meisten Beteiligten wünschen würden. Er weiß nun, dass eine Aufforderung zu öffentlichen Protesten aus seinem Mund enorme Aufmerksamkeit erregt, weil reflexartig Parallelen zum Sturm auf das Kapitol gezogen werden. Das ermutigt ihn, nach Belieben mit dieser Drohkulisse zu spielen. Eine Kostprobe davon gab er bereits im langen Drama um die Frage, ob und für welche Vergehen und Verbrechen er angeklagt werden solle. Er forderte von seinen Anhängern nicht nur vorsorglich Proteste, als es noch gar nichts gab, wogegen zu protestieren wäre, sondern warnte dunkel, eine Anklage gegen ihn könne

»potenziell zu Tod und Zerstörung« führen, die »für unser Land katastrophal« werden könnten.

Ende März 2023 zögerte er nicht, ausgerechnet in Waco (Texas) eine Wahlveranstaltung zu organisieren, wo 30 Jahre zuvor bei einer Auseinandersetzung zwischen bewaffneten Anhängern einer Sekte und Bundespolizisten vier Beamte und 75 Sektenmitglieder ums Leben kamen, unter ihnen auch Frauen und Kinder. Die blutige Aktion wird am rechten Rand des politischen Spektrums immer noch als Fanal betrachtet, das die staatliche Machtanmaßung und Tyrannei illustriere. Am 19. April 1995, auf den Tag zwei Jahre nach dem Ende jener blutigen Ereignisse, also mit klarem Bezug zu Waco, sprengten Rechtsradikale ein Bürohochhaus der Bundesregierung in Oklahoma City in die Luft und rissen 168 Personen in den Tod, unter ihnen auch 19 Kinder. Einer von ihnen war 1993 persönlich in Waco anwesend gewesen und hatte Unterstützungs-Souvenirs feilgeboten. Die Wahl des Zeitpunkts und des Orts der Wahlveranstaltung in Waco war natürlich ebenfalls kein Zufall, dafür ist Trump viel zu raffiniert. Wie schon 2016 mit den Proud Boys kokettiert er auch in diesem Wahlkampf mit seiner Nähe zu rechtsnationalen und gewaltbereiten Extremisten.

Im November 2024 geht es für Trump um alles oder nichts. Die Wahl ist vermutlich die letzte, zu der er noch antreten kann. Da ist zum einen sein Alter: Im November würde er 78 Jahre alt, und über seinen Gesundheitszustand ist wenig bekannt, sieht man von den bizarren Lobpreisungen seiner Ärzte während seiner Präsidentschaft ab. Sein früherer Hausarzt musste 2017 kurz nach Trumps Amtseinsetzung mitansehen, wie Leibwächter und Anwälte des Präsidenten die medizinischen Akten seines berühmten Patienten ungefragt aus seiner Praxis entfernten. Sie sollten offensichtlich nicht in falsche Hände geraten. Noch mehr als sein Alter und seine Gesundheit bedeutete aber eine weitere

Niederlage im November 2024 das Ende seiner politischen Karriere. Der Nimbus des »Siegers« ist bei seinen eingefleischten Anhängern ungebrochen, trotz früherer Bankrotte seiner Unternehmungen, trotz einer insgesamt durchwachsenen Bilanz als Geschäftsmann und trotz der Tatsache, dass die Republikaner in den drei Wahlen nach dem November 2016 mit Trump an der Spitze der Partei jedes Mal verloren oder enttäuschend abschnitten. Eine weitere persönliche Niederlage ließe diesen Nimbus des »Winners« wohl endgültig zerbersten. Wenn er im November als republikanischer Kandidat in die Wahl geht, ist kein Szenario überzeugend, in dem er eine Niederlage mit Würde akzeptierte und sich aufs Altenteil zurückzöge. Das entspricht nicht seinem Naturell. Er müsste zwangsweise wieder in Betrugsvorwürfen Zuflucht suchen.

1.5. Ein unheimliches drittes Szenario

Normalerweise gäbe es für die Zeit nach der Präsidentenwahl zwei absehbare Szenarien: Ein Sieg der Demokraten würde vorerst nicht viel verändern. Ein republikanischer Sieg würde dagegen einen Machtwechsel im Weißen Haus mit sich bringen, wobei die Tiefe und das Tempo der nachfolgenden Veränderungen immer auch davon abhängen würden, wie die Mehrheitsverhältnisse im Kongress ausfallen. Seit Trumps Versuch, seine Wahlniederlage noch abzuwehren, muss aber auch eine neue, dritte Möglichkeit ins Auge gefasst werden. Ungeachtet dessen, wer die Wahl gewinnt, könnte nach Vorwürfen des Wahlbetrugs und gewalttätigen Auseinandersetzungen ein Chaos ausbrechen, das eine innen- und außenpolitische Lähmung mit sich brächte. Aus diesem Stoff ist das fiktive Horrorszenario zu Beginn des Kapitels geschneidert.

Natürlich, es muss nicht dazu kommen. Als Folge der Ereignisse am 6. Januar 2021 hat der Kongress unter demokratischer Führung, aber auch mit republikanischer Unterstützung, im Dezember 2022 einige der Schlupflöcher gestopft, die Trump auf Anraten seiner Anwälte nutzen wollte, um das Wahlresultat zu kippen. Es geht dabei in erster Linie um das Gesetz über die eigentlich bloß formelle Zählung jener Stimmen, die jeder Bundesstaat nach einer Präsidentenwahl abgibt und die während einer gemeinsamen Sitzung der beiden Kongresskammern registriert werden.

Amerikanische Präsidenten werden bekanntlich nicht direkt vom Volk gewählt, sondern über den Umweg eines speziellen Gremiums namens »Electoral College«. Dieses setzt sich aus Abgeordneten der Bundesstaaten zusammen, wobei jeder Staat so viele Abgeordnete in dieses Gremium entsenden kann, wie er Vertreter in den beiden Kongresskammern hat. Das jeweilige Wahlresultat in den Bundesstaaten entscheidet, etwas vereinfacht gesagt, für wen die Abgeordneten, in diesem Fall die sogenannten Wahlleute, im Electoral College stimmen *müssen*.

Das Gesetz aus dem Jahr 1887 über die formelle Zählung und Registrierung dieser Stimmen, dem sogenannten »Electoral Vote«, war schon immer unklar formuliert gewesen. In seiner Neufassung definiert es nun genauer, welche Rolle der Kongress bei der Stimmenzählung spielt.[29] Besonders wichtig: Die Zählung, die vom Vizepräsidenten geleitet wird, ist nach neuem Wortlaut ein rein administrativer Akt. Trump hatte behauptet, sein Vizepräsident Mike Pence hätte auch die Befugnisse gehabt, Stimmen von Wahlleuten für ungültig zu erklären und zurückzuweisen. Im Einklang mit allen namhaften Verfassungsexperten, die dem widersprachen, weigerte sich Pence, die Anordnung seines Chefs zu befolgen. Dies wäre in seinen Augen nicht im Einklang mit dem Gesetz und seiner verfassungsmäßigen

Rolle gewesen. Dass Pence gegenüber Recht und Gesetz mehr Loyalität aufbrachte als gegenüber ihm selbst, trieb Trump zur Weißglut. Er bezeichnete seinen Vize öffentlich als Feigling, was der Mob, der das Kapitol stürmte, dankbar aufnahm. »Hängt Mike Pence!«, wurde da skandiert.

Neuerdings müssen Einsprüche gegen die Resultate aus den Gliedstaaten von je einem Fünftel der Mitglieder beider Kongresskammern mitgetragen werden. Vorher genügte je eine Stimme aus dem Repräsentantenhaus und dem Senat, was dazu führte, dass dieses Instrument gern missbraucht wurde, um politische Statements zu machen. Wäre die neue Regelung am 6. Januar 2021 schon in Kraft gewesen, wäre kein einziger Einspruch zustande gekommen. Die 139 republikanischen Abgeordneten des Repräsentantenhauses[30] hätten zwar das notwendige Quorum in der großen Kongresskammer mit ihren 435 Sitzen erreicht. Doch im Senat hatten nur acht Republikaner für einen Einspruch gestimmt, was viel zu wenig gewesen wäre.

Der neue Text des Gesetzes macht auch klar, wer berechtigt ist, die Listen mit den Wahlleuten aus den Gliedstaaten an den Kongress zu übergeben. Dazu sind jetzt nur noch die Gouverneure befugt. In der Interpretation von Trumps Anwälten hätte das alte Gesetz den Parlamenten in den Bundesstaaten ermöglicht, eigene Listen nach Washington zu schicken. Sie hätten dafür nur erklären müssen, die Volkswahl sei »gescheitert«, wozu die haltlosen Anschuldigungen von Unregelmäßigkeiten und Betrug dienen sollten. Ein noch älteres Gesetz aus dem Jahr 1845 sah eine derartige Möglichkeit unter gewissen Umständen tatsächlich vor. Dieses wurde nun aber ersatzlos gestrichen.

Die Gesetzesreform hat den Härtetest noch nicht bestanden. Im günstigsten Fall würde sie bewirken, dass es künftig tatsächlich unmöglich wird, im Kongress das Resultat einer fairen Wahl willkürlich umzustoßen, was keineswegs heißt, dass einzelne

Kongressmitglieder oder andere Beteiligte nicht neue Wege und Mittel ersinnen könnten, die Legitimität der Wahl und der Stimmenzählung in Zweifel zu ziehen und gerichtlich anzufechten. Zweifel allein könnten genügen, um ein Maß von Unruhe und Unordnung zu schaffen, das die Handlungsfähigkeit des Staats und seiner Behörden beeinträchtigte. Der unheimliche dritte Weg, der seit 2020 als reale Möglichkeit aus einer Präsidentenwahl führen könnte, wäre jener, der direkt zu Chaos und Tumult führte, also genau zu jenem Umfeld, in dem sich Trump besonders gern bewegt.

1.6. Wie wahrscheinlich ist ein Chaos?

Für die Beantwortung dieser Frage lohnt sich erneut ein Blick auf die Vorgänge am 6. Januar 2021. In den Analysen nach der Attacke, aber auch in einigen der überraschend hellsichtigen Warnungen zuvor, spielte die Tatsache eine wichtige Rolle, dass die eingefleischten Trump-Anhänger im Dreikönigstag die letzte Chance sahen, um Joe Bidens Wahlsieg noch zu torpedieren. Sollte die Präsidentenwahl von 2024 von Trump, seinen Anhängern und Sympathisanten wieder zum »letzten Gefecht« hochstilisiert werden, könnten sie erneut versucht sein, alles auf eine Karte zu setzen.

Natürlich haben die Sicherheitsorgane aus den Ereignissen des 6. Januars Lehren gezogen. Aber in den Berichten der Generalinspekteure und des Untersuchungsausschusses im Repräsentantenhaus fällt doch auf, dass es an Warnungen vor gewaltbereiten Demonstrationsteilnehmern – und selbst Hinweisen über einen Plan, das Kapitol zu stürmen – im Voraus nicht gemangelt hatte.[31] Karten des Kapitols und des unterirdischen Tunnelsystems waren auf Internet-Netzwerken geteilt worden,

und einige Stimmen sprachen darin offen von Krieg, von Angriffen auf die Polizeikräfte und auch von Gewalt gegen Kongressmitglieder. Doch die entscheidenden Situationsberichte
für die »Capitol Police« am Vorabend und noch am Morgen des
Dreikönigstags enthielten diese Warnungen nicht. Den radikalen Trump-Anhängern traute man zwar durchaus zu, Gegende-
monstranten anzugreifen, aber offenbar nicht, jene Institutionen des Staats zu attackieren, die für Ruhe und Ordnung sorgen
sollen. Daher hatten die Polizeikräfte an diesem Tag keine Knall-
und Blendgranaten zur Verfügung, obwohl dies die wirksams-
ten Mittel unterhalb der Schwelle von tödlicher Gewalt sind.

Es war eine verhängnisvolle Fehleinschätzung, weil damit
die Chance vertan wurde, die Sicherheitsorgane für alle Even-
tualitäten vorzubereiten. Man kann wohl davon ausgehen, dass
die betreffenden Dienste ihre Lehren daraus ziehen werden. Sie
dürften in Zukunft nicht nur deutliche Hinweise berücksich-
tigen, wie sie vor dem 6. Januar ja vorgelegen hatten, sondern
auch diffusere Anzeichen für Unruhe ernster nehmen. Aber
offenbar war ein wichtiger Grund für die mangelnde Präsenz
von Sicherheitskräften am Kapitol eine politische Entscheidung.
Man wollte auf keinen Fall den Eindruck erwecken, die amerikanische Demokratie müsse sich in einem schwer bewachten
und waffenstarrenden Fort verstecken.

Dabei war der Dreikönigstag 2021 freilich keineswegs der erste
Tag in den USA mit Todesopfern bei Demonstrationen und Unruhen. Man muss nicht einmal bis in die sechziger Jahre zurück-
blicken, als bei den sogenannten Rassenunruhen[32] Dutzende von
Menschen ums Leben kamen. 1970 erschossen Nationalgardis-
ten während einer Demonstration gegen den Vietnamkrieg vier
Studenten an der Kent State University in Ohio. 1979 erschossen
Angehörige des Ku-Klux-Klans und Neonazis fünf Aktivisten, die
in Greensboro (North Carolina) gegen Rassismus demonstrier-

ten. Es war dabei zu einem »Zusammenstoß« gekommen, den die Angreifer gründlich geplant hatten. Obwohl der Polizei dazu Informationen vorlagen, schaute sie in die andere Richtung. Die Stadt entschuldigte sich dafür 2020 formell.[33]

Der Amtsantritt Donald Trumps im Januar 2017 führte zu einer Anhäufung von Demonstrationen und Unruhen, besonders nach der Ermordung George Floyds und der weltweiten Verbreitung der »Black Lives Matter«-Bewegung (BLM). Auch die Sicherheitskräfte hatten Opfer zu beklagen, so erschoss im Juli 2016 ein BLM-Anhänger nach einer friedlichen Demonstration gegen Polizeigewalt fünf Polizisten in Dallas (Texas) aus dem Hinterhalt, bevor er mit einer Bombe getötet wurde.[34] 2020, mitten in der Covid-19-Pandemie, prägten dann vor allem zwei Ortsnamen die Schlagzeilen über Chaos und tödliche Gewalt: Portland in Oregon und Kenosha in Wisconsin.

1.7. Portland und Kenosha: Vorboten der neuen Normalität?

Portland hatte lange den Ruf, eine eigenwillige, aber allgemein eher friedliche, betont linke und auch etwas skurrile Universitätsstadt an der Westküste zu sein. Hier galten andere Gesetze als in den »normalen« Städten Amerikas. Dies betraf auch den Umgang mit den BLM-Demonstrationen. Die Behörden verfolgten eine Politik der extremen Zurückhaltung. Allerdings kam es oft zu öffentlichem Streit zwischen den politischen Behörden und der Polizei, vor allem in der Frage des Vorgehens gegen gewalttätige Unruhestifter, die die Demonstrationen routinemäßig für ihre eigenen Zwecke missbrauchten.

Zorn und Zerstörungswut richteten sich auch gegen Gebäude der Bundesregierung, die als Wahrzeichen des angeblichen »Polizeistaats« des überaus ungeliebten Präsidenten Donald Trump attackiert wurden. Dieser antwortete mit der Entsendung von Bundespolizei in die Stadt, um die Gebäude zu schützen. Trump ließ keinen Zweifel daran, dass er die Ereignisse nutzen wollte, um ein Exempel zu statuieren. Portland sei eine gesetzlose Stadt, ein Hort von Anarchisten, die Amerika hassten, erklärte er und setzte sich als jener in Szene, der »Law and Order« wiederherstellen werde. Doch der Einsatz hatte den gegenteiligen Effekt,[35] vor allem, als bekannt wurde, dass die Bundespolizisten auch Verhaftungen vornahmen, bei denen Demonstrierende in unmarkierten Fahrzeugen verschwanden.

Die Demonstrationen und die Zerstörungen durch kleinere Gruppen gewaltbereiter Vermummter hielten in Portland auch dann noch an, als Joe Biden bereits zum Präsidenten gewählt und später auch ins Amt eingesetzt war. Sie hatten ein Eigenleben entwickelt, das bis zum Frühling 2021 die Geduld vieler Stadtbewohner[36] und selbst den berühmten Langmut der Behörden überstrapazierte.[37]

Zu einer scharfen Eskalation war es in den letzten Augusttagen 2020 gekommen. Trump-Anhänger hatten zu einer provokativen Auto-Demonstration aufgerufen, und Hunderte von Fahrzeugen beteiligten sich an einem Konvoi, der durch Portland zog. Natürlich kam es zu gewalttätigen Auseinandersetzungen zwischen Links- und Rechtsradikalen. Ein Mitglied der rechtsextremistischen Gruppe »Patriot Prayer«, der 39 Jahre alte Aaron Danielson, wurde in den Abendstunden von Linksextremisten gestellt und offenbar gezielt erschossen. Wenige Tage später kam der Täter, der 48 Jahre alte Antifa-Aktivist Michael Reinoehl, im Kugelhagel der Polizei ums Leben, als er in seinem vermeintlich geheimen Versteck sein Auto besteigen wollte. Berichte von Augenzeugen ließen damals vermuten, dass die Polizei bei dem Zugriff nichts dem Zufall überlassen hatte.[38]

Konfrontationen zwischen Links- und Rechtsextremen hatten in Portland und anderen Städten Amerikas allerdings nicht erst mit den Black-Lives-Matter-Demonstrationen an Schärfe gewonnen. Mit der Wahl Donald Trumps wurde die Stimmung auf beiden Seiten aggressiver. Noch im Jahr seiner Amtseinsetzung, im August 2017, defilierten Rechtsradikale und Neonazis in einer Machtdemonstration offen durch die Universitätsstadt Charlottesville in Virginia. Nach Einbruch der Dunkelheit zogen sie mit brennenden Fackeln über das Gelände der University of Virginia,[39] ein Anblick, der im Süden der USA unausweichlich Erinnerungen an den mörderischen Terror des Ku-Klux-Klans und anderer gewalttätiger Gruppen weißer Suprematisten gegen die schwarze Bevölkerung weckt. Am nächsten Tag attackierte ein Teilnehmer mit seinem Auto eine Gegenkundgebung und tötete dabei eine Demonstrantin.[40] Donald Trump befand, dass es auf beiden Seiten anständige Leute, »very fine people«, gegeben habe.

Die meisten rechtsextremen Gruppen waren bereits früher entstanden. Doch mit Trumps Amtsantritt verspürten sie Aufwind und genügend Akzeptanz, um vermehrt öffentlich in Erscheinung zu treten. Das Provozieren des politischen Gegners gehörte dabei zu ihrem Standardrepertoire. Die Demonstrationen gegen Polizeigewalt und für die Black-Lives-Matter-Bewegung bescherte dann auf der anderen Seite des politischen Spektrums den Linksradikalen und Antifa-Aktivisten ein ideales Aufmarschgebiet. Es war eine Frage der Zeit, bis die zwei Bewegungen mit tödlicher Gewalt aufeinanderprallen würden.[41]

Die zeitweise breite Sympathie für die Anliegen von »Black Lives Matter« schlug schon im Lauf des Jahres 2020 bei einem wesentlichen Teil der Bevölkerung in Skepsis um.[42] Schuld daran waren die gewalttätigen Exzesse, die oft im Anschluss an friedliche Demonstrationen zu sehen waren. Angeführt von rechten Medien wie Fox News[43] und einem »Law-and-Order«-Präsidenten im Wahlkampfmodus, wurde gezielt der Eindruck vermittelt, Amerika gehe in einer Welle der Gewalt unter, und die Polizei sei dieser Entwicklung nicht mehr gewachsen.[44] Auch wenn das nachweislich falsch oder mindestens stark übertrieben war, traten in dieser Stimmung im Sommer 2020 Bürgerwehren auf den Plan. Mit der Covid-19-Pandemie und dem bitteren Streit über Zwangsmaßnahmen der Behörden lagen die Nerven vielerorts sowieso blank. Es kam, wie es kommen musste.

Schauplatz war dieses Mal Kenosha, eine 100.000-Einwohner-Stadt am Ufer des Lake Michigan, zwischen Milwaukee und Chicago gelegen. Am 23. August schoss ein Polizist während einer Auseinandersetzung mit dem schwarzen Jacob Blake dem Mann sieben Mal in den Rücken und verletzte ihn schwer. Wie schon so oft in diesem Jahr war der Schütze weiß, das Opfer schwarz, und die Umstände des Schusswaffeneinsatzes alles andere als klar. Es kam zu Protesten, die auch in Gewalt und Verwüstung ausarteten. Um die Geschäfte und Betriebe zu schützen, tauchten paramilitärische Bewaffnete auf, die die Polizei unterstützen wollten. Einer von ihnen, der 17 Jahre alte Kyle Rittenhouse, war mit einem Freund aus dem nahen Illinois gekommen. Im Chaos der Ausschreitungen wurden die beiden getrennt. Während der Straßenkämpfe erschoss Rittenhouse zwei Männer und verletzte einen dritten, angeblich in Notwehr. Er selbst kehrte danach seelenruhig nach Hause zurück. Er wurde zwar wenig später wegen Mordes und anderer Verbrechen angeklagt, aber im November 2021 in allen Punkten freigesprochen.[45] Die Geschworenen glaubten dem jungen Mann, dass er in Notwehr gehandelt habe. Dass er sich freiwillig in diese gefährliche Situation begeben hatte, spielte keine Rolle. Der Freispruch wurde auf der rechten Seite des politischen Spektrums wie ein sportlicher Erfolg bejubelt. Die Linke war entsetzt. Doch tatsächlich zeigten die Ereignisse in Kenosha und Portland, dass radikale Gruppen auf beiden Seiten des politischen Spektrums solche tödlichen Vorfälle in Kauf nahmen oder sogar provozierten. Die Geschichte zeigt auch, dass eine breitere Öffentlichkeit für diese Gruppen ein gewisses Verständnis hat. Auf beiden Seiten war man zwar gerne bereit, den Gegner mit heiligem Zorn zu verdammen. Die Exzesse auf der eigenen Seite wurden dagegen als übertriebener Eifer kleingeredet, weil man die zugrunde liegende Wut »verstehen« wollte. Eine Forschungsarbeit unter dem Dach der National Academy of Sciences[46] kam 2022 zum Schluss, dass es auf psychologischem und kognitivem Gebiet zwar erhebliche Unterschiede zwischen Links- und Rechtsextremen gebe, dass aber beide Lager gleichermaßen bereit sein dürften, zur Verfolgung ihrer Ziele Gewalt anzuwenden.

Wie tief diese Gefühle sitzen, illustriert eine Studie der University of California in Davis (UC Davis), die sich auf eine Befragung von mehr als 8600 Erwachsenen im Mai und Juni 2022 stützt.[47] Zuerst die gute Nachricht: Fast 80 Prozent der Befragten waren der Meinung, im Allgemeinen sei politische Gewalt nicht akzeptabel. Aber sobald nach konkreten Umständen gefragt wurde, unter denen Gewalt gerechtfertigt sein könnte, schmolz diese grundsätzliche Ablehnung wie Schnee in der Sonne. Denn ebenfalls rund 80 Prozent gaben an, mindestens manchmal sei Gewalt vertretbar, wenn es darum gehe, bestimmte Ziele zu erreichen. Zu diesen »bestimmten Zielen« gehörten:

- Wahlbetrug verhindern
- den »American Way of Life« auf der Basis westeuropäischer Traditionen bewahren
- Diskriminierung auf der Basis von Rasse oder Ethnie verhindern

- die Regierung daran hindern, privates Land für öffentliche Vorhaben zu enteignen
- einer Regierung entgegentreten, die meine Auffassungen nicht teilt
- Trump dieses Jahr wieder zum Präsidenten zu machen

Eine Waffe zu benutzen, um politische Gegner einzuschüchtern, ist für rund ein Fünftel der Befragten eine vorstellbare Möglichkeit. Vier Prozent geben an, sie würden dabei wohl auch auf jemanden schießen. Das Forscherteam der UC Davis stellte die Resultate ihrer Studie in einen Kontext, der sich für die Hauptfrage in diesem Kapitel, wie wahrscheinlich ein Chaosszenario sei, nicht sonderlich beruhigend ausnimmt. Dies betrifft zum einen die sprunghafte Zunahme von tödlicher Gewalt durch Schusswaffen in den letzten Jahren. Zwischen 2019 und 2020 stieg die Rate um fast 30 Prozent. Fast 80 Prozent der Tötungsdelikte und mehr als die Hälfte der Suizide wurden in diesen beiden Jahren mit Schusswaffen verübt.

Zum Zweiten brachen die Waffenkäufe alle bisherigen Rekorde. Die sogenannten »Background Checks«, also Vorstrafen- und Leumunds-Überprüfungen von Kaufwilligen durch das FBI, lagen zwischen Januar 2020 und Juni 2022 um mehr als 46 Prozent über dem erwarteten Wert. Insgesamt wurden in diesem Zeitraum mehr als 45 Millionen »Background Checks« durchgeführt.

Amerikanerinnen und Amerikaner hatten schon immer viele Pistolen, Revolver und Gewehre in ihrem Besitz. Heute aber starrt das Land gleichsam vor Schusswaffen, und die Käuferschaft ist breiter aufgestellt als je zuvor. Die »National Shooting Sports Foundation«, der Verband der amerikanischen Schusswaffenindustrie, registrierte zwischen 2019 und 2020 fast 60 Prozent mehr Waffenkäufe durch Schwarze.[48] Der entspre-

chende Anstieg für Asiaten und Latinos lag bei 43, beziehungsweise 49 Prozent. Früher hatten relativ wenige Waffenbesitzer
große Arsenale. Heute ist das anders, und das hat ohne Zweifel mit dem individuellen Gefühl der Bedrohung zu tun. Der
Kreislauf schließt sich. Wie kann man sich vor so vielen Waffen
schützen? Die Antwort der Waffenlobby ist ganz einfach: mit
noch mehr Waffen.

Zum Dritten kommt laut der Forschergruppe der UC Davis
eine zunehmende Verunsicherung über den Wert und die Stabilität der Demokratie in den USA hinzu. Mehr als zwei Drittel
waren bei einer Umfrage im Frühling 2022 der Meinung, der
amerikanischen Demokratie drohe eine ernste Gefahr. Gleichzeitig stimmten fast 70 Prozent der Aussage zu, dass die amerikanische Demokratie nur den Interessen der Wohlhabenden
und Mächtigen diene. Und 42 Prozent konnten der Idee mindestens teilweise etwas abgewinnen, dass ein starker Führer für
Amerika wichtiger sei als die Demokratie.

1.8. Für Destabilisierung braucht es keinen Bürgerkrieg

Es gibt unterschiedliche Szenarien, wie sich eine chaotische Situation nach dem Wahltag entwickeln könnte. Ziemlich sicher
ist nur, dass am Tag danach kein ausgewachsener Bürgerkrieg
ausbrechen würde, dazu ist der Großteil der Bevölkerung nicht
bereit. Es gibt zwar einerseits Milizen und lokal organisierte Bewaffnete sowie anderseits national vernetzte Gruppen wie die
Proud Boys oder ähnliche Vereinigungen. Was ihnen jedoch
fehlt, ist die für einen Krieg notwendige Basis in der Gesellschaft. Auch der Sezessionskrieg, der bisher einzige Bürgerkrieg
in den USA, brach nicht von einem Tag auf den anderen aus.

Der zugrunde liegende Konflikt um die Sklaverei und das Recht der Bundesstaaten, an ihr festzuhalten, eskalierte über Jahrzehnte hinweg. Dass ein Bürgerkrieg nicht von heute auf morgen losbrechen kann, heißt aber nicht, dass es nicht genügend Amerikanerinnen und Amerikaner gäbe, die ein solches Szenario längerfristig im Hinterkopf haben.

Nach dem Bekanntwerden der ersten Anklage gegen den früheren Präsidenten Trump im März 2023 riet der damals noch aktive Fox-News-Moderator Tucker Carlson seinen Zuschauern, es sei wohl nicht der beste Zeitpunkt, um sein AR-15-Sturmgewehr wegzugeben.[49] »Dog Whistle Politics«, also Politik mit der Hundepfeife, heißt diese Technik: Man sagt nicht genau, was man meint, es kann sich sogar ganz harmlos oder witzig anhören. Aber das Zielpublikum hört und versteht das zugrunde liegende Signal – genau so, wie Hunde die für Menschen unhörbare Pfeife hören. Natürlich rief Carlson nicht zur Bewaffnung und zum Organisieren des gewaltsamen Widerstands auf. Aber sein Publikum verstand, dass er mit seiner Bemerkung ganz klar Bezug auf die Notwendigkeit nahm, für eine bewaffnete Konfrontation bereit zu sein. Für regelmäßige Konsumenten der abendlichen Sendungen von »Fox News« war diese Botschaft übrigens keineswegs neu.

Glenn Beck, ein konservativer Kommentator, Medienunternehmer und rühriger Verbreiter von Verschwörungstheorien, sagte seinerseits in Carlsons Programm voraus, in Amerika werde im Jahr nach der Wahl von 2024 Krieg herrschen.[50] Er räumte ein, dass das etwas verrückt klingen könnte, und man möchte ihm gerne beipflichten. Doch verrückt ist nicht harmlos. Auch wenn das, was Beck herbeiredet, vielleicht noch kein ausgewachsener Bürgerkrieg wäre, könnte ein bewaffneter Aufstand gegen die Amtseinsetzung eines missliebigen Präsidenten ein entscheidender Meilenstein auf dem Weg ins Chaos sein.

Die Abwesenheit eines Bürgerkriegs bedeutet nämlich in keiner Weise geordnete Verhältnisse, wie auch das Magazin »The Atlantic« in seiner April-Nummer 2023 beschrieb.[51] In einer Analyse der politischen Gewalt in Amerika unter dem Titel »Die neue Anarchie« unterstrich die Autorin Adrienne LaFrance ebenfalls, das Szenario eines offenen Bürgerkriegs sei zwar unrealistisch, aber mit Blick auf die extremistische Gewalt in Amerika sah sie Parallelen zu einer Phase anarchistischer Anschläge zu Beginn des 20. Jahrhunderts. Wenn eine solche Gewaltwelle einmal in Bewegung sei, könne sie Jahrzehnte anhalten, weil das Land kein Mittel finde, um sie zu beenden, schrieb LaFrance warnend.

Es ist einigermaßen schwierig, sich die westliche Führungsmacht in einem Bürgerkrieg vorzustellen, schon, weil die Gefährlichkeit der amerikanischen Waffenarsenale die Einbildungskraft übersteigt. Doch selbst wenn es zu einem veritablen Bürgerkrieg nicht käme, könnte das Land nachhaltig destabilisiert und geschwächt werden. Was wäre von der Vorbildfunktion westlicher Demokratien noch übrig, wenn deren Führung im Innern durch politische Gewalt, blutige Anschläge und rigide Repression geprägt wäre? Und wie wäre es um die internationale Handlungsfähigkeit von Bündnissen unter einer solchen Führungsmacht bestellt?

Es gibt keinen Zweifel, dass die große Mehrheit der amerikanischen Bevölkerung und ihrer Institutionen eine solche Entwicklung gegenwärtig ablehnt. Aber die Geschichte hat gezeigt, dass in offenen Gesellschaften auch relativ kleine Gruppen ein großes Potenzial zur Destabilisierung haben. Gewalt, die alltäglich wird, lässt abstumpfen. Das Unzivilisierte wird langsam, aber sicher zum Normalfall und lastet wie eine dunkle Wolke über der ganzen Gesellschaft.

Die Terrorismusbekämpfung der letzten Jahre hat gezeigt,

dass politische Gewalt andauern kann, selbst wenn die Organisationen, von denen sie ausging, zerschlagen werden. Große Gefahr geht von den sogenannten einsamen Wölfen aus, weil sie schwer zu entdecken sind, bevor sie ihre Hände blutig machen. Internetdienste für den Nachrichtenaustausch, verschlüsselte Chat-Gruppen und ein bunter Strauß von neuen Medien sind ideale Übertragungskanäle für Botschaften des Hasses, für die Radikalisierung von Einzeltätern und selbst für konkrete Handlungsanleitungen.

Dies passiert natürlich nicht nur in den USA. Aber die Lage in Amerika ist wegen seiner Waffengesetzgebung eine andere. Tucker Carlson sprach nicht von ungefähr von den AR-15-Sturmgewehren. Die Besitzer wissen ganz genau, warum sie eine überaus effiziente Kriegswaffe auswählen: nicht zum Jagen, nicht für den Sport, sondern um bereit zu sein, das Hab und Gut mit der Waffe in der Hand zu verteidigen. Und allen wird eingetrichtert, dass Angriff manchmal die beste Verteidigung sei.

Neben vielen anderen Strömungen im Untergrund der Gesellschaft, die man gern ignorieren würde, legte die Amtszeit von Donald Trump als Präsident der USA offen, dass es in diesem Land keinen Konsens mehr gibt, keinen noch so kleinen gemeinsamen Nenner, auf den sich die große Mehrheit der Gesellschaft einigen könnte. Trumps erster Sprecher des Weißen Hauses, Sean Spicer, machte dies 2017 gleich in seinem ersten Auftritt hinter dem offiziellen Podium des Presseraums klar, als er faktenwidrig behauptete, Trumps Inauguration sei von einer Rekordzahl von Menschen vor dem Kapitol mitverfolgt worden. Er präsentierte damit das, was die Präsidentenberaterin Kellyanne Conway später als »alternative Fakten« bezeichnete.[52] Alternative Fakten prägen heute einen wesentlichen Teil des öffentlichen Diskurses in Amerika. Noch im Frühling 2023 glaubte eine knappe Zweidrittelmehrheit von Republikanern,

Bidens Wahlsieg von 2020 sei das Resultat von Betrug gewesen.[53] Dass in den Jahren seit diesem Sieg keine nennenswerten
Beweise für einen solchen Betrug ans Licht kamen, stört die Anhänger der Legende nicht. Alternative Fakten haben den Vorteil, dass sie sich wie Glaubenssätze ausnehmen: Sie sind von
den üblichen Anforderungen, die an Tatsachen gestellt werden,
weitgehend befreit. Alle sehen, was sie sehen wollen, und das ist
immer häufiger nicht das Gleiche.

1.9. Was bedeutet das für Amerikas Verbündete?

Die Geschichte der Terrorismusbekämpfung zeigt, dass offene,
demokratische Systeme mit ihrer Antwort auf gewalttätige He-
rausforderungen das Risiko in Kauf nehmen, ihre eigentliche
Substanz, nämlich ihre freiheitliche Ordnung, zu gefährden. In
einer polarisierten Gesellschaft, in der die politisch aktive Bevölkerung fast alles durch das Prisma des »Wir gegen die anderen« betrachten, setzt das noch mehr Energie frei, um die Distanz zwischen den Lagern zu vergrößern. Aus dem Teufelskreis
auszubrechen wird noch schwieriger.

Wäre Amerika im Krisenmodus stark mit sich selbst beschäftigt, drohten im Wesentlichen zwei Szenarien, die für die Alli-
ierten und Partner der USA von lebenswichtiger Bedeutung wären. Zum einen könnten die geopolitischen Rivalen Amerikas
versucht sein, eine mutmaßliche Schwäche auszunützen. Zum
anderen könnte die amerikanische Führung danach trachten,
das gespaltene Volk mit der Bedrohung durch einen gemeinsamen Feind zu einen, und dafür auch ein außenpolitisches Abenteuer in Kauf nehmen. Dass ein Präsident vor allem sein eigenes
Image aufpolieren will, wäre kein Novum in der amerikanischen
Außenpolitik. Mit seinen Avancen gegenüber dem nordkorea-

nischen Regime, die außer TV-gerechten Bildern und globalen Schlagzeilen absolut gar nichts hergaben, brüskierte Donald Trump das verbündete Japan gleich mehrfach.

Inwieweit Amerika seine Führungsrolle noch wahrnehmen kann oder will, hängt maßgeblich davon ab, wer das Land führt. Auf einige der möglichen Szenarien werde ich im dritten Kapitel noch ausführlicher eingehen. Sicher erscheint in dieser unsicheren Zeit nur eines: Sich unbekümmert auf den transatlantischen oder den transpazifischen Schutzschild der USA zu verlassen könnte die Partner und Verbündeten Amerikas in Europa und Asien noch teuer zu stehen kommen.

2. Einmaleins des amerikanischen Wahlkampfs

In einem normalen amerikanischen Wahlkampf ist bis im Frühling des Wahljahres noch vieles in Bewegung. Meistens im Januar oder Februar beginnen in den Bundesstaaten und Territorien des Landes die Vorwahlen innerhalb der Parteien. Diese finden mehrheitlich an der Urne statt (Primary), manchmal aber auch an Parteiversammlungen (Caucus). Dabei gilt es im Auge zu behalten, dass auch diese Wahlen indirekt sind. Es werden also nicht die Bewerberinnen und Bewerber für das Präsidentenamt gewählt, sondern Delegierte für die Parteikonvente. Diese Delegierten sollen später entweder für »ihre« Kandidaten stimmen oder, falls diese bereits aufgegeben haben, für einen anderen Bewerber. Die offizielle Nominierung der Kandidaten und Kandidatinnen findet erst auf dem Konvent mit einem Mehrheitsentscheid statt.

Bis zu dieser Nominierung lautet eines der am meisten gehörten Wörter im amerikanischen Wahlkampf »Momentum«, das am besten vermutlich mit »Schwung« übersetzt wird. Damit ist die Energie gemeint, die von Kandidatinnen oder Kandidaten mit einer Formkurve nach oben ausgeht. Wer »Momentum« hat, erntet nicht nur Gratiswerbung in Form von Medienberichten und allgemeiner Aufmerksamkeit. »Momentum« generiert auch die entscheidenden Mittelzusagen. Ohne Geld läuft nichts, das gilt für die demokratischen wie republikanischen Bewerber. Hatten die Demokraten früher noch eher Hemmungen, Geld von Großbetrieben oder Milliardären anzunehmen, so haben sich die beiden Parteien inzwischen sehr stark angenähert, was die Akzeptanz von »Megadonors« betrifft.

Mit dem Geld können die Bewerber Wahlkampagnen und Unterstützungskomitees in den wichtigen Bundesstaaten aufbauen, Werbung in traditionellen und neuen Medien schalten und Wahlveranstaltungen organisieren. Daher kommt ein anderes Wort, das in Wahlzeiten viel gehört wird: »Momentum Begets Momentum« – Schwung erzeugt (noch mehr) Schwung. Aber garantiert ist das keineswegs. Es lauert auch stets die Gefahr des »Flavor of the Month«, also der »Geschmacksrichtung des Monats«. Damit wird eine Tendenz in den Medien und im Publikum bezeichnet, Kandidatinnen und Kandidaten wie ein neues Eis einfach mal auszuprobieren, vor allem darum, weil es eben neu ist. Nach einigem »Verkosten«, im Klartext nach einigen Wochen oder Monaten, werden die meisten neuen Geschmacksrichtungen wieder fallengelassen. Das »Momentum« verwandelt sich in solchen Fällen sehr schnell in Gleichgültigkeit, und dies bedeutet das Todesurteil für jede Kandidatur. Rückblickend scheint es, als sei Gouverneur Ron DeSantis Ende 2022 und Anfang 2023 ein paar Monate lang die begehrte neue Geschmacksrichtung gewesen. Doch das prickelnd Neue wurde bald fad und uninteressant, und DeSantis konnte sich nie mehr erholen. Aus formalrechtlichen Gründen brechen die gescheiterten Bewerberinnen und Bewerber ihre Kampagnen nicht ab, sondern sie unterbrechen sie. Doch das sind Worthülsen, die nur Juristen interessieren.

Auf welche Art die Delegierten für die Wahlkonvente gewählt werden, ist nicht einheitlich geregelt. Bei den Republikanern erhält der Sieger einer Vorwahl in einem Staat, die nach dem 15. März stattfindet, meist alle Delegiertenstimmen, während die Delegierten zuvor meist proportional verteilt werden müssen. Bei den Demokraten ist dies der Normalfall: Die Delegierten für den Wahlkonvent werden proportional zum Resultat an mehrere Bewerber verteilt. Dadurch fällt die Entscheidung bei den Republikanern oft früher, weil das Mehrheitswahlrecht eine größere Dynamik entfaltet. Eine besondere Rolle spielt alle vier Jahre der »Super Tuesday«, der im Wahljahr 2024 am 5. März stattfand. An diesem einen Tag wurden bei den Republikanern in mehreren und teilweise großen Staaten zusammen über 800 Delegiertenstimmen vergeben. Gemessen an der absoluten Mehrheit von 1234 Stimmen, die für die Nominierung nötig ist, war das ein sehr gewichtiges Kontingent.

Wenn eine Kandidatin oder ein Kandidat im Verlauf der Vorwahlen die Mehrheit an Delegiertenstimmen ergattert hat, dann ist das Rennen de facto gelaufen. Bis zur offiziellen Nominierung als Kandidat lautet der Titel zwar noch »Presumptive Nominee« (mutmaßlicher Kandidat), aber bei der Organisation des Wahlkonvents und des Wahlprogramms hat die oder der Betreffende bereits ein gewichtiges Wort mitzureden, denn die »Presumptive Nominees« sind informell bereits die wahren Parteichefs im amerikanischen System. Später, als offiziell nominierte Kandidaten oder gewählte Präsidenten, werden sie es auch formell.

Die Parteikonvente, die dann alles festzurren, finden im Sommer oder im späten Frühjahr statt. Sie setzen sich mehrheitlich aus Delegierten zusammen, die in den Vorwahlen bestimmt wurden, die sich in der Regel bei ihrer Stimmabgabe an den Auftrag halten, den sie von den Wählerinnen und Wählern in diesen Vorwahlen erhielten. Zu ihnen stößt aber noch eine gewisse Anzahl von sogenannten Superdelegierten, die kraft ihres Amtes zum Wahlkonvent eingeladen werden und dort frei entscheiden können, wem sie ihre Stimme geben.

Der Parteikonvent der Republikaner 2024 wird gemäß dem

gegenwärtigen Reglement 2467 Delegierte umfassen, wovon 104 Superdelegierte sind.[54] Die absolute Mehrheit, um den offiziellen Kandidaten oder die offizielle Kandidatin zu bestimmen, beträgt demnach 1234 Stimmen. Bei den Demokraten bilden voraussichtlich 4521 Delegierte den Parteikonvent; 744 davon sind Superdelegierte.[55] Die Regeln für die Konvente 2024 sind noch nicht in Stein gemeißelt. Deshalb ist es nicht sinnvoll, bereits zu sehr in die Details zu gehen.

Um Vorwahlen zu verstehen, braucht es einen kühlen Kopf und die Bereitschaft, vieles für möglich zu halten, das nicht unbedingt plausibel erscheint. Manchmal sind zum Frühlingsanfang Ende März schon klare Tendenzen ersichtlich, das Rennen mag vielleicht erscheinen, als sei es bereits gelaufen, aber das ist keineswegs immer der Fall. Und selbst wenn sich ein Bewerber dann bereits auf einem sicheren Siegeskurs wähnt, geht die Ausscheidung weiter, bis alle Konkurrenten aufgeben. So hatte der spätere Präsident Joe Biden 2020 die ersten drei Vorwahlen noch verloren und damit für viel Aufregung gesorgt. Erst Ende Februar vermochte er das Steuer mit einem klaren Sieg in South Carolina herumzureißen. Nur wenige Tage später, nach einem sehr erfolgreichen »Super Tuesday«,[56] hatte er sich als klarer Favorit etabliert. Dennoch warf Bernie Sanders, sein schärfster Konkurrent vom linken Flügel, das Handtuch erst Anfang April.[57]

Donald Trump brauchte 2016 bis Ende Mai,[58] um eine Mehrheit der Delegierten auf sein Konto zu verbuchen und den Titel des »Presumptive Nominee« zu tragen. Bei den Demokraten gelang dies Hillary Clinton erst Anfang Juni.[59] Der Weg zur offiziellen Kandidatenkür gestaltete sich bei den beiden äußerst ungleich. Trump hatte sich überraschend gegen ein breites Feld von bekannten und teilweise auch erfahrenen Politikern durchgesetzt. Clinton dagegen war als haushohe Favoritin gestartet und musste dann hinnehmen, dass Senator Bernie Sanders aus Vermont zu einer ernsthaften Konkurrenz wurde, obwohl er, das linke Urgestein, von vielen nicht ernst genommen wurde und obwohl er bis 2019 nicht einmal Mitglied der Demokratischen Partei war.[60]

Zwischen dem Wahlkonvent einer Partei und dem Wahltermin im November läuft der Wahlkampf auf Hochtouren. Kurz vor der Ziellinie wartet aber noch die gefürchtete und legendäre »October Surprise«. Damit ist die Enthüllung eines Skandals gemeint oder eine andere wesentliche und unerwartete Entwicklung wenige Wochen oder sogar Tage vor dem Wahltermin. Der Begriff wurde 1980 geprägt, als der amtierende Präsident Jimmy Carter bei seiner angestrebten Wiederwahl auf eine Freilassung der amerikanischen Geiseln in Teheran hoffte. Am 4. November 1979 war die Botschaft in der iranischen Hauptstadt gestürmt und waren 52 Amerikaner als Geiseln genommen worden. Trotz intensiver Bemühungen schaffte es die Regierung Carters nicht, das Problem zu lösen. Selbst ein militärischer Befreiungsversuch scheiterte kläglich. Die Geiselaffäre legte sich wie eine dunkle Wolke über sein letztes Jahr im Weißen Haus und erlaubte es den Republikanern, ihn als zögerlichen und schwachen Präsidenten darzustellen. Wäre es Carter im Oktober 1980 noch gelungen, seine Landsleute nach fast einem Jahr in Geiselhaft nach Hause zu bringen, hätte ihn diese positive October Surprise womöglich beflügelt, den damals in Führung liegenden Widersacher Ronald Reagan noch auf der Zielgeraden abzufangen.

Es gab später immer wieder Berichte[61] und Gerüchte, wonach das Wahlkampfteam Reagans den Iranern über verdeckte Kanäle eine Botschaft habe zukommen lassen, mit dem Ziel, die positive Überraschung zu verhindern. Tatsache ist, dass die Geiseln am Tag von Ronald Reagans Amtseinführung am 20. Januar 1981 freigelassen wurden.

2016 mussten gleich beide Kandidaten eine unangenehme October Surprise wegstecken. Zum einen tauchte ein Audio-Tape

auf, in dem Donald Trump prahlte, dank seiner Berühmtheit
könne er Frauen auch mal zwischen die Beine greifen. Hillary
Clinton wurde von der Ankündigung des FBI-Direktors James
Comey überrascht, er habe eine abgeschlossen geglaubte Untersuchung zum Umgang mit amtlichen E-Mails auf einem privaten
Server der vormaligen Außenministerin nach dem Auftauchen
neuer Hinweise wieder aufgenommen. Natürlich kommt es nicht
in jedem Wahlkampf zu einer October Suprise. Aber weil die Zeit,
darauf zu reagieren, dann äußerst knapp wird, steigt die Nervosi-
tät nicht nur in den Wahlkampfstäben der Kandidaten, sondern
auch in den Medien. Diese würden am liebsten selbst für die Enthüllung der Überraschung sorgen – oder wollen wenigstens si-
cherstellen, dass sie eine solche nicht verschlafen.

2.1. Ohne Koalitionen kein Sieg

In vielen westlichen Demokratien ist in den letzten Jahrzehnten ein bunter Strauß von Parteien entstanden, die ihren Erfolg
häufig auf klar definierten Partikularinteressen aufbauten. Die
Kunst der Politik liegt in diesem System darin, nach einer Wahl
aus dieser Vielfalt an kleineren und größeren Parteien eine Koalition zu schmieden, die eine handlungsfähige Regierung stellen
kann. Im amerikanischen System mit den zwei dominierenden
Parteien muss die »Koalitionsbildung« vor der Wahl geschehen,
nämlich in den Parteien selbst und natürlich bei der Wählerschaft. Kandidaten und Parteien sind immer gezwungen, eine
ganze Anzahl von Strömungen in der Gesellschaft unter ihrem
Banner zu versammeln, sonst haben sie keine Chance auf den
Sieg. Das ist nicht immer einfach, besonders wenn solche Strömungen einander zu widersprechen scheinen. Diese »Koalitionen« sind keineswegs in Stein gemeißelt, sondern verändern

sich unentwegt. Das ist einer der Gründe, warum Vorhersagen in Amerika so heikel sind. Die Rechenparameter und Grundannahmen der Prognosen fußen stets auf den Wahlen, die bereits zurückliegen, und nicht auf jener, die noch kommt.

Bei der Zusammenführung mehrheitsfähiger Strömungen galt bei den Republikanern in der jüngeren Vergangenheit die von Ronald Reagan geprägte »Regel vom dreibeinigen Hocker«.[62] Sie besagt, dass für eine erfolgreiche Wahl das Zusammenwirken von drei starken Elementen unter den Anhängern unabdingbar ist: Es braucht einerseits die wirtschaftsnahen Fiskalkonservativen und Libertären, also jene, die dem Staat möglichst wenig Mittel und Kompetenzen zugestehen wollen. Anderseits braucht es die sicherheitspolitischen Falken, die Amerika mit viel Gestaltungswillen eine Hauptrolle in der Welt zuschreiben (Interventionisten). Der dritte Pfeiler sind die gesellschaftlich Konservativen, unter denen die religiösen Kräfte eine gewichtige Rolle spielen, allen voran die in den USA mächtigen Angehörigen der christlich-evangelikalen Glaubensgemeinschaften.

Diese Regel hatte, etwas vereinfacht gesagt, bis 2016 Gültigkeit. Dann trat Donald Trump auf den Plan und gewann eine vierte Kraft hinzu: die angeblichen Verlierer der Globalisierung und des tiefgreifenden wirtschaftlichen Strukturwandels. Die Konsequenzen dieser Entwicklung sind immer noch virulent und sorgen für Unruhe. Um diese Wählerschichten zu bedienen, musste Trump gegen die ehernen Gesetze der Fiskalkonservativen verstoßen. Die Geldbörse saß bei ihm locker, und Kürzungen von Sozialleistungen wurden für tabu erklärt. Zusammen mit den Steuersenkungen führte das zu großen Haushaltdefiziten, was für Fiskalkonservative der Anfang des Sozialismus und darum Teufelszeug ist.

Mit seinem Motto »America First« sprach Trump zwar direkt die Verlierer der Globalisierung an, geriet aber gleichzei-

tig in Konflikt mit zwei anderen Pfeilern der alten republikanischen Koalition. Die sicherheitspolitischen Falken störten
sich daran, dass er isolationistische Tendenzen verbreitete und
strategische Verbündete in Ost und West wegen kurzfristiger
merkantiler Vorteile vor den Kopf stieß. Wirtschaftsnahe Kreise
wollen keine staatlichen Zwangsjacken, die das freie Unternehmertum behindern. Der Staat ist in ihren Augen denkbar
schlecht geeignet, um in der Wirtschaft Sieger und Verlierer zu
bestimmen. Genau das versprach Trump aber den Abgehängten
der Globalisierung: Er werde jene Unternehmen belohnen, die
ihre Produktion nach Amerika zurückholten, und gleichzeitig
jene Firmen bestrafen, die sie ins Ausland verlagerten.

Erstaunlich mag dabei anmuten, dass sich diese verschiedenen Strömungen trotz ihrer Widersprüche zum Schluss mehrheitlich hinter Trump stellten. Es gab für die Anhänger dieser
Wählergruppen allerdings nur zwei Alternativen. Sie konnten
entweder ihren Prinzipien treu bleiben und als gespaltene Partei einer sicheren Niederlage entgegenblicken. Oder sie konnten
dank einer geschlossenen Partei wenigstens eine kleine Chance
auf einen Wahlsieg bewahren. Viele Fiskalkonservative hielten
sich angesichts dieser Lage die Nase zu und wählten Trump.
Das Gleiche taten auch die Evangelikalen, trotz des ausschwei-
fenden und wenig gottesnahen persönlichen Lebensstils des
New Yorker Lebemanns. Jene, die ihren Prinzipien treu blieben
und Trump deshalb kategorisch ablehnten, wurden dagegen als
»Never Trumpers« verschmäht und fanden sich schnell in einer verschwindend kleinen Minderheit wieder. Praktisch über
Nacht war ihnen die politische Heimat abhandengekommen.

Die Veränderung, die mit der Übernahme der Republikanischen Partei durch Trump eingetreten ist, macht es schwieriger,
einen klaren gemeinsamen Nenner der verschiedenen Fraktio-
nen und Strömungen zu finden. Früher war es wahrscheinlich

am ehesten jene Überzeugung gewesen, die Reagan in seiner Inaugurationsrede 1981 auf eine provokative, aber prägnante Formel gebracht hatte: »Der Staat ist nicht die Lösung unseres Problems, der Staat *ist* das Problem.«[63] Heute würden das größere Teile der republikanischen Wählerschaft nicht mehr unterschreiben.

Die Demokraten benutzen ihrerseits ein ganz anderes Bild, um die Koalition zu beschreiben, die sie jedes Mal vor einer Wahl schmieden müssen. Bei ihnen soll eine ganze Reihe gesellschaftlicher Strömungen unter dem Dach eines »großen Zelts« Platz finden. Die Plane spannt sich dabei von radikalen Progressiven über einen ideologisch wenig definierten Mainstream hinweg bis hin zum traditionellen, gewerkschaftlich geprägten Parteiflügel.[64] Der radikale Flügel, zu dem auch Aktivisten in den Bereichen Umweltschutz, Klima, soziale Gerechtigkeit, Rassismus oder ethnische und sexuelle Identität gehören, ist mittlerweile mit Abstand der lauteste, und oft scheint es, als treibe er die Partei vor sich her. Dieser Eindruck entsteht, da die Aktivistinnen und Aktivisten auf wohlwollende Verbreitung ihrer Ideen durch den akademischen Betrieb sowie in Kultur und Medien zählen können. Zahlenmäßig wirklich in der Mehrheit sind allerdings die Gemäßigten, und sie sind bei knappen Wahlen stets der entscheidende Faktor. Der kleinste gemeinsame Nenner unter diesem großen Zeltdach ist der Glaube, dass es im Normalfall die Aufgabe des Staats sein muss, gesellschaftliche oder wirtschaftliche Probleme zu lösen oder Ungleichheiten per Gesetz zu beseitigen.

Deutlich zurückgegangen ist bei den Demokraten der Einfluss des früher mächtigen rechten Flügels. Seine Mitglieder stammten häufig aus der Gewerkschaftsbewegung und mussten sich in gesellschaftlich konservativ geprägten Gegenden behaupten. Mit der zunehmenden Polarisierung der amerikanischen Gesellschaft wurde das immer schwieriger. Selbst ausgeprägt konservative Demokraten werden in ihren Heimatregionen heute kaum mehr als profilierte Individuen mit eigenen Standpunkten wahrgenommen, sondern als Vertreter einer Partei, der man gerade auf dem Land zutiefst misstraut. Die meisten konservativ geprägten Landstriche werden heute von den Republikanern dominiert; die Demokraten fristen in diesen Gegenden ein Schattendasein als schwindende Minderheit oder als insulare Mehrheit in städtisch geprägten Zentren.

Dass die konservativen Demokraten an Gewicht und Stellenwert verloren haben, mag mit Blick auf die Wahl von 2020 etwas merkwürdig erscheinen. Schließlich hatte der damalige Sieger Joe Biden doch genau als Vertreter dieser Gemäßigten und unter Betonung seiner Herkunft aus dem amerikanischen Industriegürtel kandidiert und gewonnen. Wir werden das scheinbare Rätsel im fünften Kapitel noch eingehender betrachten. Die Kurzversion der Erklärung lautet: Die Demokraten haben zwar tatsächlich einen großen Teil des ländlichen Amerikas an die Republikaner verloren. Dafür ist es ihnen gelungen, mit gesellschaftspolitischen Themen in eine Wählerschaft vorzustoßen, die früher republikanisch ausgerichtet war. Es geht dabei um die wohlhabenden Vorstädte, die »Suburbs«, und vor allem um die dort lebenden Frauen. Etwas vereinfacht gesagt: Je stärker die Republikaner unter dem Diktat der Sozialkonservativen in gesellschaftspolitischen Themen nach rechts rückten, desto mehr erhielten die Demokraten gerade in den gebildeten Schichten der »Suburbs« Zuspruch. Ein Musterbeispiel dafür ist die Abtreibungsfrage, in der die Republikaner gleichsam Opfer ihres eigenen Erfolgs wurden.

Die Demokraten ihrerseits scheinen in gewissen Fragen nun aber auch an einem Punkt angelangt zu sein, wo sich das Blatt zu wenden droht. Als größte Gefahren drohen einerseits die enormen Haushaltsdefizite, die auch den gesellschaftspolitisch

Aufgeschlossenen unheimlich werden, weil sie sie für die zäh anhaltende Inflation verantwortlich machen. Anderseits gehen den Wählerinnen in den »Suburbs« auch die extremen Positionen und das missionarische Verhalten des radikal-progressiven Flügels zu weit. Der Streit um die Schulen, der sich besonders an Fragen der sexuellen Identität oder am Umgang mit dem angeblich allgegenwärtigen Rassismus entzündete, ist ein Musterbeispiel dafür.

2.2. Die riskante Wette mit Joe Biden

In der Demokratischen Partei ist es in den Monaten vor dem Beginn der Vorwahlen auffällig ruhig geblieben. Keiner der ernsthaften und bekannten Politiker hat sich offen als Alternative für den manchmal alt und gebrechlich wirkenden Joe Biden in Position gebracht. Mit Ausnahme des ideologisch irrlichternden Robert Kennedy junior, der selbst als Spross einer berühmten Politikerdynastie nicht einmal eine Außenseiterchance hat, stieg niemand in den Ring. Das bedeutet keineswegs, dass Bidens Kandidatur völlig unbestritten wäre. Im Gegenteil: Eine Mehrheit der Parteianhänger wünscht sich eigentlich, der Präsident würde es bei einer Amtszeit belassen. Wie eine Umfrage im Juni 2023[65] ergab, waren fast gleich viele der Befragten der Ansicht, dass auch Donald Trump nicht mehr antreten sollte.

Den amtierenden Staatschef und eigentlichen Parteivorsitzenden innerparteilich herauszufordern braucht Mut. Es ist zwar nicht untersagt, aber es ist auch nicht üblich. Ob es dazu kommt, hängt fast immer vom Ansehen des Amtsinhabers ab. Wer Schwäche zeigt, wird eher angegriffen. Aber, und das ist zweifellos der Hauptgrund für die Zurückhaltung potenzieller Herausforderer: Ein solcher Schritt hat oft dramatische Konsequenzen für die Partei an der Macht.

In neuerer Zeit mussten sich bei den Demokraten zwei Präsidenten gegen starke parteiinterne Rivalen zur Wehr setzen: 1980 war es Jimmy Carter, der von Senator Ted Kennedy aus Massachusetts herausgefordert wurde, und zwölf Jahre zuvor sah sich Lyndon Johnson von Senator Eugene McCarthy aus Minnesota überraschend bedrängt.

Carter errang zwar in den Vorwahlen mit einem Verhältnis von 26 zu 12 deutlich mehr Siege als sein Gegenspieler. Aber Kennedy entschied einige der gewichtigen Bundesstaaten für sich. Das verlieh ihm unerwartet großen Schwung, und er warf das Handtuch erst im August auf dem demokratischen Wahlkonvent in New York, also nur knapp drei Monate vor der Wahl. Der parteiinterne Sieger Carter wurde dann bei der Präsidentenwahl mit einer vernichtenden Niederlage abgestraft, woran Kennedys scharfe Attacken im Vorwahlkampf sicherlich nicht unschuldig waren.

Johnson war es 1968 in gewisser Weise noch schlimmer ergangen, obwohl ihm wenigstens die persönliche Schmach einer krachenden Niederlage erspart blieb. McCarthy attackierte den amtierenden Präsidenten auf dem Gebiet seiner Außenpolitik, besonders natürlich im Zusammenhang mit dem Vietnamkrieg. In Südostasien hatten die Gegner der USA mit einer blutigen und verlustreichen Attacke (Tet-Offensive[66]) die amerikanische Propaganda als Lügenkonstrukt entlarvt: Das breite Publikum musste zur Kenntnis nehmen, dass dieser Krieg vermutlich nicht zu gewinnen war. Die reibungslose Bestätigung der erneuten Kandidatur des amtierenden Präsidenten, die erwartet worden war, blieb auch und gerade deswegen aus. Johnson musste hilflos zuschauen, wie ihn McCarthy bei der Vorwahl in New Hampshire mit einem knappen Resultat (42 gegen 48 Prozent der Stimmen) blamierte.[67] Als kurz darauf auch noch Robert Kennedy seine Kandidatur anmeldete, der Bruder des ermordeten

John F. Kennedy, brach Johnson die Kampagne für seine Wiederwahl ab. Robert Kennedy wurde dann im Juni 1968 in Los Angeles ebenfalls ermordet. Am Wahlkonvent in Chicago, der von schweren Ausschreitungen überschattet wurde, ernannten die Delegierten dann aber nicht McCarthy zum offiziellen Kandidaten, sondern Johnsons Vizepräsidenten Hubert Humphrey, obwohl dieser keine einzige Vorwahl bestritten hatte. Der Lohn dieser chaotischen Nominierung war, dass Humphrey gegen den Republikaner Richard Nixon deutlich den Kürzeren zog.

Grundsätzlich könnten bis zum Wahlkonvent immer noch Herausforderer gegen Biden in den Ring steigen, doch die Siegeschancen werden dadurch natürlich nicht besser. Wenn Biden nicht an einem Skandal zerbricht oder Opfer eines gesundheitlichen Problems wird, dann ist seine Nominierung wohl nur eine Formsache. Die Partei hat, entweder bewusst oder aus Lähmung, darauf verzichtet, eine Alternative zu Biden aufzubauen, die im Notfall kurzfristig »aktiviert« werden könnte. Das ist riskant und könnte sich rächen. Ob die bisherige Vizepräsidentin, Kamala Harris, dieser Rolle gewachsen wäre, ist mehr als unsicher. Die frühere Senatorin aus Kalifornien hatte schon bei ihrer eigenen, mit viel Vorschusslorbeeren bedachten, aber sehr kurzlebigen Präsidentschaftskampagne für die Wahl von 2020 gezeigt, dass sie Mühe hat, breite Wählerschichten für sich zu begeistern und eine Organisation effizient zu führen. Dass sich daran Wesentliches geändert haben sollte, ist bisher nicht sichtbar geworden. Ihr haftet vielmehr der Ruf an, dass sie zunehmend aus dem Bild verschwand. Im Herbst 2023 deutete ein langer Artikel in der sonst durchaus wohlgesinnten »New York Times« bereits im Titel an, die Vizepräsidentin sei so unsichtbar, dass man sie suchen müsse.[68]

2.3. Das Dilemma mit Donald Trump

Während sich die Parteiführung der Demokraten offenbar von Beginn weg an die Hoffnung klammerte, dass dem amtierenden Präsidenten schon nichts passieren werde, erregte der Auswahlprozess der Republikanischen Partei zunächst mehr Aufmerksamkeit. Hier lautete zu Beginn die zentrale Frage, ob es überhaupt zu einer offenen Herausforderung Donald Trumps kommen würde, nachdem dieser seine Kandidatur außerordentlich früh angemeldet hatte. Zuvor waren sämtliche Versuche, den früheren Präsidenten von diesem Schritt abzuhalten, erfolglos geblieben. Die Chance, auf Trump »verzichten« zu können, ohne ihn und seine Anhänger zu verprellen, war zusehends geschwunden.

Als Trump unmittelbar nach den enttäuschenden Zwischenwahlen für den Kongress im November 2022 seine Bewerbung offiziell machte, fanden sich die Rivalen in einer heiklen Situation wieder. Niemand wollte als Erste oder als Erster gegen Trump in den Ring steigen. Natürlich, man durfte darauf hoffen, durch die Medienpräsenz eine gewisse Prominenz zu erhalten. Doch diese würde sehr kurzlebig sein. Wer sich an die Jahre 2015 und 2016 zurückerinnert, als Trump eineinhalb Dutzend republikanische Gegenspieler mit Häme, Spott und Verachtung der Reihe nach aus dem Rennen warf, muss eingestehen, dass es Mut oder Verzweiflung erfordert, sich freiwillig in ein solches Minenfeld zu begeben.

Als Erste trat Nikki Haley die Flucht nach vorne an. Sie war früher die Uno-Botschafterin Trumps und Gouverneurin von South Carolina gewesen. Als Frau und als Kind indischstämmiger Immigranten will sie eine Republikanische Partei vertreten, die sich bemüht, vom Image eines Sammelbeckens der alten weißen Männer wegzukommen. Verschiedene andere Interessierte brachten sich zunächst bedeutend vorsichtiger in Startpositionen: Ron DeSantis, der Gouverneur von Florida, war derjenige, der das am offensichtlichsten tat. Andere hielten sich bedeckt, blieben als scheue Rehe noch im Wald, wo sie in sicherer Deckung abwarten wollten, was passieren würde. Zu ihnen zählte etwa Trumps früherer Vizepräsident Mike Pence, der im Juni 2023 ins Rennen einstieg, aber – völlig chancenlos – im Oktober schon wieder die Segel strich. Als kompletter Außenseiter, der versuchte, Trump mit Trumpismus in den Schatten zu stellen, brachte sich der indischstämmige Unternehmer Vivek Ramaswamy wie ein Blitz aus heiterem Himmel ins Spiel. Allerdings warf er noch am Abend der ersten Vorwahl in Iowa das Handtuch und forderte seine Anhänger auf, Trump zu unterstützen.[69] Mit Senator Tim Scott aus South Carolina bewarb sich auch einer der wenigen schwarzen Republikaner in Washington. Doch auch seine Erfolgschancen blieben überschaubar, und im November 2023 zog er die Konsequenzen daraus und gab auf.

Wer auch immer gegen Trump antritt, muss sich einer Tatsache bewusst sein: Es kommt einem riskanten Abenteuer mit ungewissem Ausgang gleich. Viele einst hoffnungsvolle oder prominente Figuren in der Republikanischen Partei haben ihre Opposition gegen Trump mit dem Verlust von Amt und Würden bezahlt. In der Grand Old Party geht es aber heute nicht nur um Personen. Es geht auch um politische Positionen, und das Ringen um den politischen Kurs ist mindestens ebenso spannend wie die Frage, wer am Schluss das Rennen um die Nominierung als Kandidat machen wird.

Ohne schon tief in die Details der demografischen Veränderungen in den USA zu gehen, die im fünften Kapitel ausführlich diskutiert werden, gilt als Grundprinzip in jedem Wahlkampf: Beide großen Parteien müssen sich ein Stück weit immer wieder neu erfinden, um auf Entwicklungen, Moden und Veränderungen in der Bevölkerung reagieren zu können. Denn beide sind, wie bereits beschrieben, auf das Wohlwollen verschiedener Wählergruppen angewiesen, um bei den Präsidentenwahlen die nötigen 270 Stimmen im Electoral College zu ergattern. Das ist grundsätzlich verschieden von den Strukturen vieler europäischer Demokratien, wo sich die Parteienlandschaft immer weiter nach Ideologien oder Interessen aufsplittert. In den USA werden die beiden einzigen großen Parteien regelmäßig von Strömungen in der Bevölkerung überrascht und sind gezwungen, auf diese zu reagieren. Manchmal lösen wirtschaftliche Entwicklungen oder politische Ereignisse Bewegungen im Wählerreservoir aus. Manchmal aber scheint es auch umgekehrt abzulaufen, dass also Kandidatinnen und Kandidaten mit besonderem Gespür schlummernde Themen aufgreifen, in den Fokus rücken und mit ihnen tektonische Verschiebungen auslösen.

Schauen wir uns ein paar Beispiele an. Bei den Republikanern gehörte seit der Reagan-Ära das tiefe Misstrauen gegenüber Staat und Regierung zur politischen DNA. Eine wirtschaftsfreundliche Haltung vertraute auf das private Unternehmertum sowie den freien Handel und kämpfte offensiv gegen alles, was nach gewerkschaftlicher Organisation oder hemmender Regulierung roch. Ihre gesellschaftskonservative Entsprechung fand sich in der Ablehnung von Abtreibung, der Ehe für alle oder der Drogenliberalisierung sowie im Ruf nach Recht und Gesetz und strengen Strafen für Kriminelle. Dazu gehörte auch meistens ein harter Umgang mit Migranten, die ohne Aufenthaltsberechtigung im Land sind. Allerdings herrscht gerade auf dem Gebiet der illegalen Zuwanderung auch eine ausgeprägte Scheinheiligkeit. Die gleichen Kreise, die harte Sanktionen gegen Papierlose fordern, wehren sich gegen eine strikte Kontrolle des Personals in den Betrieben und Geschäften des Landes. Denn viele Unternehmen – gerade in der Landwirtschaft, im Bau oder im Gastgewerbe – sind angewiesen auf die billige Arbeitskraft von Menschen ohne Aufenthaltsgenehmigung, um überhaupt Profit zu machen.

Mit eiserner Haushaltsdisziplin wurde sichergestellt, dass die Verwaltung und der Staat an einer kurzen Leine blieben – vor allem, wenn der politische Gegner an der Macht war. Die großen Sozialversicherungen, gegen die sich Konservative ursprünglich vergeblich gewehrt hatten, wurden schließlich zähneknirschend hingenommen, auch wenn man sie nie wirklich mit ganzem Herzen akzeptierte. Wer als konservativ gelten wollte, musste bereit sein, über die sich abzeichnenden Defizite und den daraus abgeleiteten Reformbedarf der drei großen Sozial- und Krankenversicherungen offen zu reden. Diese sind

- Social Security, die staatliche Vorsorge für Alte, Invalide und Hinterbliebene,
- Medicare, die Krankenversicherung für Alte und
- Medicaid, die Krankenversicherung für Schlechtverdienende.

Das änderte sich grundsätzlich mit dem Auftritt Donald Trumps im Jahr 2015. Er erklärte Social Security und Medicare zum Tabu, sprach sich offen gegen den Freihandel aus und setzte an dessen Stelle den wirtschaftlichen Nationalismus: »America first!«, hieß die Losung nun. Damit schaffte er es, in den verödeten Industriezonen im Mittleren Westen, in den Appalachen und in Neuengland Scharen von früheren demokratischen Stammwählern auf seine Seite zu ziehen. Gleichzeitig stürzte er die Republikanische Partei aber auch in eine Identitätskrise. Soll die Grand Old Party versuchen, zur Partei der Werktätigen zu werden, also für jene einzutreten, die ohne Hochschulabschluss manuelle und oft mühselige oder gefährliche Arbeit verrichten? Und wie würde sie sich in einem solchen Fall gegenüber dem traditionell wirtschaftskonservativen Lager definieren, für das Wachstum und die Erhöhung des Angebots der Motor des Wohlstands sind und das deswegen Privatunternehmen und deren Profite über alles andere stellt? Würden sich die beiden Ansprüche in irgendeiner Weise miteinander verbinden lassen?

Eine andere, aber ähnlich gelagerte Auseinandersetzung zeichnet sich im soziopolitischen Bereich ab. Bis vor kurzem konnten die Republikaner recht sorglos die Partei der gesellschaftlich Konservativen sein. Da gab und gibt es erhebliche Übereinstimmungen zwischen großen und für die Republikaner wichtigen Bevölkerungsgruppen, beispielsweise den evangelikalen Christen oder auch (katholischen) Immigranten aus Lateinamerika. Doch nun droht ein Thema diesen Konsens zu zerstören. Die Frage, wann und unter welchen Umständen Abtreibungen erlaubt sein sollen, beschäftigt ausgerechnet jene Partei, die doch eben noch so klare Vorstellungen von dieser Angelegenheit hatte.

Im Juni 2022 annullierte der Oberste Gerichtshof ein Urteil aus dem Jahr 1973, das den Schwangerschaftsabbruch zu einem Grundrecht auf nationaler Ebene erklärt hatte. Damals hatten die obersten Richter auf einen Verfassungszusatz zurückgegriffen,[70] was in juristischen Kreisen immer umstritten war, weil dieser Artikel im Grunde nur ein sehr weit gefasstes Recht auf Privatsphäre festschrieb. Gemäß dem neuen Urteil kann dieser Artikel keine gesetzliche Grundlage bilden, um die Abtreibungsfrage auf nationaler Ebene zu regeln.[71] Nach dem Grundsatz, dass alles, was nicht von der Verfassung ausdrücklich der Union zugewiesen wird, auf der Ebene der Bundesstaaten geregelt werden muss, soll es nun wieder ausschließlich an den Gliedstaaten liegen, Schwangerschaftsabbrüche zu verbieten oder zu regulieren. Dies umso mehr, als in den USA auch kein verfassungsmäßiger Zwang besteht, die Gesetzeslage in den Bundesstaaten zu harmonisieren.

Das Urteil war möglich geworden, weil in der Amtszeit Donald Trumps drei neue konservative Richter an den Supreme Court berufen worden waren. Sie und die drei bisherigen Konservativen bilden nun eine klare Mehrheit, und sie legen die Verfassung mehrheitlich eng aus. Während das Urteil vielerorts als frauenfeindlich gebrandmarkt wurde, muss doch festgehalten werden: Das höchste Gericht entschied nicht, dass eine Abtreibung illegal sei, sondern es stellte nur fest, die amerikanische Verfassung könne nicht als Grundlage für ein Recht auf Abtreibung benutzt werden. Wenn sich die Politik in Washington auf ein entsprechendes Gesetz auf einer soliden Verfassungsgrundlage einigen könnte, stünde einer landesweiten Regelung nichts im Weg.

Die Abtreibungsfrage war für die amerikanischen Republikaner wegen des Einflusses der Gesellschaftskonservativen seit Jahrzehnten ein Dauerbrenner gewesen. Oberstes Gebot für diese Klientel mit meist religiösem Hintergrund ist der fast bedingungslose Schutz des ungeborenen Lebens. »Pro Life« (für das Leben) nennt sich die Bewegung, um unterschwellig zu implizieren, Abtreibungsbefürworter kokettierten nonchalant mit »dem Tod«. Doch die Bewegung, die das Abtreibungsrecht befürwortet, stellt das Selbstbestimmungsrecht der Frauen ins Zentrum ihrer Argumente und nennt sich deshalb »Pro Choice« (für die Wahlfreiheit).

Das Urteil des Obersten Gerichtshofs war der späte Lohn, den die »Pro-Life«-Bewegung und das gesellschaftlich konservative Amerika insgesamt dafür einstreichen konnten, dass sie 2016 einen Präsidentschaftskandidaten unterstützt hatten, der selbst keine Überzeugungen hat – und schon gar keine gesellschaftlich konservativen. Donald Trump hatte beim Thema Abtreibung mehrfach die Meinung geändert und sich 2015 aus politischem Kalkül auf die Seite der Gegner geschlagen. Dabei musste er sich erst noch mit den Argumenten vertraut machen. So forderte er im Frühjahr 2016 für den Fall eines Abtreibungsverbots, dass Frauen, die trotzdem abtreiben würden, bestraft werden sollten. Es folgte ein Aufschrei auch im eigenen Lager, denn die Forderung verstieß selbst gegen die offizielle Linie der »Pro-Life«-Bewegung. Trump musste sich eilig korrigieren.

Mit der Entscheidung des Supreme Court von 2022 war das Tor für einschränkende Gesetze in den einzelnen Staaten aufgestoßen worden, und die republikanisch regierten zogen sofort jene Gesetzesentwürfe aus den Schubladen, die sie für diesen Fall schon lange bereitgehalten hatten. Sie übertrafen einander mit immer neuen und restriktiveren Regelungen. Manchmal gewährten sie noch eine Frist von 15 Wochen bis zum Verbot, was der Gesetzeslage gleicht, die in vielen europäischen Ländern gilt. Doch wer eine wirkliche konservative Überzeugung an den Tag legen wollte, musste sich für die sogenannte »Heartbeat«-Lösung einsetzen. Diese schreibt vor, dass ein Schwangerschaftsabbruch illegal wird, sobald beim Fötus ein Herzschlag registriert wird. Mit diesem ersten Herzschlag beginnt, so die Überzeugung der Hardliner, das Leben, das unbedingt geschützt werden muss. Ausnahmen für Vergewaltigung, Inzest oder die akute Gefährdung des Lebens der Mutter werden, wenn überhaupt, nur ungern gemacht. Für Abtreibungsbefürworter kommt dies einem absoluten Verbot gleich. Frauen, so argumentieren sie, sind sich zum Zeitpunkt, an dem ein Arzt einen Herzschlag feststellen könnte, oft noch gar nicht bewusst, dass sie schwanger sind. Es geht hier um eine Frist von rund sechs Wochen.

Der Eifer der »Pro-Life«-Bewegung trug zweifellos dazu bei, dass der Sieg der Abtreibungsgegner sich teilweise in einen Bumerang verwandelte. Es stellte sich heraus, dass es einfacher gewesen war, gegen Abtreibung Sturm zu laufen, als diese noch durch das Urteil von 1973 geschützt war. Denn Umfragen zeigten klar, dass das breite Publikum in den USA strikte Abtreibungsverbote gar nicht unterstützte.[72]

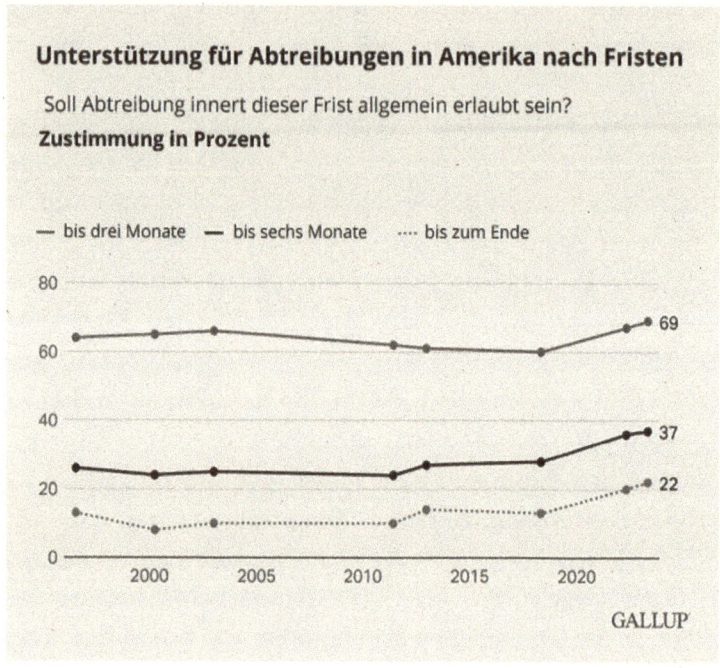

Unterstützung für Abtreibungen in Amerika nach Fristen

Soll Abtreibung innert dieser Frist allgemein erlaubt sein?
Zustimmung in Prozent

— bis drei Monate   — bis sechs Monate   ···· bis zum Ende

GALLUP

Die Frage, die die meisten bewegte, war jene der Frist, innerhalb derer eine Abtreibung legal sein sollte. In den jährlichen Umfragen des Meinungsforschungsinstituts Gallup zu diesem Thema war im Mai 2023 die Zustimmung zu einer dreimonatigen Frist mit 69 Prozent der Befragten am höchsten. Doch auch für Fristen zwischen dem vierten und sechsten sowie zwischen dem siebten und neunten Monat stieg die Zustimmung auf neue Höchstwerte von 37 beziehungsweise 22 Prozent. Klar ist, dass die Frage polarisiert und das Meinungsspektrum unter Anhängern der beiden großen Parteien sehr groß ist. Insgesamt aber fand eine knappe Mehrheit von 52 Prozent Abtreibung ethisch

vertretbar. Das war in den gut 20 Jahren zuvor noch nie der Fall
gewesen.

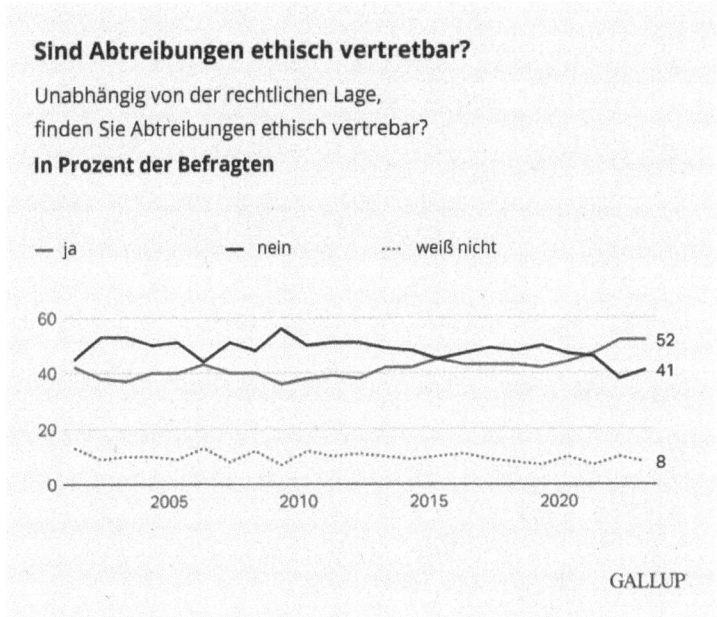

Sind Abtreibungen ethisch vertretbar?

Unabhängig von der rechtlichen Lage,
finden Sie Abtreibungen ethisch vertrebar?

In Prozent der Befragten

— ja   — nein   ···· weiß nicht

GALLUP

Wie verschiedene Wahlen und Abstimmungen auf der Ebene
der Bundesstaaten zeigten, hat das Thema Abtreibung die demokratischen Wählerinnen und Wähler elektrisiert und mobilisiert. Selbst das überraschend gute Abschneiden der Demokratischen Partei in den Zwischenwahlen für den Kongress im
November 2022, das den schlechten Umfragewerten des demokratischen Präsidenten und der hohen Inflation trotzte, wird
mit der Abtreibungsfrage in Zusammenhang gebracht.

Ausgerechnet Donald Trump, der mit seinen drei Richter-
Ernennungen für den Obersten Gerichtshof die Neubeurteilung
der Abtreibungsfrage erst ermöglicht hatte, legte den Finger in
die Wunde. Er war zuvor von Links und Rechts zu einem der
Hauptverantwortlichen für das enttäuschende Ergebnis der Re-

publikaner bei den Wahlen von 2022 gemacht worden, weil er extreme Kandidatinnen und Kandidaten unterstützt hatte und unermüdlich an seiner Legende vom »großen Wahlbetrug« 2020 festhielt, die nur noch seine eingefleischten Anhänger hören wollten. Doch Trump übernimmt Verantwortung grundsätzlich nur für Erfolge, weshalb er auf seinem eigenen Kurznachrichtendienst »Truth Social« mitteilte, schuld am Debakel bei den Zwischenwahlen sei keinesfalls er gewesen, sondern der Eifer gewisser Leute in der Abtreibungsfrage. Besonders das Insistieren auf einem kompletten Verbot, ohne Ausnahmen für Vergewaltigung, Inzest oder Gefährdung der werdenden Mutter, habe »viele Wähler gekostet«.[73] Damit nahm er die gesellschaftlich Konservativen ins Visier, insbesondere die evangelikalen Christen, die sich sofort mit einer Retourkutsche bedankten. Nachdem Trump im November 2022 seine Kandidatur für 2024 bekanntgab, weigerten sich mehrere prominente Führungsfiguren zunächst, ihn öffentlich zu unterstützen. Trump reagierte wie üblich dünnhäutig und warf ihnen »Treulosigkeit« vor.[74] Und natürlich brüstete er sich dann damit, niemand habe mehr für »das Abtreibungsverbot« erreicht als er.

2.4. Je mehr, desto besser?

Die Aussicht, dass es wieder zu einem Duell zwischen den mehrheitlich unbeliebten alten Männern Biden und Trump kommt, bereitet beiden großen Parteien Sorgen. Denn die Zustimmungsraten ihrer mutmaßlichen Spitzenkandidaten sind – auf ähnlichem Niveau – tief im Keller. Gemäß dem Datenanalyseportal »538« lagen im Oktober 2023 zwischen Zustimmung und Ablehnung bei beiden Kandidaten rund 15 Prozentpunkte: 40 Prozent Zustimmung gegenüber 55 Prozent Ablehnung.[75]

Bis im Januar 2024 öffnete sich die Schere bei Biden noch etwas mehr, während sie sich bei Trump auf knapp 10 Prozentpunkte schloss. Auch das war ein sichtbarer Hinweis darauf, dass der frühere Präsident für mehr Menschen wieder wählbar geworden war.

Die Parteien müssen sich einerseits um die Mobilisierung ihrer Wählerinnen und Wähler sorgen, weil in einer solchen Situation Enthusiasmus nicht leicht zu entfachen ist. Anderseits suchen sie auch angestrengt den Horizont auf Hinweise für eine Kandidatur einer dritten Person ab, die das Ganze noch erheblich komplizierter und gefährlicher machen würde. Nicht nur in der Physik ist das Zusammenwirken von drei verschiedenen Kräften bedeutend komplizierter als jenes von zwei. Auch in der Politik kommen unerwartete und unberechenbare Dynamiken auf.

Eine dritte Kandidatur führt oft dazu, dass jene Partei, die dem dritten Kandidaten politisch nähersteht, die Wahl verliert, weil sich die Stimmen aus einem Lager auf zwei Kandidaten verteilen. Ein berühmtes Beispiel ist der ehemalige Präsident Theodore Roosevelt, der 1912 derart unzufrieden mit seinem Nachfolger William Taft war, dass er eine neue Partei, die Progressive Party, gründete und noch einmal kandidierte. Die Partei war besser bekannt als »Bull Moose Party«, weil Roosevelt einmal in einem Interview geprahlt hatte, er fühle sich noch fit wie ein Elchbulle. Das konservative Lager wurde durch Roosevelts Sprengkandidatur gespalten, und der Demokrat Woodrow Wilson wurde mit einem komfortablen Sieg zum lachenden Dritten.

Erst achtzig Jahre später sollte sich die Geschichte in gewisser Weise wiederholen. 1992 mischte der texanische Milliardär Ross Perot als dritter Kandidat das Rennen zwischen dem amtierenden Republikaner George H. W. Bush und dem Demokraten Bill Clinton auf. Clinton schlug den Amtsinhaber überraschend deutlich mit 43 zu 37 Prozent. Perot erhielt 19 Prozent der Stimmen. Da er unter anderem auf einen ausgeglichenen Staatshaushalt pochte, was damals noch ein klassisch republikanisches Anliegen war, machten einige Republikaner ihn zum Sündenbock für ihre Niederlage. Die verfügbaren Daten gaben das allerdings keineswegs her. In einer Analyse des »Wall Street Journal« deuteten die Zahlen darauf hin, dass Clinton Bush sowieso geschlagen hätte.[76]

Auf der anderen Seite machten viele Demokraten im Jahr 2000 den Konsumentenanwalt und Umweltschützer Ralph Nader für ihre Niederlage verantwortlich. Er hatte neben dem amtierenden demokratischen Vizepräsidenten Al Gore und dem republikanischen Herausforderer George W. Bush kandidiert. Bush gewann denkbar knapp. Es kann zwar nicht mit Bestimmtheit gesagt werden, dass Nader ihm zum Sieg verhalf. Aber im entscheidenden Bundesstaat Florida ging es am Schluss um gut 500 Stimmen, die den alles entscheidenden Unterschied zwischen Sieg und Niederlage ausmachten. Nader hatte seinerseits im »Sunshine State« rund 100.000 Stimmen erhalten. Ein kleiner Bruchteil davon hätte genügt, um Gore über die Ziellinie zu schieben. Eine Studie der University of California, Los Angeles (UCLA) aus dem Jahr 2006 legt die Vermutung nahe, dass Nader Gore den Sieg vermasselte.[77] Solche Modelle und Berechnungen sind allerdings sehr heikel, weil sie immer im hypothetischen Bereich bleiben müssen. So ist nie sicher, ob die Anhänger von Drittkandidatinnen oder Drittkandidaten ihre Stimme den Nominierten der beiden großen Parteien geben würden, wenn ihre eigentlichen Favoriten nicht mehr zur Wahl stünden, oder ob sie vielleicht ganz auf eine Stimmabgabe verzichten würden.

Im Vorfeld der Wahl von 2024 trat die Organisation »No Labels« mit der Ankündigung ins Rampenlicht, sie werde einen dritten Kandidaten ins Rennen schicken, falls es zum Duell zwischen Biden und Trump kommen werde. Sie werde ihren endgültigen Entscheid an einem Wahlkonvent fällen, wenn die Vorwahlen der Demokraten und der Republikaner entschieden seien. »No Labels« ist schon mit der parteiübergreifenden »Problemlöserfraktion« im Kongress in Erscheinung getreten. Sie will sich gegen die Polarisierung engagieren und als Brückenbauer für Kompromisse dienen. Vor allem auf der linken Seite des politischen Spektrums hat die Ankündigung der Organisation heftige Turbulenzen ausgelöst. Man wirft einem möglichen Kandidaten von »No Label« vorsorglich schon einmal vor, er werde Joe Biden schaden und Donald Trump den Sieg bescheren. Dies ist ein Szenario, das sich nicht einfach wegwischen lässt, und es trägt dazu bei, dass Siegessicherheit bei den Demokraten in keiner Weise angebracht sein sollte.

3. Wer und was besondere Aufmerksamkeit verdient

Als in der ersten Hälfte des Vorwahljahres 2023 die Zahl der Kandidatinnen und Kandidaten vor allem bei den Republikanern langsam, aber sicher zunahm, stieg auch die Unruhe in der Öffentlichkeit. Wie ein Supertanker auf Autopilot schien das amerikanische politische System auf einen Punkt zuzusteuern, auf den die Mehrheit der Bevölkerung überhaupt keine Lust hatte: auf eine Neuauflage des Duells zwischen Joe Biden und Donald Trump. Kein Wahlkampf ist vor Überraschungen gefeit, aber bei der Drucklegung dieses Buchs Anfang Februar deutete immer noch fast alles darauf hin, dass im November 2024 der amtierende Präsident gegen den vor ihm amtierenden antreten wird.

Die 2015 verstorbene Baseball-Legende Yogi Berra war nicht nur für seine Effizienz als Catcher bei den New York Yankees berühmt, sondern auch für seine Sprüche. Häufig lagen sie eng an der Grenze zum Absurden. Besonders einer schaffte es in den Kanon der amerikanischen Populärkultur: »It ain't over till it's over.« Er bezog dies auf seinen Lieblingssport und wollte sagen: »Das Spiel ist nicht gelaufen, bevor es zu Ende ist.« Es ist eine nützliche Regel, die natürlich auch in der Politik gilt. Und manchmal dauert es erheblich länger als geplant, bis das

Spiel wirklich zu Ende ist. Das Wahljahr 2000 zeigte dies auf eindrückliche Weise. Damals, als das alles entscheidende Resultat in Florida angefochten wurde, dauerte die »Verlängerung« 36 Tage.

In den Monaten über den Jahreswechsel 2023-24 überstürzten sich die Ereignisse dann plötzlich. Das Feld der Konkurrenz zu Trump lichtete sich rasch. Das bedeutet nicht unbedingt, dass die Betreffenden nun in der Versenkung verschwinden. Wie im Geschäftsleben ist in den USA auch in der Politik das Scheitern keine Schande, und es steht einem weiteren Anlauf keineswegs im Weg – sofern alles mit lauteren Dingen zuging. Selbst ein handfester Skandal muss in den USA nicht definitiv das Aus für die Karriere bedeuten. Eine Zeit der zurückgezogenen Besinnung und der öffentlich bekundeten Reue vollbringen manchmal Wunder. Amerika liebt seine Stehaufmännchen, seine »Comeback Kids«.

Vor allem für die jüngeren Bewerberinnen und Bewerber ist es darum keineswegs abwegig, auch nach dem Scheitern ihr Glück in der Zukunft nochmals zu versuchen. Dies hat nichts mit einem übertriebenen Geltungsbewusstsein zu tun. Eine Kandidatur ist in jedem Fall auch ein Sprungbrett, um sich auf der nationalen Bühne ein Profil zu geben und Bekanntheit zu erlangen. Das ist für eine Reihe von Zielen nützlich: vielleicht, um eine andere politische Karriere anzupeilen, um in der Privatwirtschaft unterzukommen oder, ganz direkt, um sich einen Posten in der Regierung des späteren Siegers zu sichern.

Nie auszuschließen ist, dass plötzlich ganz neue Gesichter im Rennen auftauchen. Unerwartete Ereignisse können unerwartete Konsequenzen haben. Während bei den Republikanern im Fall eines Ausscheidens von Trump kein Mangel an »Ersatzkandidaten« besteht, ist das bei den Demokraten anders. Sollte Biden ausfallen, stünde zunächst die Vizepräsidentin Kamala

Harris auf der »Pole Position«. Es ist allerdings auch vorstellbar, dass in einem solchen Fall einige »scheue Rehe« plötzlich aus dem Wald auftauchen und sich ins Rennen stürzen. Es gibt eine ganze Reihe demokratischer Gouverneure, die einer jüngeren Generation angehören, in ihren Heimatstaaten populär und erfolgreich sind und ihre längerfristigen Ambitionen nur schlecht verbergen. Zu ihnen gehören Gretchen Whitmer aus Michigan (Jahrgang 1971), Gavin Newsom aus Kalifornien (1967), Jay Pritzker aus Illinois (1965) oder Jared Polis aus Colorado (1975). Solange Biden nicht selbst das Handtuch wirft, wegen gesundheitlicher Probleme ausfällt oder aus anderen Gründen zu einer Aufgabe gezwungen wird, haben sie keine Eile, auf eine Bühne zu drängen, auf der sie von einem Teil des Publikums zweifellos als »Königsmörder« wahrgenommen würden. Wir haben im zweiten Kapitel schon nachgezeichnet, dass ein offenes Herausfordern eines amtierenden Präsidenten durch einen Konkurrenten aus der gleichen Partei meist nichts Gutes verheißt.

Die folgenden Porträts spiegelten in ihrer Reihenfolge ursprünglich meine Einschätzung, wie wahrscheinlich es sein würde, dass die Bewerber an den Wahlkonventen auch wirklich zum offiziellen Kandidaten nominiert würden. Der Beitrag zu Ron DeSantis hat seine Kandidatur »überlebt«, weil sein Niedergang spektakulär und zugleich bezeichnend war. Doch stets gilt: »It ain't over till it's over.« Was gestern plausibel schien, kann heute bereits ganz anders aussehen.

3.1. Der Titelverteidiger

Ein amerikanischer Präsident, der sich zur Wiederwahl stellt, hat statistisch erwiesene Vorteile gegenüber einem Herausforderer. Von den 45 Männern, die seit 1789 das Amt ausübten, traten 31 zu einer Wiederwahl an, 21 davon hatten Erfolg und konnten eine zweite Amtszeit antreten. Zehn scheiterten.[78] Lassen Sie sich übrigens nicht von der Zahl 45 irritieren. Natürlich ist Joe Biden offiziell der 46. Präsident der USA, doch das ist einer speziellen Zählweise geschuldet. Grover Cleveland absolvierte nämlich Ende des 19. Jahrhunderts drei Amtszeiten. Weil die dritte aber nicht unmittelbar auf die beiden ersten folgte, galt sie als neue Präsidentschaft. Darum werden in den USA 46 Präsidentschaften gezählt, die aber nur von 45 Personen besetzt wurden.

Zurück zu den Präsidenten, die sich einer Wiederwahl stellten. Was den Ausschlag gab für eine Niederlage, ist nicht immer einfach zu erklären. Generell gaukelt die statistische Erfolgsquote von rund 2:1 eine Sicherheit vor, die kaum je existiert. Natürlich, die Zeichen von Schwäche oder einer drohenden Niederlage können sich sukzessive verdichten, zum Beispiel wenn die Popularität eines Amtsinhabers »unter Wasser« steht. So bezeichnen die Amerikaner das Phänomen, wenn die Zustimmungsrate im Minus liegt. Dies ist besonders dann ein Warnzeichen, wenn es einem Präsidenten in seiner ersten Amtszeit nicht gelingt, aus dem Kreis seiner ursprünglichen Wählerbasis auszubrechen und weitere Gruppen anzusprechen. Auch Skandale können Karrieren beerdigen, ebenso Veränderungen des politischen oder wirtschaftlichen Umfelds, selbst solche, für die der Amtsinhaber in keiner Weise verantwortlich ist.

Ein klassisches Beispiel für eine jähe Wendung ist George H. W. Bush, der 41. Präsident. Er schien lange auf dem besten Weg zu einer völlig ungefährdeten zweiten Amtszeit zu sein. Eineinhalb Jahre vor dem Wahltermin erreichte er im Nachgang zum ersten Golfkrieg, als der irakische Gewaltherrscher Saddam Hussein Kuwait überfallen hatte, eine Zustimmungsrate von 89 Prozent. Auch über seine gesamte Amtszeit hinweg lag sie bei durchschnittlich 61 Prozent, ein beeindruckendes Ergebnis. Von solchen Popularitätswerten konnten die meisten anderen Präsidenten seit John F. Kennedy nur träumen.[79]

Doch dann passierten mehrere Dinge gleichzeitig. Bush brach erstens in eklatanter Weise sein Wahlversprechen, dass er Steuererhöhungen niemals zustimmen werde. Zweitens verfiel die Wirtschaft in eine Rezession, und drittens gab der Amtsinhaber in der Fernsehdebatte gegen seine Herausforderer Bill Clinton und Ross Perot eine ausserordentlich schwache Vorstellung. Bush unterlag im November 1992 Clinton deutlich.

Warnzeichen für Biden sind ebenfalls vorhanden: Seine Zustimmungsrate liegt seit Beginn 2023 etwas über oder unter der 40-Prozent-Marke, also deutlich »unter Wasser«. Das hat verschiedene Gründe. Die massiven Haushaltdefizite, die wahrscheinlich auch dadurch erzeugte hartnäckige Inflation sowie Rekordzahlen bei den illegalen Grenzübertritten gehören sicher dazu. Zudem strahlt Biden nur noch ganz selten jene robuste Energie aus, die die amerikanischen Wähler an ihren Kandidaten überaus schätzen.

Abgesehen von äußeren Entwicklungen, beispielsweise die Kriege im Nahen Osten und in der Ukraine oder die Ungewissheiten im südchinesischen Meer, stehen den Republikanern zwei Angriffspunkte zur Verfügung, bei denen der Präsident nicht nur verwundbar wirkt, sondern für die er auch zu einem guten Teil selbst verantwortlich ist. Dementsprechend werden sie von seinen politischen Gegnern ausgeschlachtet. Die eine Schwachstelle ist sein Alter und seine immer wieder augenfällige Gebrechlichkeit, sei diese nun körperlich oder kognitiv. Die andere ist die abenteuerliche Geschichte seines Sohns Hunter.

Wie alt ist zu alt?

Mit wenig bösem Willen könnte man auch Biden den Bruch eines Wahlversprechens vorwerfen, auch wenn dieser nicht so eklatant war wie jener, den Bush zum Thema Steuererhöhungen verschuldet hatte. Aber Biden hatte sich im Wahlkampf 2020 explizit als »Übergangspräsident« ins Spiel gebracht, der das Terrain für eine Stabsübergabe an die nächste Generation vorbereiten würde. Dies so zu sehen ist keine böswillige Interpretation seiner politischen Gegner. Auch für Medien, die ihm durchaus wohlwollend gegenüberstanden, etwa die »New York Times«, schien es klar: Biden wollte vor allem eine Wiederwahl Trumps verhindern, dann mit parteiübergreifenden Kompromissen den Trend zur Hyperpolarisierung in Amerika brechen und schließlich nach einer Amtszeit die Geschicke des Landes in neue, jüngere Hände übergeben.[80] Das war ein wesentliches »Verkaufsargument« eines Mannes, der ja schon bei seinem Amtsantritt der älteste frisch vereidigte Präsident der USA war.

Vordergründig erklärt Biden seine Kursänderung damit, dass die Republikanische Partei sich nicht von Donald Trump emanzipieren wolle oder könne. Seine Aufgabe, die Rückkehr Trumps zu verhindern, sei deshalb noch nicht erfüllt. Doch Tatsache ist, dass Biden schon bald nach seiner Amtseinsetzung nichts mehr von einer Übergangspräsidentschaft wissen wollte, sondern Projekte in Angriff nahm, die eine größere Umgestaltung der amerikanischen Gesellschaft zum Ziel hatten und damit auch einen entsprechend langen Zeithorizont umfassten. Der Appetit kommt offenbar auch im Weißen Haus beim Essen.

Die Frage, ob Biden für eine zweite Amtszeit fit genug ist, wird von vielen Demokraten reflexartig mit Empörung quittiert, als handele es sich um Majestätsbeleidigung. »Ageism« lautet dann gern das Totschlagargument, also der Vorwurf, ältere Menschen allein wegen ihres Alters zu diskriminieren.

Allerdings stellt sich schon die Frage, wo, wenn nicht bei der Auswahl des politischen und militärischen Chefs einer Supermacht, die Frage nach der Amtsfähigkeit mehr Berechtigung hätte. Das Totschweigen der Problematik ist jedenfalls politisch gefährlich. Bei dem fast immer knappen Wahlausgang kann es auf das kleinste Quäntchen Enthusiasmus unter der Wählerschaft ankommen. Gerade die Demokraten müssten wissen, dass ihre Wählerschaft im Normalfall weniger diszipliniert in die Wahllokale strömt als jene der Republikaner. Dies zeigte sich zuletzt bei Hillary Clintons Niederlage im Jahr 2016 deutlich. Es genügte, dass ein Teil der Anhänger ihres Rivalen Bernie Sanders den Urnen fernblieb oder eine aussichtslose andere Kandidatur einer Drittpartei unterstützte, um die Favoritin stürzen zu lassen. Vor einer solchen Dynamik ist auch Biden nicht gefeit, zumal Trump, wie die Umfragen um den Jahreswechsel 2023–24 nahelegten, nicht mehr gleichermaßen als akute Gefahr für die amerikanische Demokratie betrachtet wird wie noch 2020. Damals hatte die noch frische Erinnerung an seine Amtsführung bei den Demokraten für eine überdurchschnittliche Wählermobilisierung gesorgt.

Die Altersfrage in der Politik, die seit Ronald Reagans Tagen ein Tabu war, wurde 2023 aktuell, weil ihre Auswirkungen auch bei prominenten Mitgliedern des Kongresses sichtbar wurden. Bei der demokratischen Senatorin Dianne Feinstein aus Kalifornien zeigten sich gesundheitliche und mentale Probleme schon seit Jahren, bevor sie im Herbst 2023 mit 90 Jahren verstarb. Beim republikanischen Minderheitsführer Mitch McConnell (81), der vor laufenden Kameras plötzlich verstummte und erstarrte, schienen sie noch recht neu, aber unübersehbar. Ein heftiger Sturz im März 2023 könnte damit zusammenhängen.[81] Einige Medien behaupteten, McConnell sei im gleichen Jahr sogar mehrmals gestürzt.[82] Die Berichte über Feinstein und McConnell ließen die Beunruhigung über eine Überalterung der amerikanischen Politik deutlicher werden als je zuvor. Die Tatsache, dass die beiden Senatoren ihre Amtsgeschäfte über Monate nur noch mit der Hilfe eines vielköpfigen und fürsorglichen Mitarbeiterstabs wahrnehmen konnten, macht die Sache nicht besser. Die Furcht, man könnte einen Präsidenten wiederwählen, der nur dank eines anonymen, demokratisch nie legitimierten Mitarbeiterstabs sein Amt ausüben könnte, ist groß, und sie ist berechtigt.

Die teilweise versteckte Amtsunfähigkeit einer ganzen Reihe von Präsidenten in der Vergangenheit – von Abraham Lincoln über Woodrow Wilson und Franklin Roosevelt bis zu Dwight Eisenhower – führte 1967 zur Ratifizierung des 25. Verfassungszusatzes. Dieser regelt unter anderem auch die Nachfolge, falls ein Präsident sein Amt nicht mehr ausüben kann. In einem besonders umstrittenen Abschnitt regelt das »25. Amendment« auch die Frage, mit welchen Mitteln im Extremfall die Amtsfähigkeit des Präsidenten auch gegen seinen Willen in Frage gestellt und verneint werden kann.[83]

Bedenken dieser und ähnlicher Art könnten unter Umständen plötzlich eine kritische Masse annehmen. Bis zum Jahresbeginn 2024 waren es erst demokratische Außenseiter, die ihr Unbehagen öffentlich äußerten oder sogar Andeutungen machten, ins Rennen zu steigen. Aber die Furcht, dass Bidens sehr durchwachsene Beliebtheitswerte im November 2024 in eine Katastrophe führen könnten, ist real.

Unschöne Geschichten über Hunter Biden

Bidens zweites Problem, nämlich die unschönen Geschichten über seinen Sohn Hunter, weisen eine Parallele zum Wahlkampf 2016 auf, und dies sollte den Demokraten ebenfalls unruhigen Schlaf bescheren. Es geht um den immer wieder neu erhobenen

Vorwurf, die Familie Biden sei korrupt und habe aus dem Amt Joe Bidens als Vizepräsident unter Barack Obama direkt und indirekt Profit geschlagen.

Hunter, der 1970 geborene zweite Sohn Joe Bidens, kämpfte seit seinem Studium an den Eliteuniversitäten von Georgetown und Yale immer wieder mit Sucht- und Beziehungsproblemen. Obwohl er keineswegs der erste Sprössling einer Präsidentenfamilie ist, der mit solchen Widrigkeiten konfrontiert ist, liefert er mit seinem unsteten Leben und seinen Verfehlungen dem politischen Gegner besonders viel Munition. Eine wichtige Quelle dafür war ein Notebook, das Hunter Biden 2015 in einer Reparaturwerkstatt zurückgelassen hatte. Auf diesem sollen sich nicht nur heikle E-Mails über undurchsichtige Geschäftsbeziehungen befunden haben, sondern auch Bilder von Exzessen mit Prostituierten unter Drogeneinfluss. Daraus lassen sich trefflich und in munterer Folge anzügliche oder unappetitliche Geschichten konstruieren und in der Öffentlichkeit breittreten.

Steter Tropfen höhlt jeden Stein, und genau hier liegt die Parallele zu 2016 und Hillary Clinton. Die Kampagne der Republikaner gegen die favorisierte demokratische Kandidatin in den Jahren 2015 und 2016 war unter dem Strich erfolgreich. Egal, ob es um die Terrorattacke auf die amerikanische diplomatische Vertretung in Bengasi ging, um die wohltätige Stiftung der Clinton-Familie oder um den Gebrauch eines privaten E-Mail-Servers für berufliche Zwecke: Wenn man genügend lange und viele Untersuchungen einleitet und Vorwürfe in den Raum stellt, bleibt immer etwas hängen. Oder noch besser: Der stetige Druck treibt die Beschuldigten dazu, mit Falschaussagen, Vertuschungsversuchen oder frappanter Arroganz die Sache noch schlimmer zu machen. Am Ende ist oft nicht mehr entscheidend, ob strafrechtlich relevante Dinge passiert sind. Was mehr zählt, ist das negative Bild. Im Fall von Hillary Clinton war es jenes einer Frau, die in gespielter Naivität log und für finanzielle Vorteile auch ihre angeblich hehren »Werte« verriet.

Eine solch systematische Rufschädigung macht eine Kandidatin oder einen Kandidaten vielleicht nicht wirklich unwählbar, vor allem, wenn kein »rauchender Colt«, also ein klarer Beweis vorgezeigt werden kann. Auf politischer Ebene können die Auswirkungen wahlentscheidend sein: Der Enthusiasmus der Anhänger wird möglicherweise gedämpft, was die Wählermobilisierung erschwert. Auf der gegnerischen Seite kann eine große Abneigung motivierend wirken, den Gang ins Wahllokal anzutreten.

Im Fall Hunter Biden gibt es drei Problemfelder. Zum einen entglitt ihm sein Leben streckenweise richtig übel. Zum anderen ließ er sich für seine Nähe zu einem wichtigen amerikanischen Politiker – seinem Vater – von auswärtigen Geschäftsleuten mit nicht immer lupenreiner Weste fürstlich entlohnen. Und zum Dritten hielt sein Vater stets zu ihm, obwohl er wissen musste, dass der Sohn die Profite nur dank seines Namens und seines Amts einstrich.

Massiver Rollenkonflikt

Wäre Joe Biden ein einfacher Familienvater, würde ihn die Sache möglicherweise ehren. Er hatte schließlich mehrere harte Schicksalsschläge zu verdauen. 1972, als er eben in den Senat gewählt worden war, kamen seine erste Ehefrau Neilia und seine 13 Monate alte Tochter Naomi bei einem Autounfall ums Leben. Die Söhne Beau und Hunter überlebten schwer verletzt. 2015 verstarb Hunters Bruder Beau im Alter von 46 Jahren an einem Gehirntumor.[84] Beau war stets der glänzende Vorzeigesohn, während Hunter die Rolle des schwarzen Schafs der Familie zugeschrieben wurde. Beau war erfolgreich und machte sich bereit, in den Fußstapfen seines Vaters eine politische Karriere aufzubauen. Sein Tod warf Hunter heftig aus der Bahn. Er trank übermäßig Alkohol und konsumierte Drogen, unter anderen Crack. Beziehungskrisen folgten. In diese Zeit fällt die Sache mit dem Notebook.

Dieses tauchte im Wahlkampf 2020 unter undurchsichtigen Umständen auf und sollte den Beweis erbringen, dass Hunter Biden bei Geschäften in der Ukraine und in China das Amt seines Vaters in die Waagschale geworfen habe. Joe Biden war damals Vizepräsident und von seinem Chef, Barack Obama, oft mit außenpolitischen Aufgaben betraut worden, auch in den beiden genannten Ländern. In den Berichten über den Laptop wurde auch insinuiert, Vater Biden sei an den Profiten beteiligt worden. So sagten angebliche Augenzeugen, dass Hunter in Geschäftssitzungen auch gern mal seinen Vater angerufen und mit ihm über den Lautsprecher gesprochen habe, oder dass er sich mit Geschäftspartnern und »Dad« zum Mittagessen getroffen habe. Das alles heißt nicht, dass Vater Biden Schmiergelder gefordert oder angenommen hätte. Aber es unterfüttert einen Generalverdacht, und dies ist genau, was die Republikaner sehr erfolgreich an Hillary Clinton vorexerziert hatten. Er lautet: Die demokratischen Führungsspitzen entrüsten sich in scheinheiliger Pose über Korruption, während sie selbst in »Pay to Play«-Systeme verwickelt sind: Wer Zugang zu Entscheidungsträgern will, muss zahlen. Nicht etwa direkt, sondern über Familienangehörige oder, in Clintons Fall, über die karitative Familienstiftung, die ihr Mann gegründet hatte.

Familienmitgliedern von wichtigen Entscheidungsträgern besondere Aufmerksamkeit zu schenken stellt für Unternehmen eine zunächst einmal nicht zu beanstandende Geschäftspraxis dar. Schließlich können sich daraus interessante Kontakte ergeben. Die Grenze zwischen »Networking« oder PR-Aktivitäten, von denen man sich Wohlwollen verspricht, einerseits, und dem Versuch der Einflussnahme über korrupte Praktiken anderseits, ist allerdings dünn. Bei Überquerung dieser dünnen Linie lauern die Strafverfolgungsbehörden. Doch bis jetzt gilt es festzustellen: Hunter Biden ist nicht ins Visier der Justiz geraten, weil er Geld für seinen prominenten Namen annahm, sondern weil er dieses Geld nicht richtig versteuerte und seine ausländische Herkunft nicht offenlegte. Dazu kommt eine Anklage, weil er bei einem Waffenkauf den Konsum von Drogen verleugnet hatte.

Ein Vorwurf, der bei dieser zweiten Sache stets mitklingt, aber praktisch nie direkt ausgesprochen wird: Auch Demokraten messen hier mit zweierlei Maß. Während der privilegierte Sohn des Vizepräsidenten trotz Drogen- und anderen psychischen Problemen dank Papas Einfluss lukrative Geschäfte tätigen konnte, sterben im normalen Amerika junge Leute, jeglicher Zukunftschancen beraubt, wie die Fliegen an Opioid-Überdosen.[85] Das hinterlässt am Image Bidens als volksnaher Politiker schwere Schäden.

Im Zentrum der umstrittenen geschäftlichen Beziehungen Hunter Bidens stehen Unternehmen in der Ukraine und in China. In der Ukraine wurde Hunter Biden in die Führung des Erdgasunternehmens Burisma geholt.[86] Korruptionsvorwürfe gegen Energieunternehmen im ehemaligen sowjetischen Einflussbereich rauben niemandem mehr den Schlaf. Sie sind schlichtweg zu oft verifiziert worden. Es ist außerordentlich unschön, dass Vater Biden zur gleichen Zeit, als sein Sohn ohne erkennbare Gegenleistung fürstliche Gehälter aus der Ukraine bezog, als Vertreter der amerikanischen Regierung im Gleichschritt mit anderen Geberländern und internationalen Finanzinstituten auf eine stärkere Korruptionsbekämpfung pochte.

Danach zwirbelt sich der Erzählstrang aber in verschiedene,

einander widersprechende Fäden auf. Die eine Version lautet, der damalige Vizepräsident und seine westlichen Partner hätten die Absetzung des ukrainischen Generalstaatsanwalts Wiktor Schokin verlangt, weil dieser Korruptionsuntersuchungen verschleppt oder abgewürgt habe. Laut einer anderen Version wurde Schokin gefeuert, weil er undurchsichtigen Vorgängen bei Burisma nachging. Das würde das »Pay to Play«-System natürlich perfekt enthüllen – nur gibt es bisher keine belastbaren Beweise für diese Version.

Klar ist, Hunter Biden machte sehr gutes Geld, und gemäß einigen Berichten sollen Zahlungen auch an andere Familienmitglieder gegangen sein.[87] Bisher gibt es aber keinerlei Hinweise darauf, dass Joe Biden zu den Empfängern solcher Gelder gehörte oder sie anforderte. Aber die Geschichte ist nicht zu Ende, und sie wird es möglicherweise noch lange nicht sein. Niemand weiß, ob noch relevante neue Fakten ans Licht kommen werden. Aber die steten Untersuchungen, die auch zu einem Impeachment des Präsidenten Biden führen könnten, reichten allein schon völlig aus, um das für die Demokraten sehr unangenehme Thema in den Schlagzeilen zu halten. Denn auch der Präsident macht in der ganzen Sache keine gute Figur. Er sagte offensichtlich nicht die Wahrheit, als er öffentlich behauptet hatte, sein Sohn habe kein Geld aus China und der Ukraine erhalten und er selbst habe nichts von den Geschäften seines Sohns gewusst. Solche Dinge rächen sich meistens, zumindest dann, wenn man nicht Donald Trump heißt.

3.2. Der Herausforderer

Wie vor und während seiner Amtszeit hat Donald Trump auch
nach deren Ende in der amerikanischen Politik Verhaltensmaß-
stäbe und ungeschriebene Gesetze quasi mit der linken Hand
gebrochen. Er war gewählt worden, obwohl er zuvor mit Ausfäl-
ligkeiten gegen Frauen, einem öffentlichen Kokettieren mit radikalen Rechtsnationalisten oder Anhängern des Rassenwahns
und einer endlosen Kette von Lügen und Verunglimpfungen
aufgefallen war. Er war während seiner Amtszeit zweimal vom
Repräsentantenhaus angeklagt worden (Impeachment). Im Senat verpassten die Demokraten und einige republikanische Dissidenten aber die notwendige Zweidrittelmehrheit von 67 Stimmen deutlich. Und nun, seit er wieder ein normaler Bürger ist
und die Immunität des Präsidentenamts verloren hat, ist er in
vier verschiedenen Fällen und insgesamt 91 Punkten strafrechtlich angeklagt worden.

Es geht dabei auf Bundesebene einerseits um den Versuch,
mittels einer Verschwörung die Amtsübergabe an den gewählten
Präsidenten Joe Biden zu verhindern, was in der Erstürmung des
Kapitols am Dreikönigstag 2021 gipfelte.[88] Anderseits wird ihm
vorgeworfen, Geheimdokumente illegal aus dem Weißen Haus
entfernt und ihren Besitz unterschlagen zu haben.[89] Beide Verfahren werden von Sonderermittler Jack Smith vorangetrieben,
der seinerseits vom Justizminister Merrick Garland eingesetzt
wurde, um eine neutrale Strafverfolgung zu gewährleisten.

Auf bundesstaatlicher Ebene wurde Trump in New York angeklagt, von der ehemaligen Pornodarstellerin Stormy Daniels kurz
vor der Wahl 2016 mit Geld ihr Schweigen über eine außereheli-
che Affäre erkauft zu haben. Das ist natürlich per se nicht strafbar,
aber Trump soll laut Anklage das Schweigegeld falsch verbucht,
dazu Geschäftsunterlagen gefälscht und schließlich illegale Wahl-

beeinflussung betrieben haben.[90] Von den vier Verfahren steht dieses am ehesten im Ruch einer politisierten Justiz: Die Vorwürfe wirken reichlich weit hergeholt. In Georgia droht Trump anderes Ungemach. Dort wirft ihm die Bezirksstaatsanwältin in Atlanta vor, er habe versucht, mithilfe einer kriminellen Vereinigung mit 18 Mitverschwörern den Ausgang der Wahl im »Peach State« zu kippen.[91] Die Anklage stützt sich dabei auf ein Gesetz zur Bekämpfung des organisierten Verbrechens, das besonders harsche Strafen vorsieht. Die Verhandlungen im New Yorker und im Umsturz-Verfahren sollen im März beginnen, jene im Dokumenten-Verfahren im Mai. Im vierten Verfahren in Georgia hat die Staatsanwältin den Prozessbeginn am 23. Oktober, wenige Tage vor der Präsidentenwahl beantragt. Es wird allerdings nicht damit gerechnet, dass dieser Zeitplan realistisch ist.

Außerdem laufen gegen Trump und seine Firma weitere Verfahren in New York. In einem wurde sein Unternehmen bereits in erster Instanz wegen Steuerbetrugs in 17 Anklagepunkten schuldig gesprochen.[92] Das Unternehmen kündigte an, in Berufung zu gehen. In einem zweiten Fall hat die Justizministerin des Staats New York gegen Trump selbst sowie gegen seine Kinder Donald jr. und Eric Zivilklage wegen gewerbsmäßigen Betrugs erhoben. Ihnen wird konkret vorgeworfen, den Wert ihrer Immobilien manipuliert zu haben, um sich günstige Bankkredite erschleichen zu können. Im Grundsatz sind sie bereits schuldig gesprochen worden, und als Strafe droht ihnen eine Geldbuße bis hin zum Geschäftsverbot. Schließlich ist er in einem weiteren Zivilverfahren des sexuellen Übergriffs und der Verleumdung der Publizistin Jean Carroll schuldig gesprochen und zu einer Entschädigung von fünf Millionen Dollar verurteilt worden. Trump kündigte Berufung an. Da er Carroll aber erneut verleumdete, wird in einem zweiten Verfahren über eine zusätzliche Entschädigung entschieden werden.

Politik oder Justiz: Wer soll entscheiden?
Viel ist seit dem Bekanntwerden der Strafklagen über die Frage
geschrieben worden, ob es opportun sei, den mutmaßlichen
Kandidaten einer der zwei großen Parteien strafrechtlich zu be-
langen, oder ob das Verdikt nicht der politischen Instanz, also
dem Wahlvolk überlassen werden soll. Der Vorwurf, Trumps
politische Gegner würden sich der Strafjustiz bedienen, um einen lästigen Konkurrenten aus dem Weg zu räumen, ist in der
Republikanischen Partei mit Verve erhoben worden und hat
nicht nur auf der rechten Seite des politischen Spektrums ein
breites Echo gefunden. Er hat zweifellos mitgeholfen, dass sich
die republikanisch geneigte Wählerschaft wieder eng um den
früheren Präsidenten scharte. Es ist noch kein glaubwürdiges
Szenario absehbar, in dem er den unbestrittenen Favoritensta-
tus verlieren könnte. Natürlich hätten Schuldsprüche im einen
oder anderen Verfahren das Potenzial, daran etwas zu ändern.
Aber dann müssten sie auch rechtzeitig abgeschlossen werden.
Von juristischem Standpunkt aus ist übrigens ein Schuldspruch
keineswegs ein Ausschlusskriterium für die Präsidentenwahl.

Der Anschein, dass sich die Justizbehörden im politischen
Wettbewerb als Waffe vereinnahmen lassen, ist einer Demokratie unter allen denkbaren Umständen unwürdig und schadet ihrem Ansehen enorm. Das spräche sicher dafür, das Ganze den
Wählern zu überlassen. Auf der anderen Seite besteht die ein-
malige Chance, vor Gericht beweisen zu können, dass Trump
seine Lüge der »gestohlenen Wahl« gegen besseres Wissen
verbreitete. Das wäre vielleicht der Schlüssel, um die scheinbar bedingungslose Loyalität in weiten Teilen der republikanischen Wählerschaft zu brechen. Und schließlich hatte ja selbst
der frühere republikanische Mehrheitsführer im Senat, Mitch
McConnell, nach der Erstürmung des Kapitols ganz direkt den
Weg über die Justiz angeregt. Statt Trump mit dem zweiten

Impeachment-Verfahren abzusetzen, obwohl er das Amt zur Zeit der Abstimmung im Senat bereits verlassen hatte, forderte McConnell: »Wir haben ein Strafrechtssystem. Wir haben zivilrechtliche Klagen. Und Expräsidenten sind nicht immun gegen Bemühungen, sie damit zur Verantwortung zu ziehen.«[93]

Wie der konservative Jurist und Kommentator David French in der »New York Times«[94] treffend schrieb, ist der Prozess auch unter dem Grundsatz des gleichen Rechts für alle folgerichtig: Die einfachen Fußsoldaten und Rädelsführer des gewaltsamen Chaos vom 6. Januar 2021 wurden bereits zur Verantwortung gezogen. Da wäre es anstößig, wenn jener, der das Ganze ins Rollen brachte, ungeschoren davonkäme. Doch die Risiken dürfen nicht unterschätzt werden: Ein Schuldspruch und eine Verurteilung sind keineswegs sicher. Und ein Freispruch könnte Trump zusätzlichen Auftrieb verleihen.

Eher im Hintergrund, weil Trump und seine Helfer nicht persönlich angeklagt sind, läuft noch ein anderes juristisches Verfahren, das theoretisch die Wahlchancen Trumps beeinträchtigen könnte.[95] In Colorado,[96] Michigan, Minnesota und New Hampshire[97] wurden Klagen eingereicht, wonach Trump gegen eine Bestimmung der Verfassung verstoßen habe, die nach dem Bürgerkrieg als 14. Zusatz ins amerikanische Grundgesetz aufgenommen worden war. Sie bestimmt, dass kein öffentliches Amt mehr ausüben darf, wer einen Schwur auf die Verfassung abgelegt, aber danach an einem Aufstand teilgenommen oder Aufständische unterstützt habe. Der Verfassungszusatz war gegen ehemalige Sezessionisten aus dem Süden gerichtet und hatte den Zweck, zu verhindern, dass diese ohne eine ausdrückliche Amnestie des Kongresses wieder zu Amt und Würden gelangen konnten.

Die Klagen wurden auf der Ebene der Bundesstaaten eingereicht, weil diese für die Abhaltung der Präsidentenwahlen zuständig sind. Alle vier Klagen wurden in erster Instanz abge-

wiesen, drei von ihnen vor allem aus prozeduralen Gründen, bei-
spielsweise darum, weil es vorerst lediglich um die parteiinternen
Vorwahlen ging. Das muss noch nicht zwingend ein Präjudiz für
Klagen gegen Trumps Teilnahme an der Präsidentenwahl sein.

In Colorado dagegen fiel das Urteil differenzierter aus.[98]
Zum einen stellte die Richterin gestützt auf mehrfache Zeugen-
aussagen fest, Trump sei tatsächlich an einem Aufstand gegen
die verfassungsmäßige Ordnung in den USA beteiligt gewesen.
Dies wäre also für den betreffenden Verfassungszusatz relevant.
Doch die Richterin konnte kein abschließendes Urteil fällen, ob
diese Bestimmung auf den Präsidenten der Vereinigten Staaten
anwendbar sei. Die Krux der Sache ist, dass der Text zwar andere Ämter im Staat namentlich erwähnt, aber den Präsidenten
eben genau nicht. Es könne nicht ihre Aufgabe sein, erklärte
die Richterin in ihrem Urteil, herauszufinden, ob die Autoren
des Verfassungszusatzes das so oder anders gemeint hätten. Die
Kläger kündigten umgehend an, in Berufung zu gehen. Überraschend entschied der Oberste Gerichtshof von Colorado kurz
vor Weihnachten 2023 mit vier zu drei Stimmen, Trump sei von
der republikanischen Vorwahl auszuschließen.[99]

Wenn einzelne Gerichte entscheiden, dass Trump tatsächlich
an einem Aufstand teilgenommen hat und darum disqualifi-
ziert wird, dürfte er in dem betreffenden Staat nicht mehr zur
Wahl antreten. Das hieße wiederum, dass ihm die Stimmen im
Electoral College aus diesem Staat auf jeden Fall entgehen, und
das würde einen Sieg bedeutend schwieriger machen. Deshalb
hat Trumps Wahlkampfteam umgehend an den Supreme Court
in Washington appelliert. Am 5. Januar 2024 entschied dieser, er
werde sich der Sache im Schnellverfahren annehmen.[100]

Das höchste Gericht der USA wird vermutlich noch in weiteren Fragen im Zusammenhang mit Trump angerufen. Dazu
gehört jene, ob ein Expräsident grundsätzlich für etwas zur Ver-

antwortung gezogen werden kann, das während seiner Amtszeit vorfiel, in der er Immunität genoss. Kurz vor Weihnachten 2023 lehnte das Gericht einen Antrag des Sonderermittlers Jack Smith ab, der ein beschleunigtes Verfahren gefordert hatte.[101] Die Frage der Immunität Trumps wird also den normalen Weg durch die Instanzen nehmen müssen, bevor sich der Supreme Court äußert. Theoretisch ist es möglich, dass er die Rechtsprechung der Vorinstanz, des Bundesappellationsgerichts in Washington, unangetastet lässt. Doch die Frage ist von derart grundsätzlicher Natur, dass ein solches Vorgehen unwahrscheinlich ist. Wie lange das dauern kann, ist ungewiss, ebenso wie die Frage, wie das Oberste Gericht mit seiner konservativen Mehrheit entscheiden würde. Normalerweise ziehen die Konservativen eine sehr enge Textauslegung vor. Das heißt, sie versuchen, möglichst wenig in die Verfassung hineinzuinterpretieren.

Eine Verurteilung könnte alles ändern

Aus der Vogelperspektive betrachtet, ist Trump politisch angeschlagen. Eine knappe Mehrheit macht ihm schwere Vorwürfe zu seinem Verhalten nach seiner Wahlniederlage. So meinten in einer gemeinsamen Umfrage der »New York Times« und des privaten Siena College 54 Prozent der Befragten, Trump habe schwere Verbrechen begangen, während 36 Prozent diese Frage verneinen. 51 Prozent glauben auch, sein Verhalten nach seiner Wahlniederlage habe für die amerikanische Demokratie eine Gefahr dargestellt. 42 Prozent meinten dagegen, er habe lediglich sein demokratisches Recht auf Überprüfung des Wahlresultats in Anspruch genommen.[102]

Das Problem ist, dass solche knappen landesweiten Stimmungsbilder keine Aussagekraft haben. Im föderalistischen amerikanischen Wahlsystem genügen sie in keiner Weise, um eine sichere Wahlniederlage Trumps vorauszusagen. Anders sähe es dagegen aus, wenn Trump für schuldig befunden und zu einer Gefängnisstrafe verurteilt würde. Dann würden gemäß der gleichen Umfrage rund sechs Prozent der Wähler in sechs entscheidenden »Swing States« ihre Meinung ändern und ihre Stimme nicht wie geplant Trump, sondern Biden geben. Zusammen mit dem Umstand, dass weitere Gruppen von je rund vier Prozent der Wähler in diesem Fall entweder gleich zu Hause bleiben oder eine dritte Kandidatur unterstützen würden, wäre das wohl mehr als genug, um das Resultat zugunsten des amtierenden Demokraten zu drehen. Allerdings ist eine knappe Mehrheit der Befragten einigermaßen oder sogar fest überzeugt, dass es zu keiner Verurteilung Trumps kommen werde. Die Zahlen zeigen wieder einmal: Wer sich mit amerikanischen Umfrageresultaten beschäftigt, lernt vor allem, Widersprüche auszuhalten.

3.3. Kamala Harris: nicht mit ihr, aber auch nicht ohne sie

Bevor später weitere republikanische Bewerber und eine mögliche Drittkandidatur behandelt werden, sind hier noch einige Gedanken zur Vizepräsidentin Kamala Harris angebracht. Dies aus zwei Gründen: Einerseits wäre sie der logischste, einfachste Ersatz, falls Biden seinen Wahlkampf beenden müsste, und anderseits würde sie ins Präsidentenamt nachrutschen, wenn er nach seiner Wahl amtsunfähig würde.

Wie schon im zweiten Kapitel kurz geschildert, ist die Vizepräsidentin von Beginn weg mit kritischen Blicken verfolgt worden, und zwar schon vor ihrer Ernennung zum »running mate« von Joe Biden im August 2020. Nachdem ihre eigene Wahlkampagne für die Präsidentschaft zunächst sehr hell geleuchtet hatte, aber dann im Dezember 2019 wie ein Strohfeuer erlosch, schlug ihr zunehmend Skepsis entgegen. Heute betrachten sie viele Kommentatoren eher als Klotz am Bein des Präsidenten. Stellvertretend für diese auch in den Medien weit verbreitete Einschätzung seien hier die Resultate einer Umfrage vom September 2023 angeführt, die die Fernsehanstalt CBS News und das Institut YouGov durchgeführt haben.[103] Als erste Frau und als erste Nicht-Weiße im Amt des Vizepräsidenten konnte Harris nach dem Wahlsieg und bei der Inauguration durchaus auf eine begeisterte Anhängerschaft zählen, denn ihr Erfolg war auch als Meilenstein in der Geschichte der USA gefeiert worden. Aber der Enthusiasmus war nie wirklich breit abgestützt, und er ist inzwischen deutlich zurückgegangen. Gerade noch 42 Prozent betrachten das historische Ereignis rund drei Jahre später noch als eine gute Sache, 48 Prozent dagegen halten diesen Umstand für unwesentlich. Die Wahrscheinlichkeit, dass sie mit Biden wieder auf dem demokratischen »Ticket« stehen wird, quittiert nicht einmal ein Drittel der Befragten mit Befriedigung, während 40 Prozent darüber frustriert sind.

Neben einem Präsidenten, dessen Zustimmungsraten seit September 2021 »unter Wasser« liegen, wäre es vielleicht auch im besten Fall schwierig, noch etwas Glanz verbreiten zu können. Doch auch die Zustimmungswerte für Harris sind seit September 2021 im negativen Bereich,[104] meist noch etwas tiefer als jene ihres Chefs. Früh wurde deshalb schon darüber diskutiert, ob der Präsident, um seine Wahlchancen zu verbessern, nicht einen attraktiveren »running mate« suchen sollte. Biden schien das nicht zu kümmern, und im November gab die bereits zitierte Umfrage der »New York Times« und des Siena College einen möglichen Hinweis darauf, warum dies so sein könnte. Die Erhebung hatte zwar besonders hohe Wellen geschlagen,[105] weil sie andeutete, dass Biden ein Jahr vor der Wahl in fünf von sechs wichtigen »Swing States« in einem direkten Rennen gegen Trump unterliegen würde. Konkret ging es um Arizona, Georgia, Michigan, Nevada, Pennsylvania und Wisconsin. Lediglich in Wisconsin, so legt es die Umfrage nahe, würde Biden seinen Sieg von 2020 wiederholen können.

Die Zahlen lösten ein kleineres Beben aus, weil nun plötzlich klar wurde, dass ein Sieg Bidens alles andere als garantiert ist. Allerdings kann in einem Jahr sehr viel passieren, und das Resultat sollte deshalb auch nicht überbewertet werden. Aber es war ein Weckruf für Bidens Wahlkampfteam.

Etwas verdeckt von der großen Schlagzeile hielt die Umfrage noch eine weitere Überraschung bereit. Unter Umständen könnte Vizepräsidentin Kamala Harris nämlich immer noch das Zünglein an der Waage spielen. Sie könnte den Rückstand für Biden gegenüber Trump in fünf der sechs »Swing States« wieder in einen Vorsprung verwandeln, falls es ihr gelänge, ihre Anhänger relativ geschlossen hinter Biden zu scharen. Dies betrifft gemäß der Umfrage drei Wählersegmente: die Schwarzen, die Latinos und die Jungen (18 bis 29 Jahre alt).[106] Das sind drei Wählergruppen, die 2020 entscheidend zu Bidens Sieg beigetragen hatten. Inzwischen sind nicht nur sein Alter und seine Gebrechlichkeit stärker sichtbar, sondern auch seine oft reichlich altbackenen Ideen. Das schreckt jüngere progressivere Wähler ab. Genau deshalb wird die jüngere progressivere Frau in Bidens Rücken für diese spezifischen Gruppen wichtig.

Natürlich bleibt die Frage ungelöst, wie sich dieses Ergebnis mit jenem der Umfrage von CBS News und dem Institut YouGov vom September vereinbaren lässt, als 42 Prozent ihr Wirken im Weißen Haus negativ bewerteten. Nur gerade 18 Prozent der Befragten gaben an, Harris mache die Regierung Biden besser. Guter Rat ist in dieser Situation teuer; der Satz, der sich aufdrängt, lautet: nicht mit ihr, aber auch nicht ohne sie.

Nur eines ist klar: Die Mehrheitsmeinungen über die Vizepräsidentin sind kein gutes Omen für ein Szenario, in dem Harris zur Spitzenkandidatin aufsteigen würde, falls Biden, aus welchen Gründen auch immer, das Handtuch werfen müsste. Und
der Gedanke, dass Harris während der zweiten Amtszeit Bidens
früher oder später das Ruder übernehmen könnte, bereitet einem beachtlichen Teil der Wählerschaft Bauchschmerzen. Auch
das ist Teil der enorm riskanten Wette, die die Demokraten ein-
gegangen sind, als sie sich praktisch widerstandslos hinter Bidens Ambitionen auf eine zweite Amtszeit zerren ließen.

3.4. »Florida Man« Ron DeSantis verliert seinen Glanz

Der Gouverneur von Florida war Anfang 2023 der große Hoffnungsträger jener Republikaner, die nicht noch einmal für Donald Trump stimmen wollen oder die glauben, der frühere Präsident könne in der Wahl im November 2024 unmöglich gewinnen.
Damals schien er Trump in den Umfragen mit gut 35 zu 45 Prozent Zustimmung dicht auf den Fersen zu liegen. Zwölf Monate
später war er auf nicht einmal mehr 15 Prozent abgestürzt. Damit landete er schon gefährlich nahe bei jener Zehnprozent-
marke, die bisher für die übrigen Bewerber im republikanischen
Feld wie eine unüberwindbare Mauer gewirkt hatte.[107] Kurz
vor der ersten Vorwahl an einer Urne, im neuenglischen New
Hampshire, zog DeSantis Ende Januar die Konsequenzen aus seinem Sinkflug. Sein Traum vom Einzug ins Weisse Haus, der ein
Jahr zuvor noch realistisch gewesen war, erlitt Schiffbruch. Mit
einem absichtlich vieldeutigen Zitat von Winston Churchill[108]
schien er anzudeuten, dass er 2028, wenn Trump nicht mehr antreten kann, nochmals ins Rennen steigen könnte.

Was war geschehen?

DeSantis hatte zunächst alles richtig gemacht. Im Herbst 2022 erwarb er sich den Ruf als erfolgreicher Macher mit einer überzeugenden Wiederwahl ins Gouverneursamt seines Heimatstaats, während die Republikaner bei den Wahlen auf nationaler Ebene deutlich unter den Erwartungen blieben. Seine Frau Casey und ihre drei kleinen Kinder waren wie geschaffen für telegene Familienszenen; entsprechend oft waren sie bei seinen Veranstaltungen und Auftritten dabei. Mit ihrer beruflichen Erfahrung im Fernsehen und einer gewinnenden Erscheinung war Casey DeSantis auch der Stoff, aus dem Geschichten über erfolgreiche Politikerfrauen gemacht werden. Doch trotz all dieser perfekten äußeren Umstände tat sich DeSantis schwer, auf der Bühne als Mensch aus Fleisch und Blut zu erscheinen. Stattdessen wirkte er oft steif, und was er sagte, wirkte auswendig gelernt. Charisma strahlte er kaum aus.

Aber das war nicht sein einziges Problem. Er verschätzte sich auch grob mit seinem Timing. Um das zu verstehen, müssen wir nochmals in den Herbst 2022 zurückblenden. Wie schon Glenn Youngkin in Virginia ein Jahr zuvor, konnte auch DeSantis in Florida einen jener Siege erringen, die den Republikanern auf Bundesebene mit Donald Trump als Galionsfigur seit 2018 jedes Mal durch die Finger geglitten waren. Die Öffentlichkeit wurde deshalb auf die beiden Gouverneure aufmerksam, und es ist kein Wunder, dass auch Trump die Newcomer instinktsicher ins Visier nahm, um sie vorsorglich zu demontieren. Im Fall von DeSantis munkelte er ohne Beweise von strafbaren Vergehen.[109] Bei Youngkin machte er sich über den Namen lustig, weil er »chinesisch klinge«.[110] Zwar hielt sich der neugebackene Gouverneur von Virginia absichtlich zurück und brachte sich für die republikanische Nominierung nie ins Spiel. Aber sein Name war dennoch in aller Munde, denn viele in der Grand Old

Party waren der Enttäuschungen müde. Im Herbst 2023 allerdings erlitt Youngkin eine Bruchlandung: Bei den Wahlen für das Parlament in seinem Gliedstaat siegten die Demokraten; sein Image als Siegertyp war schwer angeschlagen.

Ganz anders, aber auch nicht besser entwickelten sich die Dinge für DeSantis. Erst wartete er unerklärlich lange damit, seine Kandidatur auch wirklich zu bestätigen. Dann musste er zur Kenntnis nehmen, dass sein hemdsärmeliger Stil, der in Florida gut funktioniert, auf der nationalen Bühne nicht gleichermaßen ankam. Es ist etwas anderes, als Favorit im heimatlichen Bundesstaat im Rennen um die »Governor's Mansion« einen lokalen Herausforderer niederzuringen, als sich im weiten Land einen Namen zu machen – zumal er dort gegen einen mächtigen Gegner mit einer noch mächtigeren Medienpräsenz zu kämpfen hatte.

DeSantis verlegte sich dann darauf, Trump mit einer eigenen Variante von »Trumpismus« zu überflügeln. Statt seine wirtschaftlichen Erfolge als Gouverneur des bevölkerungsmäßig drittgrößten Staats der USA während der schwierigen Covid-19-Pandemie in den Vordergrund zu stellen, inszenierte er sich als Kreuzritter gegen linke und »woke« Kulturkämpfer und deren angebliche Wasserträger in der Geschäftswelt. Er verbiss sich in eine gehässige Auseinandersetzung mit dem Unternehmen Walt Disney, in dessen »World Resort« in Orlando er 2009 noch geheiratet hatte. Disney hatte es gewagt, einige der betont anti-»woken« Gesetzesvorhaben in Florida zu kritisieren, zum Beispiel das »Don't say gay«-Gesetz, das es Grundschulen verbietet, Fragen der sexuellen Orientierung zu behandeln. DeSantis glaubte, den harten Kerl markieren zu müssen, und drohte, steuerliche Vorteile des Disney-Konzerns in Florida abzuschaffen. Er wirkte zunehmend wie jemand, der sich verbissen auf Nebenschauplätzen abarbeitet. Zudem war er krampfhaft darum bemüht, die Anhänger Trumps nicht gegen sich aufzubringen. Darum reagierte er auch lange nicht auf die Beleidigungen und Schmähungen des Expräsidenten. Dies erlaubte es Trump, über Monate hinweg den Diskurs zu bestimmen. Während Trump einflussreiche Politiker in Florida als Unterstützer rekrutierte, herrschte im Lager von DeSantis Funkstille.

Sein Rückstand in den Umfragen gegenüber Trump wuchs rasch und ungebremst. Es zeigte sich, dass Schwung in einer Wahlkampagne, das viel zitierte »Momentum«, in beide Richtungen funktioniert. Gerade in jenem Teil der Medien, der gegenüber Konservativen sehr skeptisch oder gar offen feindselig eingestellt ist, wurde ihm früh das Image des Verlierers verpasst. Trump verstärkte seinerseits die Negativkampagne. Praktisch ohne Widerspruch von Seiten DeSantis' konnte er den Gouverneur von Florida als herzlosen Politiker darstellen, der staatliche Sozialleistungen wie die Altersvorsorge (Social Security) oder die Krankenversicherung für Senioren (Medicare) aufs Spiel setzen wolle. Dies zeigt exemplarisch das neue Gesicht der Republikanischen Partei unter der Führung Trumps. Noch wenige Jahre zuvor hatte praktisch das gesamte konservative Establishment unisono die Kostenexplosion bei den Sozialleistungen angeprangert und dringenden Reformbedarf geltend gemacht. Nun sind solche Aussagen bei einem gewichtigen Teil der Wählerschaft praktisch tabu, obwohl die grundlegenden Fakten die gleichen geblieben sind: Soziale Ausgaben machten im Jahr 2022 rund die Hälfte des ganzen Haushalts der USA aus.[111]

Mit seiner schwer nachvollziehbaren Strategie ließ DeSantis insgesamt den Eindruck entstehen, als wolle er vor allem eines erreichen: nicht eine eigene Vision der Zukunft der USA entwickeln und »verkaufen«, sondern vor allem die Vorwahlzeit politisch überleben, um Trump beerben zu können, falls dieser, aus welchen Gründen auch immer, seine Bewerbung abbrechen müsste. Das würde zumindest erklären, warum er so lange sorg-

fältig vermied, die Anhängerschaft des übermächtigen Konkurrenten auch nur ansatzweise zu verärgern. Im Kern hätte diese
Strategie durchaus aufgehen können. Falls Trump im Lauf des
weiteren Wahlkampfs doch noch aus dem Rennen geworfen
würde, hätte DeSantis gute Chancen gehabt, die Rolle des Kron-
prinzen zu übernehmen. Aber das war selbst im besten Fall, wie
die Amerikaner sagen, »a long shot«, eine sehr unsichere Wette.

Schliesslich musste sich DeSantis eingestehen, dass Trump
ganz einfach zu dominant war, um in seinem Schatten politisch
überleben zu können, zumal ihm auch die finanziellen Mittel
allmählich auszugehen drohten. Dass er seinen Anhängern zum
Schluss empfahl, den früheren Präsidenten zu unterstützen,
zeigt lediglich, dass er es mit dem gegenwärtigen Übervater der
amerikanischen Konservativen nicht völlig verderben wollte.

3.5. Nikki Haley: die »Erwachsene im Raum«?

In anderen, »normaleren« Zeiten wäre die 51 Jahre alte Tochter
indischer Einwanderer unter den Präsidentschaftsbewerbern
zwar als einzige Frau aufgefallen, aber ideologisch oder politisch hätte sie zu einer großen Gruppe Gleichgesinnter gezählt.
Sie vereint traditionelle republikanische Tugenden von einst: Sie
will weniger Steuern und mehr Freiheit für das private Unternehmertum, sie will eine effektive Kontrolle der Zuwanderung
und sichere Grenzen, und sie will ihrem Land die nötigen Mittel
verschaffen, um seine Rolle als westliche Führungsmacht ausüben zu können und darin auch ernst genommen zu werden.

Dass sie dennoch als Frau mitunter anders denkt, drückt
sich am ehesten in der gerade äußerst wichtigen Abtreibungsfrage aus. Haley hält nichts von müßigen Forderungen nach
landesweiten Verboten, die sowieso nicht mehrheitsfähig wären.

Obwohl sie betont, persönlich gegen Schwangerschaftsabbruch zu sein, will sie niemanden verurteilen, der sich für ein Recht auf Abtreibung einsetzt. Damit legt sie eine nüchterne Besonnenheit an den Tag, die vielen ihrer Parteikollegen bei diesem Thema abgeht. Zu oft geben sich die Republikaner nicht nur als überzeugte und radikale Abtreibungsgegner, sondern auch ausgesprochen missionarisch, um sich mit dem gewichtigen Wählersegment der evangelikalen Christen gut zu stellen.

In einem Chor von häufig schrillen Tönen, so beschrieb es eine Beobachterin der Zeitschrift »The Atlantic« treffend,[112] will man Nikki Haley manchmal dankbar sein, dass sie zwar konservativ denkt, aber trotzdem nicht »klingt, als sei sie übergeschnappt«. Diese Nüchternheit war früher einmal nicht der Rede wert, es war die Normalität, so wie sie waren die meisten Präsidentschaftsbewerber aufgetreten, bevor in der Republikanischen Partei mit der »Tea Party«-Bewegung die offen zelebrierte Wut zum Markenzeichen und danach der Grad der Loyalität gegenüber Donald Trump zum Lackmustest wurden. Und darum sticht Nikki Haley nicht nur wegen ihres Geschlechts in diesem Wahlkampf heraus.

Natürlich ist sie streng konservativ, da sollte man sich keine Illusionen machen. Das fällt ihr möglicherweise auch etwas leichter, denn ihr Lebenslauf spiegelt fast perfekt den »American Dream«. Ihre Eltern, beides Akademiker, stammen aus dem indischen Punjab, ließen sich im ländlichen South Carolina in Bamberg nieder, wo zuerst beide Eltern lehrten, bevor die Mutter ein Kleidergeschäft eröffnete. Die Tochter erfuhr damals am eigenen Leib, dass Vorurteile gegen nicht weiße Zuwanderer zum Alltag gehören, dass selbst eine Nation der Einwanderer sich immer wieder sehr schwertut, Neuankömmlinge willkommen zu heißen.

Nimarata Nikki Randhawa, wie sie vor ihrer Ehe mit dem Heeresoffizier Michael Haley hieß, studierte an der Clemson

University und besorgte gleichzeitig die Buchhaltung für ihre Mutter. Über verschiedene Stationen – Handelskammern, Unternehmerinnenverband, Stiftungsräte und Wohltätigkeitsorganisationen – fand sie ihren Weg zur Republikanischen Partei. 2004 gelang es ihr, den damals dienstältesten Abgeordneten in South Carolina aus dem Amt zu verdrängen. Wie sie 2012 in einem Interview mit der »New York Times« gestand,[113] hatte eine Rede Hillary Clintons sie für den Einstieg in die Politik motiviert. Der Kernsatz jenes Vortrags: Frauen, die für ein politisches Amt kandidieren wollten, würden häufig mit einer Vielzahl von Argumenten konfrontiert, warum das nicht möglich sei. Genau das sei der Grund, warum sie unbedingt kandidieren müssten. Nikki Haley ließ sich überzeugen.

2010 schaffte sie mit nur 38 Jahren die Sensation. Dank der Hilfe einer bunten Palette von Unterstützern, unter ihnen auch die »Tea Party«-Ikone Sarah Palin, wurde sie zur Gouverneurin von South Carolina gewählt und vier Jahre später im Amt bestätigt. Im Januar 2017 verließ sie das Amt, um unter dem frischgewählten Präsidenten Donald Trump Uno-Botschafterin in New York zu werden. Während sie dort oft das Sprachrohr der Regierung Trump und seiner Politik des »America first« war, fiel sie gelegentlich auch durch Widerstand auf. So wandte sie sich öffentlich gegen ein geplantes Einreiseverbot für muslimische Zuwanderer, eines der frühen Lieblingsthemen Trumps.[114]

Zunächst in einer krassen Außenseiterrolle, kletterte Nikki Haley im Lauf des Herbsts 2023 in den Umfragen unaufhaltsam nach oben, vor allem in New Hampshire und South Carolina, die auf der Startliste bei den republikanischen Vorwahlen die wichtigen Plätze zwei und drei einnehmen. Als sie sogar Ron DeSantis überholte, sorgte dies – zusammen mit guten Vorstellungen in den ersten Fernsehdebatten der republikanischen Präsidentschaftsbewerber – für Aufsehen, sowohl im Publikum als auch bei Geldgebern. Zwar dominierte Trump die Umfrageta-bellen weiterhin mit rund der Hälfte aller Stimmen, und es war keineswegs sicher, ob Haley es schaffen könnte, zu jener Figur zu werden, die den haushohen Favoriten vielleicht einmal ernsthaft gefährden könnte, falls sie die einzige verbleibende Herausfor-derin würde. Trump nahm die wachsende Gefahr natürlich zur Kenntnis. Er begann, sie persönlich anzugreifen, sprach von ihr als »stark überbewertete Person« und bedachte sie mit abschät-zigen Spitznamen wie »Spatzenhirn«. Er hatte sich zuvor eigent-lich darauf beschränkt, sie des Wortbruchs zu beschuldigen – und dies sogar zu Recht. Haley hatte zunächst erklärt, sie würde nicht kandidieren, falls Trump noch einmal antreten sollte.

Haley zeigte sich von den Angriffen unbeeindruckt. Sie war schließlich vorgewarnt. Dass er gerade gegenüber Frauen kei-nerlei Hemmungen hat, auch in die untersten Schubladen der Beleidigungen zu greifen, hatte Trump im Wahlkampf 2016 de-monstriert, an dem auch die umstrittene Managerin Carly Fio-rina teilnahm. Als Trump mitten in einem Interview auf einem nahen Fernsehbildschirm Fiorinas Antlitz erblickte, machte er sich vor den Interviewern lautstark über ihr Aussehen lustig.[115] Als er in der folgenden Fernsehdebatte der republikanischen Be-werber darauf angesprochen wurde, versuchte er, sich mit ironi-schen Komplimenten aus der peinlichen Situation zu befreien. Doch Fiorina hatte sich vorbereitet. »Die Frauen im ganzen Land hörten ganz genau, was Herr Trump sagte«, meinte sie tro-cken[116] und erhielt tosenden Szenenapplaus und wahre Lobprei-sungen in den Medien. Allein, es nützte ihr nichts. Schon da-mals war die Republikanische Partei nicht gewillt, sich ernsthaft auf eine Frau als Kandidatin einzulassen. Nach enttäuschenden Resultaten bei den Vorwahlen in Iowa und New Hampshire gab Fiorina im Februar 2016 auf.

Dass Haley in den Herbstmonaten 2023 plötzlich als die einzige »Erwachsene im Raum« wahrgenommen wurde, hatte viel mit dem Krieg zwischen Israel und der palästinensischen Hamas zu tun. Im Gegensatz zur Ukraine genießt Israel unter den Republikanern eine praktisch ungeteilte Unterstützung. Haleys Satz, das Land brauche jetzt einen Kapitän, der das Schiff steuern könne und nicht zum Kentern bringe,[117] gewann an Gewicht. Die Außen- und Sicherheitspolitik liegen ihr. Aber ob die Partei wieder einen »Falken« als Präsidenten will, ist eine andere Frage.

Haley profitierte auch davon, dass andere republikanische Bewerber, die Trump verhindern wollten, bereits das Handtuch warfen und aufgaben. Einige der Geldgeber von bereits gescheiterten Bewerbungen sahen sich nach einer neuen Galionsfigur um und wurden in Nikki Haley rasch fündig.[118] Besonderes Aufsehen erregte, dass auch das einflussreiche Spendernetzwerk der Milliardärsfamilie Koch und gleichgesinnter Konservativer auf Haley setzten, wenn auch vorerst mit Beträgen, die von früheren finanziellen Engagements weit entfernt waren. Trumps Übernahme der Republikanischen Partei hat unter den fiskalkonservativen Wirtschaftsvertretern zu einer deutlichen Entfremdung geführt.

Als Ron DeSantis Ende Januar aufgab und Haley als einzige republikanische Konkurrentin Trumps übrigblieb, schöpften viele, die den früheren Präsidenten lieber in den Ruhestand schicken wollten, neue Hoffnung. Sie hatten in den langen Monaten zuvor unermüdlich vor einer Vorwahl mit mehreren Bewerbern gewarnt, weil die Rivalen Trumps einander Stimmen wegnehmen und dem Kronfavoriten den Sieg damit erleichtern würden. Nun, in einem Wettstreit Eins zu Eins, könnte es vielleicht noch gelingen, Trump doch noch abzufangen.

Wer so dachte, hatte aber leider die Regeln für die republikanischen Vorwahlen nicht oder nicht genau gelesen. Denn jene Bundesstaaten, die vor dem 15. März Vorwahlen durchführten und gezwungen wurden, die Delegierten für den Wahlkonvent proportional zu vergeben, hatten eine Hintertür offengelassen: Um doch rasch klare Resultate erreichen zu können, bestimmten sie eine Schwelle, ab der dann wieder das Mehrheitswahlrecht gelten würde. Konkret sah das fast ausnahmslos so aus, dass ein Bewerber, der mehr als 50 Prozent der Stimmen erhält, nach dem »Winner take all«-System sämtliche Delegierten des Bundesstaats zugeteilt kriegt. Was eigentlich als Bremse gedacht war, um eine zu frühe Entscheidung zu verhindern, wurde genau deshalb ausgehebelt, weil Trump mit nur noch einer Rivalin sehr viel leichter die 50-Prozent-Marke erreichen konnte.[119]

Ganz abgesehen davon stellte sich der einzigen Frau im republikanischen Rennen allerdings auch im dritten Jahrzehnt des dritten Jahrtausends die gleiche alte Frage: Wären ihre Partei und später auch das Land bereit, eine Frau ins höchste Amt zu befördern, zumal sie nicht weißer Hautfarbe ist? Zweifel sind erlaubt. Die Republikaner scheinen mit ihrer Hinwendung zu Donald Trump und seinen oft chauvinistischen und frauenfeindlichen Ansichten eher den gegenteiligen Kurs eingeschlagen zu haben. Aber auch zuvor hatte es noch nie eine Republikanerin geschafft, auch nur eine einzige Vorwahl zu gewinnen, geschweige denn die Nominierung als Präsidentschaftskandidatin. Eine Nominierung Nikki Haleys wäre das klarste Signal, dass die Republikanische Partei aus dem Schatten Trumps treten will. Dafür gab es Anfang Februar allerdings noch keine Hinweise. Haley selbst gab sich trotz einer enttäuschenden Niederlage in New Hampshire Ende Januar kampfeslustig und rief ihren begteisterten Anhängern zu, sie denke nicht daran, aufzugeben. Allerdings kann sich so etwas rasch ändern: Die Geldströme können versiegen, der Druck der Partei wird zu gross oder die Angebote, um für die Aufgabe kompensiert zu werden, werden plötzlich zu gut, um sie abzulehnen.

3.6. Drittkandidaten mit hoher Sprengkraft

Wie schon im zweiten Kapitel erwähnt, kann die Kandidatur von dritten Kräften das Kalkül der beiden großen Parteien gehörig durcheinanderbringen. Denn die Margen, die über Sieg und Niederlage entscheiden, sind manchmal winzig. Für 2024 zeichnen sich beim Erscheinen dieses Buchs zwei konkrete Möglichkeiten ab. Normalerweise müssten die Grünen (»Green Party«) auf jeden Fall eine Kandidatin oder einen Kandidaten aufstellen. Der betont linke Akademiker und Autor Cornel West hatte zunächst diese Kandidatur angestrebt, kündigte aber im Oktober 2023 an, als Unabhängiger ins Rennen zu steigen.[120] Ebenfalls als unabhängiger Kandidat hat sich Robert F. Kennedy jr. in Position gebracht, der zunächst gegen Biden in der Demokratischen Partei antreten wollte. Im Weiteren lauert die von finanzstarken Kräften unterstützte Organisation »No Labels« in Warteschlange: Falls es zum Duell zwischen Joe Biden und Donald Trump kommt, will auch sie einen Kandidaten oder eine Kandidatin ins Rennen schicken.

Zurzeit ist kein Szenario realistisch, in dem eine dieser Kandidaturen den beiden großen Parteien direkt gefährlich werden könnte. Sie werden auch im besten Fall keine Mehrheit der Stimmen für sich verbuchen können. Dennoch haben sie erhebliches Potenzial, das Rennen der Großen in die eine oder andere Richtung zu steuern. Deshalb wird in den Kommentarspalten der amerikanischen Medien bereits intensiv darüber spekuliert, welche Auswirkungen solche Drittkandidaturen haben und welche Absichten sich dahinter verstecken könnten.

Grundsätzlich gilt, dass die Republikaner bisher kaum auf solche Szenarien reagiert haben. Sie waren schließlich mit ihrem eigenen Vorwahlprozess mehr als beschäftigt. Das heißt aber keineswegs, dass es dabei auch bleiben muss. Sie würden sich

von wilden linken Kandidaturen zweifellos Vorteile versprechen. Aber im Fall von Robert Kennedy steht diese Annahme
auf reichlich tönernen Füßen. Er hat Themen aufgenommen,
die auch in der Republikanischen Partei populär sind, etwa die
Skepsis gegenüber Impfkampagnen. Er teilt mit den Republikanern auch den Verdacht, die Demokraten wollten die Südgrenze
absichtlich für papierlose Migranten durchlässig belassen und
verfolgten mit ihrer Unterstützung der Ukraine im Krieg gegen
Russland noch andere Absichten als nur Hilfe zur Selbstvertei-
digung. Zudem ist Kennedy gewissermaßen dem orthodoxen
linken Misstrauen gegen den Staat treu geblieben, das die Demokratische Partei inzwischen weitgehend abgelegt hat, das unter Republikanern dafür heute umso weiter verbreitet ist.

In einer Umfrage der renommierten Universität Quinnipiac
im Herbst 2023 hätte Kennedy in einem hypothetischen Dreier-
Rennen gegen Trump und Biden 22 Prozent der Stimmen erhalten.[121] Sogar noch mehr Zuspruch erhielte er bei jungen und
Wechselwählern. Mit einem derartigen Resultat würde er sämtliche Prognosen über den Wahlausgang beiseitewischen. Auch
der mögliche Fall, dass »No Labels« einen gemäßigten Konservativen aufstellt, müsste die Republikaner ernsthaft beunruhi-
gen. Bis dahin aber sind die Progressiven deutlich stärker von
den Diskussionen um die dritte Kraft betroffen.

Wir haben im zweiten Kapitel gesehen, dass es in der Vergangenheit nicht eindeutig auszumachen ist, welche Auswirkungen
eine Drittkandidatur hat. Das hindert niemanden, Untergangsszenarien in den düstersten Farben an die Wand zu malen. Stellvertretend dafür stehen zwei Stimmen, die Thomas Edsall in
seiner Kolumne in der »New York Times« im September 2023 ge-
sammelt hatte.[122] Auf der einen Seite verschaffte sich Paul Begala
Gehör, der zum Urgestein der demokratischen Wahlkampfmana-
ger gehört. Er war maßgeblich daran beteiligt, dass Bill Clinton

1992 den Sieg errang. Er glaubte noch im September 2023, Cornel West habe genug Charisma, Kommunikationstalent und Persönlichkeit, um zwischen zwei und fünf Prozent der Stimmen zu erkämpfen. Weil diese Stimmen mehrheitlich aus dem linken Lager kommen würden, könnten sie das Rennen durchaus für Trump entscheiden und – in seinen Worten – »Biden und Amerika ins Verderben stürzen«. Anzumerken ist, dass Begala diese Aussage traf, bevor Cornel West seine Bewerbung als Kandidat für die »Green Party« aufgab, was die Lage für ihn wesentlich verändert hat. Auch wenn die »Green Party« im Vergleich mit den beiden großen Parteien eine bescheidene Rolle spielt, so hat sie doch eine landesweite Organisation, die ein Unabhängiger erst noch aufbauen und finanzieren können muss. Begala glaubt, auch wenn »No Labels« eine gemäßigte Kraft ins Rennen schickte, wäre dies für die Demokraten verhängnisvoll, weil Biden bei der Wahl 2020 in der großen Gruppe der gemäßigten Wähler deutlich gewonnen hatte. Sollte ihm dieser Pfeiler 2024 auch nur teilweise wegbrechen, wäre ein Sieg Trumps nicht mehr zu verhindern.

Die zweite Stimme zu diesem wirtschaftsliberalen Thema in Edsalls Kolumne gehört Norman Orstein, der am wirtschaftsliberalen American Enterprise Institute in der Hauptstadt Washington über Politik, Wahlen und den Kongress forscht. Er klingt sogar noch etwas ominöser als Begala, denn er deutet an, dass finanzstarke Unterstützer der Organisation »No Labels« keineswegs an einer Mäßigung der politischen Auseinandersetzung im Land interessiert seien – ganz im Gegenteil. Er wird sich dabei sicherlich auf den demokratischen Abgeordneten Mark Pocan aus Wisconsin gestützt haben, der in »No Labels« zunächst eine Chance für eine Verbesserung des politischen Klimas sah, in einem Kommentar für die Zeitschrift »The Hill« im August 2023 aber klagte,[123] er fühle sich von der Organisation hintergangen. Es gehe ihr nicht in erster Linie darum, parteiübergreifende

Kompromisse zu finden, wie sie das nach außen vertrete, sondern sie verkörpere vor allem die Partikularinteressen ihrer wichtigsten Geldgeber, behauptete Pocan. Zu den Spendern gehört nach Angaben der progressiven Zeitschrift »The New Republic« auch Harlan Crow.[124] Der texanische Immobilienmagnat hatte zuletzt Schlagzeilen gemacht, weil er nach den Recherchen der Organisation »Pro Publica«[125] Clarence Thomas, den erzkonservativen Richter am Supreme Court, und dessen Frau über zwei Jahrzehnte lang großzügig beschenkt habe. Crow soll zudem eine ganze Reihe weiterer Geldgeber für das Projekt »No Labels« gewonnen haben. Im Gegensatz zu den Parteien, die gesetzlich dazu verpflichtet sind, hat die Organisation ihre Finanzierung vorläufig nicht offengelegt.

»No Labels« wird, falls alles auf ein Duell Biden–Trump zuläuft, unter sehr großen Druck geraten. Allerdings sind die Daten zur Frage, wie eine Kandidatur unter ihrer Flagge die Wahl beeinflussen würde, nicht völlig eindeutig. Die linksprogressive Denkfabrik »Data for Progress« will in ihrer Umfrage vom Frühsommer 2023 zwar Zahlen erhoben haben, die Paul Begalas düsterste Prognosen stützen: Biden würde mehr unter dem dritten »Ticket« leiden als Trump.[126] Das renommierte Umfrageinstitut der Monmouth University konnte dagegen im Juli keinen derartig eindeutigen Schluss ziehen.[127]

Interessant ist auch, dass in dieser Befragung der Enthusiasmus der Wähler für einen »No Labels«-Kandidaten stark zurückgeht, sobald nicht nur die allgemeine Möglichkeit einer Drittkandidatur zur Wahl steht, sondern konkrete Namen genannt werden. Zu jener Zeit war öfters das Duo Joe Manchin und Jon Huntsman als Kandidaten für die Ämter des Präsidenten und des Vizepräsidenten genannt worden. Manchin ist ein demokratischer Senator aus dem konservativen West Virginia, der sich mit der linksprogressiven Parteilinie oft überwarf, aber vorläufig in der demokratischen Fraktion blieb. Huntsman ist seit langem eine feste Größe in der Republikanischen Partei. Als früherer Gouverneur von Utah kandidierte er erfolglos im Präsidentschaftsrennen von 2012. Danach entsandte ihn Präsident Barack Obama als Botschafter nach Peking, und Donald Trump berief ihn 2016 zum Botschafter in Moskau. Huntsman versuchte 2020 erneut, ins Gouverneursamt seines Heimatstaats zurückzukehren, unterlag aber in der republikanischen Vorausscheidung. Wie Manchin gilt er als Figur, die Brücken über die Parteigräben hinweg schlagen kann. Aber beide sind in ihrer eigenen Partei mittlerweile sehr umstritten.

Manchin befeuerte die Gerüchte, wonach er sich als Drittkandidat ins Spiel bringen werde, indem er im November 2023 ankündigte, auf eine Wiederwahl als Senator von West Virginia zu verzichten. Das hat zweifellos auch damit zu tun, dass er seine Erfolgschancen schwinden sah, nachdem sein wahrscheinlicher republikanischer Konkurrent, der gegenwärtige Gouverneur Jim Justice, in den Umfragen unschlagbar erschien. Aber Manchin machte in seiner Ankündigung für seinen Verzicht[128] auch klar, dass er sich gerne für einen »dritten Weg« engagieren würde.[129]

Ob die Drittkandidatur von »No Labels« Wirklichkeit wird, ist noch nicht absehbar. Es gibt Kräfte in dieser Organisation, die sich der Gefahr bewusst sind, dass sie Trump zum Sieg verhelfen könnte.[130] Einer ihrer ersten Co-Vorsitzenden, der frühere demokratische Senator Joe Lieberman, gelobte sogar, er werde entschieden gegen eine »No Labels«-Kandidatur kämpfen, falls sich abzeichnen sollte, dass man Trump unbeabsichtigt helfen würde.[131] Die Demokraten hegen da aber noch gewisse Zweifel. Lieberman hat eine komplizierte Geschichte mit der Partei hinter sich. 2006 verlor er die Vorwahl in seinem Heimatstaat Connecticut, trat dann aber als Unabhängiger an und konnte sein

Amt behalten. Danach unterstützte er den Republikaner John McCain bei der Präsidentenwahl von 2008 und half nach der Wahl Barack Obamas mit, die linksprogressiven Träume einer staatlichen Krankenversicherung bei der großen Gesundheitsreform (»Obamacare«) zu zerstören. Joe Biden gab sich in der ganzen Frage zunächst einmal staatsmännisch. Obwohl er eine Drittkandidatur von »No Labels« für einen politischen Fehler hält, betonte er, die Gruppe habe das demokratische Recht, eigene Kandidaten ins Rennen zu schicken.[132]

Zwar sind sich die Auguren weitgehend einig, dass eine Drittkandidatur, selbst jene von »No Labels«, nicht in der Lage sein wird, die Wahl zu gewinnen. Aber das schließt nicht aus, dass sie in einem oder zwei Bundesstaaten stärkste Kraft werden könnte. Dies wiederum könnte bedeuten, dass beide Kandidaten der großen Parteien die nötige absolute Mehrheit im »Electoral College« verpassen.[133] Tritt ein solcher Fall ein, so verlangt die amerikanische Verfassung, dass die Wahl des Präsidenten und des Vizepräsidenten vom Kongress sogleich nach der offiziellen Stimmenzählung und -verifizierung vorgenommen wird. Das Repräsentantenhaus bestimmt bei diesem Verfahren das Staatsoberhaupt, der Senat den Vizepräsidenten.

Dabei kommt im Repräsentantenhaus eine spezielle Formel zur Anwendung. Normalerweise hat die große Kongresskammer eine Vertretung aus den Bundesstaaten, die sich auf die Bevölkerungszahlen stützt: je mehr Einwohner, desto mehr Sitze. Doch für die Wahl des Präsidenten in der sogenannten »Contingent Election« wird nur jede Delegation eines Staates einmal gezählt. Das heißt, jede Delegation aus einem Staat muss zuerst intern entscheiden, für wen sie die Stimme abgeben will. Dabei hätten die Republikaner klare Vorteile, weil die Vertretung nach Bevölkerungszahl ausgehebelt würde. Die Demokraten erhalten viele Abgeordnete in bevölkerungsreichen Staaten, aber die

Republikaner schneiden in den ländlichen, bevölkerungsarmen Gliedstaaten besser ab. Und von denen gibt es einfach mehr.

Eine Studie des Forschungsdiensts des Kongresses[134] aus dem Jahr 2020 zeigt, dass in einem solchen Fall ein epischer Streit über Prozeduren zu erwarten wäre. Denn die beiden Präzedenzfälle, die es gibt, stammen aus der ersten Hälfte des 19. Jahrhunderts. Die Verfassung schweigt sich über die Details des Vorgehens aus, und viele der Regeln, die damals beschlossen wurden, würden heute wohl nicht mehr akzeptiert. Unter anderem waren damals die Abstimmungen innerhalb der Delegationen aus den Gliedstaaten geheim. Wenn man sich gegenwärtigt, dass gleichzeitig Gerüchte und Verdächtigungen über Wahlfälschungen nach dem Muster von 2020 verbreitet werden könnten, macht man sich eine Vorstellung davon, mit welcher Art von Spannungen die verfassungsmäßige Ordnung der USA es zu tun bekäme.

4. Was der Kampf ums Weiße Haus für Europa bedeutet

Die Haltung der Menschen in Europa den USA gegenüber ist, milde ausgedrückt, gespalten. Dies trifft vor allem auf jenen Teil des Kontinents zu, der zur Zeit des Kalten Kriegs dem Westen zugerechnet wurde. Einerseits richtete man sich nach dem Zweiten Weltkrieg ganz bequem unter dem nuklearen Schirm des Nordatlantikpakts ein, von dem Mitglieder ebenso wie »Trittbrettfahrer« profitierten. Anderseits verblasste die Wertschätzung für jene, die zunächst als Befreier von der Nazi-Gewaltherrschaft und später als Beschützer vor der sowjetischen Bedrohung gefeiert wurden, über die Jahrzehnte merklich. Als das sowjetische Imperium 1991 zusammenbrach, vergrößerte sich die kritische Distanz zu Amerika schlagartig. Zwar fasste die Idee, nach diesem Zeitpunkt aus der Nato auszutreten, nirgends ernsthaft oder mehrheitlich Fuß. Aber der Sinn einer kostspieligen Beteiligung an diesem Verteidigungsbündnis erschloss sich nicht mehr unbedingt.

Umfragen der paneuropäischen Denkfabrik »European Council on Foreign Relations« (ECFR) spiegeln diese Gespaltenheit wider. 2021, nach vier Jahren der Präsidentschaft Donald Trumps und nach der Erstürmung des Kapitols durch seine Anhänger, war die Stimmung in Bezug auf die USA auf einem Tiefpunkt.[135] In den zwölf EU-Mitgliedstaaten, in denen der

ECFR damals Befragungen durchführte, sah nirgendwo mehr eine Mehrheit in Amerika einen »Verbündeten, der unsere Werte und Interessen teilt«. Die höchsten Zustimmungswerte verzeichneten Polen (38%) und Dänemark (35%). In Deutschland (19%), Spanien (18%) und Frankreich (18%) teilten noch knapp ein Fünftel der Befragten diese Meinung. In Österreich waren es gerade noch 14 Prozent. Das Misstrauen gegenüber Amerika war damit nur noch in Bulgarien größer (12%).

Die nächstbessere Kategorie, für die sich die Befragten bei der Beurteilung der USA entscheiden konnten, definierte die USA als »notwendigen Partner«. In praktisch allen Ländern wählten die meisten Teilnehmer der Befragung diese Antwort. Die Anteile lagen knapp unter oder über der 40-Prozent-Marke. Dies machte deutlich, dass in den meisten Ländern immer noch eine Mehrheit Amerika positiv gegenübersteht. Aber aus der Liebesbeziehung war längst ein Zweckbündnis geworden.

Die USA übernehmen allerdings nicht nur in sicherheitspolitischer Hinsicht die unbestrittene und unentbehrliche Führungsrolle unter den Staaten, die dem Westen zugerechnet werden. Auch ihre wirtschaftliche Macht und technische Innovationskraft sind unerreicht. Ihr »akademisch-kultureller Komplex« hat durch seine schiere Masse und Gewicht eine Anziehungskraft entwickelt, die ihresgleichen sucht. Auf der Suche nach neuen Trends schielt man nicht nur in Berlin, Wien und Zürich stets über den Atlantik, und zwar auch dann, wenn man sich sonst durchaus antiamerikanisch gebärdet. Wenn sich beispielsweise Rechtskonservative der Alternative für Deutschland (AfD) oder der Schweizerischen Volkspartei (SVP) plötzlich über »Gender-Gaga« und »Woke-Wahnsinn« ereifern, muss man nicht lange rätseln, wo sie die neuesten Reizthemen und das dazugehörige Empörungsmuster abgeschaut haben. Auf der linksprogressiven Seite des politischen Spektrums geht es nicht viel anders zu und her. Die »Black Lives Matter«-Bewegung wurde bald auch in Europa zum Modethema, selbst wenn sich die Geschichte und die aktuelle Situation der Schwarzen in europäischen Ländern mit jener der Afroamerikaner in keiner relevanten Weise vergleichen lassen. Und schließlich war es vor einigen Jahren nicht einmal mehr überraschend, dass sogar der »QAnon«-Kult, einer der bizarrsten amerikanischen Fieberträume, zu einem Exportartikel mit Fangemeinden[136] auch in Europa wurde.[137]

Nach den Trump-Jahren, die für die transatlantischen Beziehungen manchmal belastend waren, trat Joe Biden für die Wahl von 2020 unter anderem mit dem Anspruch an, die Beziehungen zu Amerikas Verbündeten und Partnern zu reparieren. Den ECFR-Umfrageresultaten zufolge war das auch bitter nötig. Etwas mehr als zweieinhalb Jahre nach Bidens Amtsantritt legte eine neue ECFR-Studie in elf der zwölf zuvor untersuchten EU-Mitgliedstaaten den Schluss nahe, dass er damit Erfolg hatte.

In Dänemark (55%) und Polen (50%) galt Amerika nun wieder für eine Mehrheit als »Verbündeter«. In Deutschland waren es gut ein Drittel der Befragten (35%) und in Österreich etwas mehr als ein Fünftel (22%), die ebenfalls den Eindruck hatten, Amerika teile wieder ihre Werte und Interessen.[138] In der Gruppe jener, die die USA als »notwendigen Partner« betrachteten, zeigten die Zahlen ebenfalls nach oben. Sie lagen in den meisten Fällen bei über 40 bis gut 50 Prozent. Die größte Skepsis schlug den Amerikanern in dieser Umfrage einmal mehr aus Bulgarien entgegen. Auf der Skala der amerikakritischsten Länder folgten aber schon auf den nächsten Rängen Frankreich, Deutschland und Italien.

In der gleichen Studie des ECFR versteckt sich noch ein anderes bemerkenswertes Resultat. In neun Staaten, die nach dem Beitritt Schwedens alle der Nato angehören, wurde die Frage gestellt, ob sich Europa weiterhin vollständig auf die militärische Unterstützung der USA verlassen könne. Im November 2020, als sich die Präsidentschaft Trumps dem Ende zuneigte, war es nicht überraschend, dass zwei Drittel der Teilnehmer dieser Untersuchung diese Frage verneinten. Vielmehr plädierten sie für eigene militärische Fähigkeiten in Europa, weil dieses nicht mehr zwingend auf Amerika zählen könne.

Trump hatte die Europäer aus ihrem Dornröschenschlaf geweckt. Er hatte mit seinen Worten, mit seinem Auftreten und mit seinem Charakter vermeintliche Gewissheiten zerstört und ungeschriebene Gesetze gebrochen. Er war nicht nur gegen alle möglichen Skandale und den Nachweis fast ununterbrochenen Lügens immun, er schlug auch im Umgang mit anderen Regierungen einen eigenen Weg ein. Für einige der schlimmsten Feinde der USA zeigte er Verständnis oder gar Bewunderung. Dafür kritisierte er öffentlich Amerikas alte Partner und stieß Verbündete nach Belieben vor den Kopf.

Sein Leitstern, dem er alles andere unterordnete, war stets der »vorteilhafte Deal«. Nicht selten war das wesentliche Merkmal eines solchen Deals, dass er selbst im weltweiten Scheinwerferlicht stand. Endlich spielte der frühere Reality-TV-Star auch im wirklichen Leben eine Hauptrolle, und zwar auf der ganz großen Bühne, wo es nicht nur um Geld, Ruhm und das Schicksal von Einzelnen geht, sondern um Macht und Einfluss, Krieg und Frieden im globalen Maßstab. Der unersättliche Hunger nach Bestätigung war das einzig Berechenbare an seinem Regierungsstil. Auch in anderen Bereichen machte Trump die Launenhaftigkeit und den instinktsicheren Umgang mit Reizthemen zu den wesentlichen Elementen seiner Machtausübung.

Das kollidierte frontal mit der jahrzehntelang gelebten Praxis, wonach in internationalen Beziehungen vor allem eine Währung galt: Berechenbarkeit. Nur so konnten die Supermächte zu Zeiten des Kalten Kriegs, als die nuklearen Arsenale mächtig genug waren, um die Zukunft des ganzen Planeten in Frage zu stellen, den Anschein aufrechterhalten, das Geschehen unter Kontrolle zu haben. Die Maxime war: keine hastigen Bewegungen, keine Überraschungen, die den Gegner zu Fehlschlüssen verleiten könnten. Trump stellte das, mindestens in seiner Rhetorik und in seiner Art, wie er die Rolle des amerikanischen Präsidenten spielte, auf den Kopf. Er beendete die jahrzehntelang gewachsene Gewissheit in Westeuropa, dass die USA mit ihrem atomaren Schutzschild für sicherheitspolitische Stabilität sorgten, ohne dafür allzu viel an Gegenleistung zu fordern.

Nach dem Ende der Sowjetunion hatte man sich in vielen Ländern des Westens gern davon überzeugen lassen, dass der Osten vor allem eine Chance für Geschäfte und wirtschaftlichen Profit darstelle. Gefahr für die nationale Sicherheit erblickte man allenfalls im gewalttätigen Islamismus. Deshalb wurde die Sicherheit am Hindukusch verteidigt, aber nicht mehr zu Hause, etwa mit einer glaubwürdigen Wehrbereitschaft und den entsprechenden Verteidigungsbudgets. Als Trump den Nordatlantikpakt als »veraltet« verschmähte[139] und einigen engen Verbündeten vorwarf, sie würden die USA in den Handelsbeziehungen übertölpeln, brach zu Recht Panik aus. Frankreichs Präsident Emmanuel Macron konstatierte schon bald den »Hirntod« des Bündnisses,[140] weil er nicht mehr daran glauben wollte, dass Amerika seiner Beistandspflicht zuverlässig nachkommen werde. Die amerikaskeptische Zweidrittelmehrheit in der ECFR-Umfrage in jenem Jahr, die sich für größere europäische militärische Fähigkeiten aussprach, muss vor diesem Hintergrund gesehen werden.

Umso größer war die Überraschung im April 2023. Das Pendel schlug ein gutes Jahr nach dem russischen Angriff auf die Ukraine nicht zurück, im Gegenteil: Nun glaubten schon drei Viertel der Befragten, Europa müsse genügend eigene militärische Kapazitäten haben, um sich im Notfall verteidigen zu können. Obwohl die USA bei der Unterstützung für die Ukraine zur treibenden Kraft geworden waren und obwohl die Nato nach dem russischen Überfall sowohl ihre Identitätskrise als auch ihre Selbstzweifel über Nacht überwunden hatte, plädierte eine deutliche Mehrheit der Befragten für größere militärische Autonomie Europas. Wie diese aber zu erreichen wäre, darüber schwieg sich die Studie aus. Und hier liegt der Kern des Problems.

Der mehrstufige europäische Einigungsprozess hatte zwar einen wirtschaftlichen Riesen geschaffen, einen Binnenmarkt mit rund einer halben Milliarde Teilnehmern. Doch militärische Macht, die auch in Moskau oder Peking als solche wahrgenommen würde, konnte dieser Gigant auf tönernen Füßen nie erzeugen. Dafür musste nach wie vor der große Bruder jenseits des Atlantiks geradestehen. Und es sei noch einmal betont: Sich dafür wenigstens mit einer glaubwürdigen eigenen Wehrbereitschaft erkenntlich zu zeigen hielt man vielerorts nicht für nötig.

Im Osten des demokratischen Europas war und ist das Bewusstsein für dieses ungesunde Verhältnis stärker vorhanden. Schließlich hatte man seine Erfahrungen mit der »brüderlichen Umarmung« durch Moskau gemacht. Der sicherheitspolitische und militärische Aspekt der Integration in den Westen war diesen Staaten darum stets mindestens so wichtig wie der wirtschaftliche. Es gibt kein einziges Land östlich des früheren Eisernen Vorhangs, das nur der EU, aber nicht der Nato beigetreten wäre. In der umgekehrten Lage befinden sich dagegen einige Staaten. Das unterstreicht die Prioritäten. Der Überfall Russlands auf die Ukraine hat die Gewichte schlagartig verschoben. Aber es wird noch zu sehen sein, wie nachhaltig sich diese Wende gestaltet. Reden über eine gemeinsame europäische Verteidigung werden schon lange geschwungen. Fortschritte müssten an Taten gemessen werden.

Trumps Verhalten hat in den europäischen Bündnisstaaten tiefe Spuren hinterlassen. Ein weiteres interessantes Resultat der ECFR-Studie vom April 2023 zeigt, dass eine Mehrheit der Befragten von 56 Prozent in den neun beteiligten Staaten damit rechnet, eine zweite Wahl Trumps zum amerikanischen Präsidenten würde die Allianz schwächen. Vermutlich ist das eine der Triebfedern, warum viele eine größere militärische Eigenständigkeit Europas fordern. Doch der Wunsch ist kurz- und mittelfristig nicht erfüllbar. Wenn also 2024 der berühmte »Dienstag nach dem ersten Montag im November« anbricht, der in Amerika von Gesetzes wegen Wahltag ist, dürften jene, die sich um die Sicherheit Europas sorgen, den Atem anhalten.

4.1. Wie eine Regierung Trump 2.0 aussehen könnte

Trump gebührt das Verdienst, dass er die Europäer in seiner ersten und bisher einzigen Amtszeit an die alte Wahrheit erinnerte, dass nichts umsonst zu haben ist. Ob er nur dies im Sinn hatte und daneben aus purer Lust am Aufruhr einfach gern den Rüpel gab oder ob er die militärischen Bündnisse Amerikas im Osten und Westen auch grundsätzlich in Frage stellen wollte, blieb immer etwas unklar. Tatsache ist, dass in seiner Regierung an den entscheidenden Stellen Frauen und Männer saßen, die nie auch nur ansatzweise bereit gewesen wären, die Nachkriegsordnung und die amerikanische Führungsrolle im Westen einfach aufzugeben. Und Trump räumte selbst kurz nach seiner Amtsübernahme öffentlich ein, die Nato sei nun »nicht mehr veraltet«.[141] Der Grund war einfach: Einige der notorisch zahlungsmüden Mitglieder hatten eiligst versprochen, ihren finanziellen Verpflichtungen nun endlich nachzukommen.

Interessant ist, dass Trump die Nato nie als Bollwerk gegen autoritäre Bedrohungen im Osten sah, sondern vor allem als Instrument zur Bekämpfung des Terrorismus. Russland? Für ihn kein Problem. Im Gegenteil, er drückte verschiedentlich seine Bewunderung für den Kreml-Herrscher Wladimir Putin aus und legte ihm gegenüber, wie auch gegenüber anderen autoritären Führerfiguren, ein auffälliges Wohlwollen an den Tag. Das Gleiche galt zunächst auch für den starken Mann Chinas, Xi Jinping. Er bewirtete ihn in seiner Privatresidenz Mar-a-Lago wie einen alten und engen Freund.

Für die Verbündeten und die Partner Amerikas war das gelegentlich schwer zu verdauen. Nicht etwa, weil deren Regierungen mit provokativem Verhalten nicht umgehen könnten. Aber sie sind Repräsentanten ihrer Länder, der Wählerinnen und Wähler, die vom Verbündeten einen respektvollen Umgang verlangen, selbst wenn er der unbestrittene Seniorpartner ist. Bei der ganzen Aufregung um Trumps Rhetorik wurde aber gern übersehen, dass diese im Grunde wenig Einfluss auf die Politik der USA gegenüber Russland oder China hatte. Trump mochte seine Gipfeltreffen inszenieren und das Rampenlicht genießen. Aber wenn es ihm wirklich darum gegangen wäre, das Verhältnis zu diesen zwei geopolitischen Rivalen zu verbessern, misslang der Versuch grandios.

So zum Beispiel bei den Sanktionen gegen Moskau: Trump wollte sie verhindern oder bremsen? Dann wurde eben der Kongress zur treibenden Kraft. Dabei waren die Republikaner meistens auch an Bord, und gemeinsam mit den Demokraten schufen sie Mehrheiten, die zum Überstimmen eines möglichen Vetos ausgereicht hätten. Trump unterschrieb das erste Bündel von Strafmaßnahmen im August 2017 zwar zähneknirschend – aber er unterschrieb es.[142] Ende 2019 veröffentlichte die Denkfabrik »Brookings Institution« einen ganzen Katalog von Schritten und Stellungnahmen, mit denen die amerikanische Regierung auf aggressive russische Aktionen und Operationen reagiert hatte. Der Katalog umfasst für den Zeitraum zwischen März 2017 und Dezember 2019 insgesamt 52 Punkte, davon sind 21 Verschärfungen von Sanktionen oder verwandten Strafmaßnahmen, fünf Anklagen gegen russische Staatsbürger und zwei Ausweisungen von russischen »Diplomaten«. Unter Präsident Trump lieferten die USA auch erstmals Kriegswaffen an die Ukraine, damit sich Kiew besser gegen die russische Invasion im Osten des Landes wehren konnte. Washington verurteilte die russische Annexion der Krim zudem in klaren Worten – und im Gleichschritt mit seinen Verbündeten.

Im Verhältnis zu China sank die Temperatur zunächst langsam, gegen Ende von Trumps Amtszeit dann aber rasant. Zwar gelang die Unterzeichnung eines Handelsvertrags, aber dieser konnte nie richtig in Kraft treten. Immer offensichtlicher wurde, dass China nicht bereit war, seine schädlichen Handelspraktiken aufzugeben. Es steht nicht nur im Verdacht, geistiges Eigentum im Wert von Billionen von Dollar[143] zu stehlen, sondern auch dafür zu sorgen, dass die chinesische Techindustrie in ihren Produkten Hintertüren für die chinesischen Geheimdienste einrichtet, um wirtschaftliche und politische Spionage zu erleichtern. Washington machte China zudem schwere Vorwürfe wegen der Covid-19-Pandemie, deren Ursache Peking verschleiere, und wegen Menschenrechtsverletzungen in Xinjiang und Hongkong. Trump beschuldigte die chinesische Führung auch, sie hintertreibe seine Initiative für eine Einigung mit Nordkorea.[144]

Gerade in außenpolitischer Hinsicht waren die Republikaner im Kongress also keineswegs reine Steigbügelhalter für »ihren« Präsidenten, auch wenn sie den Demokraten zuweilen vorwarfen, sie inszenierten politische Spielchen, und sich dann querstellten. Die Frage ist, ob sich diese Einstellung vorbehaltlos auf eine mögliche zweite Amtszeit übertragen ließe, in der das

Schicksal der Ukraine vermutlich eine außerordentlich wichtige Rolle spielen würde.

Trump selbst hat bereits ausgiebig Zweifel an seinem Willen gesät, Kiew weiterhin im nötigen Maß zu unterstützen. Er prahlte damit, er würde den Krieg innerhalb von 24 Stunden beenden.[145] Das kann nur bedeuten, dass er den Ukrainern mit dem Entzug der Unterstützung drohen würde, um sie an den Verhandlungstisch – und vielleicht auch zum Akzeptieren eines Trumpschen Deals – zu zwingen. Ob er sich in irgendeiner Weise Gedanken darüber macht, dass Kiew sich damit wohl unvermeidlich einem Moskauer Diktat beugen müsste, weiß niemand. Aber angesichts seiner eigentümlichen Sympathie für den Diktator im Kreml ist es nicht abwegig zu vermuten, dass ihm das Schicksal der Rest-Ukraine egal wäre.

Dass seine Person bei allen Abwägungen im Vordergrund steht, bewies Trump auch in den Tagen nach den blutigen Massakern, die die palästinensische Hamas im Oktober 2023 im Süden Israels verübte. Offensichtlich pikiert, weil die israelische Regierung dankbar auf die militärische, diplomatische und rhetorische Unterstützung des Weißen Hauses unter Präsident Joe Biden reagiert hatte, warf er dem israelischen Regierungschef Benjamin Netanjahu falsches Spiel vor und beschuldigte die israelischen Geheimdienste, den »sehr schlauen« Gegnern nicht gewachsen zu sein – zu einer Zeit, als sich Israel von einem fürchterlichen Schock erholen und für einen Gegenschlag rüsten musste.

Im Falle einer zweiten Amtszeit für Trump wäre es in solchen oder vergleichbaren Situationen wichtig, wie sich die republikanischen Mitglieder im Kongress zusammensetzen und verhalten würden. Sollten sich im November 2024 die Kräfteverhältnisse in der gleichzeitig stattfindenden Wahl für das Repräsentantenhaus und den Senat deutlich zugunsten der Grand Old Party verändern, ist nicht ausgeschlossen, dass der Kongress in seiner fundamentalen Rolle als Aufsichtsorgan weitgehend ausfallen würde. Ein solches Szenario wäre dann realistisch, wenn Trump deutlich siegen würde. Ein solcher Schwung würde vermutlich auch viele radikale republikanische Kongressmitglieder nach Washington tragen. Von ihnen wäre in erster Linie Loyalität gegenüber ihrem Präsidenten zu erwarten, aber sicher nicht Widerstand.

Zwischen 2017 und 2021 hatte unter republikanischen Kongressmitgliedern im Verhältnis mit dem Präsidenten noch die Regel gegolten, dass man hinter vorgehaltener Hand beißende Kritik üben konnte, öffentlich aber jeden Konflikt vermied. Das war nicht nur politisches Kalkül, sondern zum Teil die Folge von Angst vor gewalttätigen Reaktionen radikaler Trump-Anhänger. Falls Trump im Januar 2025 erneut vereidigt werden sollte, würde es um die alles entscheidende Frage gehen, ob es im Kongress noch genügend besonnene und couragierte Kräfte gäbe, die bereit wären, mit kritischem Blick über die Verfassungsmäßigkeit seines Tuns zu wachen. Nimmt man die Situation nach dem 6. Januar 2021 zum Maßstab, als gerade einmal zehn Republikaner im Repräsentantenhaus das zweite Impeachment (Anklage) Trumps unterstützten, stimmt das nicht besonders optimistisch.

Der Kongress ist deshalb so wichtig, weil befürchtet werden muss, dass Trump in einer zweiten Amtszeit selbstbewusster und damit noch erratischer auftreten und Figuren seines Geschmacks für den Dienst in der Regierung aufbieten würde. Schon in seiner ersten Amtszeit holte er einige sehr unkonventionelle Exzentriker und Hitzköpfe in seinen Beraterstab. Aber die offiziellen Regierungsposten besetzte er meist mit Frauen und Männern, denen die gesetzlichen Grenzen der exekutiven Macht bewusst waren. War dies nicht der Fall, wie etwa in der Frage der Einreisesperren für Bürger bestimmter muslimischer Länder zu Beginn von Trumps Amtszeit, zeigte ihm die Gerichtsbarkeit diese Grenzen. Das war auch der Grund, warum Trumps Verhältnis zu Richterinnen und Richtern stets so gespannt war. Er scheute sich nicht, einzelne Richter persönlich zu attackieren.[146] Dies wirft ein grelles Licht auf die Tatsache, dass für ihn das Prinzip der Gewaltenteilung in einem demokratischen Staat ein vernachlässigbares Detail ist.

Am Ende seiner Amtszeit im Januar 2021 hatte er dank glücklicher Umstände drei neue konservative Richter in den Obersten Gerichtshof gebracht. Nicht Glück, sondern Zielstrebigkeit führte dazu, dass er in der gleichen Zeit 54 Richter für die Bundesappellationsgerichte ernennen konnte, die zweithöchste gerichtliche Instanz des Landes. Barack Obama hatte in zwei Amtszeiten nur einen Richter mehr für diese Gerichte ernannt, an denen in den USA die meisten Rechtsgeschäfte endgültig entschieden werden.[147] Insgesamt konnte Trump dank der republikanischen Mehrheit im Senat 226 Richter ernennen. Für die konservative Rechtsprechung hatte er damit Wesentliches geleistet. Doch das war ihm nicht genug. Für ihn zählte vielmehr die Frage, ob die Richterinnen und Richter sich ihm gegenüber aus Dankbarkeit loyal verhalten würden, und er wurde bitter enttäuscht. Die vielen, oft aus der Luft gegriffenen Klagen wegen angeblichen Betrugs bei der Präsidentenwahl von 2020 wurden auch von Richtern, die er selbst ernannt hatte, in Bausch und Bogen verworfen.

Unter Trump zu dienen war für integre Frauen und Männer stets ein zweischneidiges Schwert. Nicht wenige nahmen zwar für sich in Anspruch, sie hätten die schwierige Aufgabe auch darum angenommen, um Schlimmeres zu verhüten. Doch für viele endete die Sache mit einer lädierten Reputation; die meisten wurden behandelt wie Lehrlinge in Trumps Reality-TV-Show »The Apprentice«: Der Boss schickte sie ohne jeglichen Respekt für die Person oder die geleistete Arbeit in die Wüste. Der völlige Mangel an Wertschätzung war zweifellos auch ein

Grund dafür, dass die dreckige Wäsche des Weißen Hauses unter Trump mehr als sonst üblich in der Öffentlichkeit gewaschen wurde.

In einer Neuauflage einer Präsidentschaft Trump würden integre Frauen und Männer es sich mindestens zweimal überlegen, ob sie einem Ruf ins Kabinett folgen sollten. Er könnte deshalb die Flucht nach vorn ergreifen und Personen ernennen, die es nicht wagen, sich ihm entgegenzustellen. Trump umgeben von Jasagern, verhieße nichts Gutes. Es wäre in diesem Fall auch nicht ohne weiteres ersichtlich, wie der Kongress noch korrigierend eingreifen könnte, ohne die gesamte Regierung funktionsunfähig zu machen. Das erfordert ein hohes Maß an Kaltblütigkeit und Zivilcourage.

Trumps letzte Wochen im Amt zeigten, dass er keinerlei Hemmungen hat, das Gesetz zu brechen und die Verfassung zu missachten, um die Macht in seinen Händen zu behalten. Damals, in den Wochen vor und nach dem 6. Januar 2021, hielten die demokratischen Institutionen der USA seinem Ansturm stand. Doch der Blick auf einige der jüngeren Entwicklungen der amerikanischen Politik in den letzten beiden Kapiteln dieses Buchs wird zeigen, dass die Stabilität dieser Institutionen nicht selbstverständlich ist. Gerade von der außerordentlich starken Polarisierung in der Politik und im täglichen Leben werden sie zunehmend unterhöhlt.

4.2. Wären andere Republikaner wesentlich anders?

Es gibt innerhalb der Republikanischen Partei nicht nur einen Kampf um Trumps Nachfolge, sondern auch einen Richtungsstreit um den künftigen Kurs. Um dies zu illustrieren, hilft es, ins Jahr 2015 zurückzublicken, als Donald Trump begann, die

Partei zu übernehmen. Zu Beginn hatte er gegen namhaften Widerstand zu kämpfen. So war das wirtschaftsnahe republikanische Establishment von Trumps unkonventionellem Populismus in keiner Weise angetan. Es würde liebend gern zu den Grundsätzen der Ära Ronald Reagans zurückkehren, in der wirtschaftliche Liberalisierung, freies Unternehmertum, Gewinnoptimierung, Steuererleichterungen und Beschneidung der Staatsausgaben, inklusive der Sozialversicherungen, tragende Pfeiler der Politik waren. Doch seit Trumps Siegeszug gibt es nun auch andere Stimmen. Sie träumen von einer neuen, populistischeren Republikanischen Partei, die sowohl Unternehmer als auch Arbeitnehmer vertritt.

Die traditionellen republikanischen Sicherheitspolitiker können ihrerseits der Idee nichts abgewinnen, dass Amerika seiner Führungsrolle abschwören und sich vor allem auf sich selbst beschränken sollte. Für sie ist klar, dass ein Land von der Größe und vom Gewicht der USA ordnende Aufgaben in der Staatenwelt wahrnehmen muss, schon aus dem guten Grund, dass es damit seine Interessen verteidigen kann. Zwar würde nach den Erfahrungen im Irak und in Afghanistan heute kaum noch jemand öffentlich eine Rückkehr zu den neokonservativen Leitsätzen der letzten Jahrzehnte propagieren, als man versuchte, die Welt notfalls mit Gewalt nach dem Vorbild der USA zu gestalten. Aber die Idee, Amerika könne ein starkes Land mit glücklichen Einwohnern sein, selbst wenn es sich mehrheitlich vom Rest der Welt abwende, ist für sie eine Illusion. Ihnen stehen heute jene Trump-Anhänger gegenüber, die fest davon überzeugt sind, dass Amerika nach den langen Kriegen im Nahen Osten und am Hindukusch erschöpft sei und sich keine Konflikte mehr leisten könne, wenn seine Interessen nicht direkt und unmittelbar bedroht seien. Aus dieser Haltung nährt sich auch die Kritik an der Unterstützung der Ukraine.

Aus diesen Widersprüchen resultierte bei verschiedenen republikanischen Bewerbern für das Präsidentenamt eine gewisse Unschärfe im Profil. Diese spiegelte eigentlich nur die zugrunde liegenden Konflikte in der Partei. Eine Rückkehr zu den traditionellen Positionen, ob nun im wirtschaftlichen Bereich oder bei der sicherheitspolitischen Ausrichtung, wäre mit dem erheblichen Risiko befrachtet, dass die Partei jene Wähler wieder verlöre, die Trump genau darum gewinnen konnte, weil er die »reine Lehre« über Bord geworfen hatte. Alle Umfragen und Prognosen sind sich in diesem Punkt einig: Ohne diese Wählergruppen ist es für die Republikaner kurzfristig unmöglich, auf nationaler Ebene zu siegen. Diese Gewissheit war schon der Hauptgrund dafür gewesen, dass die meisten Republikaner Trump nach der Erstürmung des Kapitols nicht fallen ließen.

Erst die parteiinternen Vorwahlen werden etwas mehr Aufschluss darüber geben, woher der Wind in Zukunft wehen wird. Werden jene, die 2016 trotz erheblichen Zweifeln an Trump und seinem »Kurs« die Nase zuhielten und ihm ihre Stimme gaben, das noch einmal tun, oder hat sein Versuch, die demokratische Machtübergabe nach der verlorenen Wahl von 2020 zu hintertreiben, ihn für diese »Wähler wider Willen« nun unwählbar gemacht? Die Resultate der Wahlen 2018, 2020 und 2022 scheinen eher auf das zweite Szenario hinzudeuten, zumal ja inzwischen noch weitere Vorwürfe und Anklagen gegen Trump dazugekommen sind. Aber sicher ist das nicht. Sowohl 2020 als auch 2022 war die Differenz bei den entscheidenden Stimmen so klein, dass man die Niederlagen oder die ausbleibenden Erfolge zu einem erheblichen Teil dem Zufall anlasten kann. Trump spielt immer noch wie ein Meister auf der Klaviatur der Ressentiments. Niemand weiß, wie viele Wählerinnen und Wähler trotz Bedenken noch einmal für ihn stimmen würden, nur um jenen, die gegen ihn sind, einen Denkzettel zu verpassen.

Sollte Trump aus irgendeinem Grund aus dem Rennen ausscheiden, wird sich auch zeigen, ob Trumps Art, Politik zu machen,
auch dann noch funktionieren kann, wenn der Hauptdarsteller
fehlt. Mehrere der inzwischen gescheiterten republikanischen
Bewerber, allen voran der Unternehmer Vivek Ramaswamy und
mindestens zu Beginn auch Gouverneur Ron DeSantis, versuchten offensichtlich, ihm nachzueifern oder ihn gar noch zu
überbieten. Ihr Scheitern bedeutet wohl, dass Trumpismus keinen neuen Bannerträger haben kann, solange der Gründervater
noch aktiv ist. Im Kongress ist die Gruppe der Trump-Anhänger
mittlerweile durch ihre Obstruktionspolitik zu einem Machtfak-
tor geworden. Könnte das den Trump-Anhängern die Abkehr
von ihrem Idol etwas leichter machen, falls er sich beispielsweise
in juristischen Fallstricken verheddern würde?

Bevor er langsam, aber sicher in der Gunst der Republikaner
verblasste, hatte DeSantis als blendend wiedergewählter Gouverneur von Florida darauf verweisen können, dass er mit seiner
Auslegung des Trumpismus mehr Erfolg hatte als der »Urvater«
selbst. Das war keineswegs falsch. Von allen republikanischen Bewerbern um das Präsidentenamt ist keiner auch nur annähernd
so undiszipliniert und launisch wie Trump. Er ist sich häufig
sein größter Feind. Aber das kümmert seine Anhänger wenig,
und wenn, dann suchen sie andere Schuldige, die ihm angeblich
Steine in den Weg legen. Wofür sie ihn wirklich bewundern, ist ja
nicht seine Effizienz als Politiker, sondern seine absolute Furchtlosigkeit, die nie von Selbstzweifeln getrübt wird, und sein überdurchschnittlich feines Sensorium für Themen und Formulierungen, die bei seinen Anhängern nicht zuletzt darum Begeisterung
auslösen, weil sie bei seinen Gegnern Bestürzung hervorrufen.

Es ist ausgeschlossen, dass die Republikaner eine Rückkehr
zum wirtschaftspolitischen Kurs Reagans vollziehen können, solange Trump Einfluss auf die Partei ausübt. Der nationalistische

und auch populistische Kurs, wie ihn Trump salonfähig machte, wird vorläufig weiterverfolgt werden. Statt auf Liberalisierung und Globalisierung setzt das konservative Amerika in der Wirtschaftspolitik auf Nationalismus. »America First« wird – wenn auch vielleicht in etwas anderen Farbtönen – weiterhin die Losung bleiben. Das wird sich in erster Linie im Umgang mit China zeigen, dem großen strategischen Rivalen. Gerade unter Trump, aber möglicherweise auch unter einem anderen populistischen Präsidenten, könnten zudem auch wieder Fragen gestellt werden, die für die Europäer heikel wären, wie etwa die Handelsbilanzdefizite oder gewisse europäische Fördergelder und Subventionen.

Der Unterschied zwischen Trump und anderen republikanischen Kandidaten wäre wohl vor allem einer im Ton. Grundsätzlich gilt, dass sich die USA, wie auch andere Staaten, in wichtigen Fragen an ihren ureigenen Interessen orientieren. Aber außer Trump waren die meisten wichtigen Bewerber bereit, in diese Interessenabwägung auch Dinge einzubeziehen, die nicht unmittelbar mit der Handelsbilanz oder dem eigenen Scheinwerferlicht zu tun haben, wie etwa der strategische Wert von Bündnissen und Koalitionen. Wenn allerdings im Kongress eine starke national-populistische Komponente vertreten wäre, könnte das jeden republikanischen Präsidenten zu radikaleren Positionen bewegen.

4.3. Sicherheitspolitik: mit Trump mehr vom Gleichen

Dass bei den Republikanern im Sicherheitsbereich alte Gewissheiten nicht mehr zwingend gelten, zeigte sich in den letzten Jahren nicht nur im Weißen Haus, sondern auch im Kongress. Dabei geht es praktisch nie um China, denn in Bezug auf das Reich der Mitte ist man sich mit den Demokraten weitgehend einig, versucht gar, einander zu überbieten, und lässt keine Gelegenheit aus, die Verbundenheit mit Taiwan zu unterstreichen. Doch nach dem Überfall der russischen Armee auf die Ukraine wurden bei den Republikanern im Zusammenhang mit der Unterstützung für Kiew Misstöne laut, die noch vor ein paar Jahren undenkbar gewesen wären. Man wolle »keinen Blankoscheck« ausstellen,[148] meinte etwa der spätere, kurzzeitige »Speaker« des Repräsentantenhauses Kevin McCarthy im Vorfeld der Kongresswahlen im Oktober 2022. Die ukrainischstämmige Abgeordnete Victoria Spartz aus Indiana geißelte die Korruption im inneren Zirkel der ukrainischen Führung um Präsident Wolodimir Selenski[149] mit einer Leidenschaft und Empörung, die stutzig machten. Matt Gaetz aus Florida, einer der gewohnheitsmäßigen Provokateure, wollte in einer Resolution festhalten, der Kongress sei der Unterstützung Kiews »müde«.[150]

Was ist davon zu halten? Natürlich gibt es auch in den USA Personen, die Putins fadenscheinige Rechtfertigung für den Angriff eifrig nachbeten. Aber sie sind eine Minderheit, und es gibt vorläufig keine Hinweise dafür, dass im Kongress eine republikanische Mehrheit gegen die Unterstützung der Ukraine stimmen würde – vor allem, wenn einer der ihren im Weißen Haus herrschte. Was hier passiert, sind vielmehr Zurufe von der Seitenlinie. Sie hängen mit dem fundamentalen Mechanismus der extremen Polarisierung zusammen.

Das Problem ist, dass die Demokraten erstaunlich geschlossen für die Ukraine einstehen. Normalerweise würde man erwarten, dass ein starker pazifistischer Flügel energisch querschießen oder mit Ideen vorpreschen würde, wie der Krieg so rasch wie möglich beendet werden kann, auch wenn das für Kiew vielleicht Härten mit sich bringen würde. Tatsächlich gab es im Sommer 2022 einen solchen Vorstoß, als sich 30 Kongressmitglieder vom linken Flügel in einem vertraulichen Brief ans Weiße Haus wandten.[151]

Doch im Herbst gelangte das Schreiben an die Öffentlichkeit und löste unter den Demokraten einen Aufruhr aus. Danach wurde es um die Kriegsgegner auffallend ruhig, und gerade diese weitgehende Einigkeit unter den Demokraten animiert nun so manchen Republikaner reflexartig dazu, eine gegenteilige Haltung einzunehmen. Anschauungsmaterial für dieses Phänomen liefert die republikanische Haltung zu Haushaltdefiziten. Der Eifer, mit dem solche Defizite verdammt werden, lässt immer erheblich nach, wenn die Republikaner selber an den Machthebeln sitzen.

In der Außen- und Sicherheitspolitik wäre nach einem Wahlsieg Trumps über weite Strecken eine Wiederholung der Vorstellung vom letzten Mal zu erwarten. Er würde provozieren, in Frage stellen und rhetorisch Geschirr zerschlagen. Die große Frage wäre, ob hinter ihm immer noch genügend Frauen und Männer dafür sorgen würden, dass Amerika seine Beziehungen mit langjährigen Verbündeten und Partnern nicht für kurzfristige Vorteile oder Auftritte im Scheinwerferlicht opfert. Dabei darf allerdings nicht vergessen werden, dass in einem Teil der Wählerschaft sowohl im linken als auch im rechten Spektrum angesichts der globalen Führungsrolle ein tief empfundener Überdruss herrscht: Man sieht keinen Nutzen mehr darin, sich auf fernen Schauplätzen in der ganzen Welt zu verzetteln, Billionen von Dollar für andere Länder auszugeben und zuzuschauen, wie diese über die Heimat herziehen oder versuchen, unter dem amerikanischen Schutzschild ihre lukrativen Geschäfte zu machen.

Trump ist, wie anderswo, auch in dieser Frage eher Symptom als Ursache. Amerikaner werden dazu erzogen, sich und ihr Land als etwas Spezielles zu verstehen, was in der Geschichte des Landes begründet liegt. Die Bevölkerung Amerikas ist weltweit einmalig: Generationen von Einwanderern jeder Hautfarbe leben neben Nachfahren der indigenen Völker und den Nachkommen versklavter Afrikaner. Wer sich von der Einmaligkeit dieses Landes überzeugen lassen will, braucht nur einen Nach-spann eines amerikanischen Films anzuschauen – dann ziehen die Namen aus der ganzen Welt an uns vorbei. Das 1776 begon-nene demokratische Experiment ist beispiellos, auch wenn die Pioniertat ihre Schattenseiten hatte. Häufig kommt im Glauben an den amerikanischen Exzeptionalismus eine fast religiöse Verklärung zum Ausdruck, die sich im Selbstbild eines auser-wählten und überlegenen Volks ausdrückt. Dieses Selbstbild kollidiert immer wieder mit den untrüglichen Beweisen dafür, dass andere Länder gleichermaßen erfolgreich oder gar effizi-enter sind, beispielsweise bei der Bildung der nächsten Genera-tionen, bei der Bekämpfung der Kriminalität oder bei der me-dizinischen Versorgung der Bevölkerung. Solche Widersprüche sind ein idealer Nährboden für Ressentiments, die sich unter anderem auch in der trotzigen Ablehnung einer amerikani-schen Führungsrolle in der undankbaren Welt äußern können.

An beiden Rändern des politischen Spektrums gibt es Strö-mungen, die solche Zweifel bestärken. Auf der Linken ist es der omnipräsente Vorwurf, das Monster des Kapitalismus nähre ein zweites, nämlich den Imperialismus. Auf der Rechten ist es die Überzeugung, Amerika werde von einer selbsternannten Elite regiert, die vor allem ihre eigene Macht erhalten wolle und sich um den Willen des Volkes keinen Deut schere. Der 2021 verstor-bene Professor für internationale Beziehungen Angelo Codevilla hatte diese Kritik im rechten Flügel der Republikanischen Partei salonfähig gemacht.[152] Sie richtet sich vor allem, aber nicht nur an demokratische Regierungen in den letzten Jahrzehnten. Auch Ron DeSantis hatte Codevilla gelesen. In der Einleitung zu sei-nem Buch »The Courage to Be Free«[153] (Der Mut, frei zu sein), das er im Hinblick auf seine Kandidatur veröffentlicht hatte, heißt es: »Die USA wurden zunehmend zum Gefangenen einer arro-ganten, abgestandenen und gescheiterten herrschenden Klasse.«

Isolationismus ist in Amerika nicht unbekannt. Das letzte Mal hatte sich Washington in den 1930er Jahren, unter dem Druck der wirtschaftlichen Depression und der Katerstimmung in der Bevölkerung nach dem Ersten Weltkrieg, auf die Haltung zurückgezogen, dass sich ein Eingreifen in die Konflikte der alten Welt und Asiens nicht lohne. Die Stimmung hielt selbst in den ersten Jahren des Zweiten Weltkriegs an, bis zum japanischen Überfall auf Pearl Harbor am 7. Dezember 1941. Solange Europa keine realen Fortschritte macht, sich selbst ausreichende militärische Fähigkeiten zu verschaffen, wäre ein akutes Aufflackern des amerikanischen Isolationismus ein sicherheitspolitischer Super-GAU.

Einen wesentlich anderen Kurs würde mit Sicherheit die frühere Uno-Botschafterin und Gouverneurin Nikki Haley fahren. Sie hat in TV-Debatten und Vorträgen klargemacht, dass sie nach wie vor an die besondere Rolle der USA in der Welt glaubt und zu deren Verteidigung auch bereit ist, Energie, Zeit und Geld zu opfern.

4.4. DeSantis auf dem internationalen Parkett

Der Gouverneur von Florida hat seine Ambitionen auf das Präsidentenamt für diesen Wahlzyklus zwar längst aufgegeben. Aber er war viel klarer als Nikki Haley ein Vertreter einer neuen republikanischen Generation, die im Bezug auf die Rolle Amerikas in der Welt skeptischer auftritt, aber im Gegensatz zu Donald Trump gute Gründe für ihre Haltung hat. Darum widme ich ihm und seinem Verhältnis zur internationalen Politik doch noch etwas Platz, auch wenn er nun vermutlich nicht der nächste amerikanische Präsident wird. Aber DeSantis ist ein Vertreter jener Generation, die schon bald das Ruder in Washington übernehmen könnte. Und das macht ihn weiterhin interessant.

Als Gouverneur von Florida hatte er zwar keine großen außenpolitischen Befugnisse, wenn man einmal von Initiativen
absieht, um Investitionen in den »Sunshine State« anzulocken
und Handel zu fördern. Allerdings war er während seiner Zeit
im Repräsentantenhaus von 2013 bis 2018 auch Mitglied des
Ausschusses für Außenbeziehungen. Aus dieser Zeit gibt es einige Hinweise, die möglicherweise auf ein künftiges Handeln
schließen lassen könnten. Allerdings gibt es einen Generalvor-
behalt: Kein Präsident regiert in einem Machtvakuum. Jeder
muss sich mit den Kräfteverhältnissen im Kongress arrangieren.

Anders als Trump ist DeSantis mit den Regierungsinstitutio-
nen bestens vertraut und hat Militärdienst geleistet, unter anderem bei einem Einsatz im Irak. Wie die meisten amerikanischen
Politiker steht er zu hundert Prozent hinter Israel und dementsprechend in absoluter Opposition zum Iran. 2015 hatte er in
einem Meinungsbeitrag zusammen mit Senator Tom Cotton
aus Arkansas das Atomabkommen der Obama-Administration
mit Teheran scharf kritisiert.[154] Die Regime in Kuba und Vene-
zuela verachtet er zutiefst, sicherlich auch wegen des Umstands,
dass eine große Diaspora aus den beiden Ländern in Florida
Zuflucht gefunden hat.

Seine politische Laufbahn wurzelt in der radikalen Tea-Party-
Bewegung, nach seiner Wahl ins Repräsentantenhaus war er einer der Mitgründer des »Freedom Caucus«, einer Vereinigung
von radikal rechtskonservativen Abgeordneten. In sicherheitspolitischer Hinsicht war er zunächst ein klassisch republikanischer
Falke. Doch im Hinblick auf seine Kandidatur für die Präsidentschaft bezog er eine populistischere, oft zweideutige Position. So
bezeichnete er den Krieg in der Ukraine in einer schriftlichen
Antwort auf eine Interviewfrage einmal als »Territorialstreit«, der
für die USA nicht von vitalem Interesse sei. Nachdem er sogar
aus seiner eigenen Partei heftige Reaktionen erhalten hatte, ver-

suchte er zurückzurudern und behauptete, er sei missverstanden worden.[155] Dahinter versteckt sich nur schlecht das Bemühen, gleichzeitig auf zwei Hochzeiten zu tanzen. Einerseits will er Härte zeigen und das amerikanische Militär für jeden Fall bereithalten. Anderseits definiert er die amerikanischen Interessen, die ein Eingreifen nötig machen würden, außerordentlich eng. In gewissem Sinn erinnert er auch damit an Codevilla, den er ja gern zitiert: Auch dieser war vom überzeugten »Falken« in den 1980er Jahren zu einem der schärfsten Kritiker des außen- und sicherheitspolitischen Establishments der USA geworden.[156]

Entsprechend wenig hat DeSantis für die Vereinten Nationen und das amerikanische Außenministerium mit seinen Legionen von Diplomaten und Fachbeamten übrig. Sein Ärger zeigt sich am deutlichsten, wenn es um Israel geht. So schlug er vor, die Beiträge an die Uno zu stoppen, bis der Sicherheitsrat eine Resolution zurückziehe, in der die israelische Siedlungstätigkeit in den besetzten Gebieten verurteilt worden war.[157] Diese Resolution war 2016 verabschiedet worden, weil die USA in den letzten Wochen der Regierung Obama wegen eines erbitterten Streits mit der israelischen Regierung unter Benjamin Netanjahu auf ein Veto verzichtet und sich der Stimme enthalten hatten.

In einer Rede vor einer antimuslimischen Vereinigung warf DeSantis dem Außenministerium in Washington vor, es wolle die Muslimbruderschaft nicht als terroristische Vereinigung bezeichnen, weil viele der Karrierebeamten eine »arabistische Sicht« auf die Dinge hätten.[158] DeSantis hält auch nichts davon, im Konflikt zwischen Israelis und Palästinensern zu vermitteln, wie er 2018 an einer Veranstaltung der konservativen »Heritage Foundation« unterstrich.[159] Das war aber die einzige nennenswerte Kritik an der Nahostpolitik der Regierung Trump. Den von Trump dekretierten Ausstieg aus dem Atomabkommen mit Iran begrüßte DeSantis ebenso wie die Ernennung von John Bolton zum Berater für Nationale Sicherheit. Dieser sei nicht nur ein klarer Denker, sondern wisse auch, wie die Bürokratie arbeite, und könne diese darum besser dazu zwingen, Trumps Politik umzusetzen.[160]

Zusammenfassend ist klar, dass die Standpunkte zwischen DeSantis und Trump oft nicht weit auseinanderliegen. Sie beide gelten als »Jacksonians«, als Anhänger einer Außenpolitik, die auf militärischer Stärke baut, aber die nationalen Interessen sehr eng und in erster Linie als Schutz der Heimat definiert. Der Ausdruck geht auf den Nationalpopulisten Andrew Jackson zurück, der in der ersten Hälfte des 19. Jahrhunderts als 7. Präsident vor allem dafür bekannt wurde, dass er die Expansion der USA nach Westen vorantrieb und die zwangsweise Umsiedlung der indigenen Völker forcierte. Im Bereich der Außenpolitik ist mit dem Begriff »Jacksonian« gemeint, dass man eine ausgeprägte Zurückhaltung gegenüber »Abenteuern im Ausland« hat und dass beim Entscheid für ein militärisches Engagement nur die Frage des konkreten Nutzens für Amerika und seiner Einwohner zählt. Insbesondere dem Versuch, Werte wie Demokratie oder Menschenrechte zu exportieren, wird eine strikte Absage erteilt.

Während Trump und DeSantis oft gleicher Meinung zu sein scheinen, sind sie aus völlig anderen Gründen zu ihren Ansichten gelangt. Trump lässt sich zwar beraten, entscheidet aber dann ausschließlich seinem Instinkt nach. DeSantis ist für das Gegenteil bekannt. Er will sich Kompetenz erarbeiten und liest, was ihm in die Finger kommt. Dazu kommt seine eigene Erfahrung im Irak, wo er Truppenkommandanten rechtlich über die Regeln auf dem Schlachtfeld beriet. Dort sei ihm klar geworden, schreibt er in seiner Autobiografie, dass man niemanden in Uniform in eine Schlacht schicken dürfe, wenn man ihm gleichzeitig eine Hand hinter dem Rücken festbinde. Er habe deshalb seine Aufgabe im Irak als »Ermöglicher« betrachtet, nicht als »Verhinderer«.

Zum Sinn oder Unsinn eines militärischen Eingreifens

meinte er 2014 während einer Debatte im Repräsentantenhaus
über den Kampf gegen die Terrormiliz »Islamischer Staat«: »Ich
höre dauernd, die Amerikaner seien [der Kriege] müde, aber
ich glaube das nicht. Ich glaube, Amerikaner sind bereit, alles
zu tun, um ihr Volk und ihre Nation zu verteidigen. Aber«, fuhr
er fort, »sie haben genug von Einsätzen ohne klare Strategie und
keine Lust mehr auf Kampfhandlungen, die anstatt von klaren
Siegen unklare Ergebnisse hervorbringen.«[161] Präsident Barack
Obama warf er damals vor, dieser sei nicht bereit zu tun, was es
brauche, um zu gewinnen. Damit ist er ein klassischer »Jacksonian«. Wenn schon eingreifen, dann mit aller Gewalt; das Resultat darf auf keinen Fall dem Zufall überlassen werden.

Dagegen kam ihm George W. Bushs Bemühen, die Welt nach
dem Vorbild Amerikas zu gestalten, »messianisch« vor – oder,
wie er in seinem Buch schrieb: »Wilsonian on steroids«. Der
Begriff »Wilsonian«, häufig als Gegenstück zu »Jacksonian«
gebraucht, bezieht sich auf den Präsidenten Woodrow Wilson,
dessen erklärtes Ziel nach den Erfahrungen des Ersten Weltkriegs es war, Demokratie, Marktwirtschaft und Kapitalismus
zu verbreiten. Eine militärische Intervention ist in dieser Sicht
nicht nur zur Verteidigung der Nation oder eng definierter nationaler Interessen gerechtfertigt, sondern auch zur Rettung des
Weltfriedens. Statt Isolationismus propagiert ein »Wilsonian«
den Interventionismus. DeSantis kann damit wenig anfangen.
Er erinnert sich in seinem Buch, wie ihm ein Satz aus Bushs
zweiter Inaugurationsrede aufstieß. Dieser hatte gesagt: »Das
Überleben der Freiheit bei uns hängt zunehmend vom Erfolg
der Freiheit in anderen Ländern ab.«[162] Er sei fassungslos gewesen, schreibt DeSantis, und schließt: »Das Überleben der Freiheit Amerikas soll davon abhängen, ob die Freiheit in Djibouti
Erfolg hat?«

Das klingt etwas zynisch, aber die Grundhaltung dahinter

ist in den USA mittlerweile recht verbreitet. Sobald man »Djibouti« durch »Ukraine« ersetzt, wird auch ersichtlich, warum
DeSantis im Zusammenhang mit dem Angriffskrieg Russlands
von einem »Territorialstreit« sprechen konnte, der die vitalen
Interessen der USA nicht tangiere. Er sah sich allerdings schon
bald gezwungen, sich zu korrigieren und den russischen Überfall klar zu verurteilen.[163] Putin nannte er einen »Kriegsverbre-
cher«, der zur Rechenschaft gezogen werden müsse, und Russland sei »im Grunde eine Tankstelle mit Atomwaffen«, weil das
Land die konventionellen militärischen Kapazitäten nicht habe,
um Putins Ambitionen in die Tat umzusetzen. Er hielt aber daran fest, dass die USA nicht mit eigenen Truppen in den Konflikt hineingezogen werden dürften und dass Kiew aus diesem
Grund auch keine Waffen erhalten sollte, die es zu offensiven
Operationen jenseits der Grenzen ermächtigen würden.

DeSantis steht Interventionen im Ausland auch darum ableh-
nend gegenüber, weil er der Überzeugung ist, die USA müssten
ihre Ressourcen für wichtigere Dinge einsetzen. Dazu gehören
ein strategischer Umgang mit Chinas forschem Auftreten auf
militärischem, wirtschaftlichem und hochtechnologischem Gebiet,[164] die Sicherung der Südgrenze zu Mexiko, wofür er schon
Truppen der Nationalgarde von Florida nach Texas entsandte,[165]
und ein entschlossener Kampf gegen die tödliche Opioid-Epi-
demie, hauptsächlich gegen das hochkonzentrierte Fentanyl.[166]
Solche und vergleichbare Standpunkte zur Rolle Amerikas in
der Welt sind auch nach dem Ausscheiden von DeSantis aus
dem Rennen um die Präsidentschaft 2024 nicht einfach aus der
Republikanischen Partei verschwunden. Der Kontrast zu Nikki
Haley, die viel stärker den traditionellen sicherheitspolitischen
Falken gab, war frappant.

4.5. Selbstfindungsprozess
der Republikanischen Partei

Bei den Vorwahlen, also dem internen Ausscheidungsprozess der Parteien, stehen zumindest in den USA meist die Personen im Vordergrund. Das ist insofern nachvollziehbar, als das Wettrennen um die Nominierung und um die Präsidentschaft in den Medien einfacher vermittelbar ist und mehr Sex-Appeal hat. Es wird oft mit dem atemlosen Kommentieren von Pferderennen verglichen und darum auch als »Horse Race« bezeichnet. Das ist attraktiver als Analysen von Wahlplattformen oder Biografien, zudem besteht immer die Chance, dass Donald Trump mit haarsträubenden Aussagen für umsatzfördernde Aufmerksamkeit sorgt. Im Wahlkampf 2016 schaffte er es so oft in die Schlagzeilen, dass er ein Maß an Öffentlichkeit generieren konnte, die gemäß Berechnungen der »New York Times« als bezahlte Werbung zwei Milliarden Dollar gekostet hätte.[167] Dass er die Medien immer noch wie einen Ochsen am Nasenring in die gewünschte Richtung lenken kann, bewies er bei einer Gerichtsanhörung in New York im April 2023.[168] Obwohl eigentlich nichts passierte, waren die Medien aus Amerika und der halben Welt in Massen vertreten.

Eher im Hintergrund, weil weniger »sexy« als das Pferderennen, läuft der zweite Wettkampf, der für Amerika selbst, aber auch für seine Verbündeten und Partner vermutlich wesentlicher ist. Mit der Tea-Party-Bewegung und noch klarer mit der Übernahme durch Donald Trump ist die Republikanische Partei gleichzeitig Regierungspartei und Anti-Establishment-Partei geworden. Das ist ein Spagat, den auch andere nationalkonservative Bewegungen in westlichen Demokratien machen, und zwar mit erstaunlichem Erfolg, wenn man bedenkt, dass dieser Linie grundsätzliche Widersprüche zugrunde liegen.

Auf den ersten Blick scheint es nämlich, als müsste die Frage nach der Identität der Partei in eine Entweder-oder-Antwort münden. In dieser Optik stellte Gerald Seib, der frühere Redaktionschef des »Wall Street Journal« in Washington und seit Jahrzehnten ein ebenso eifriger wie gut vernetzter konservativer Beobachter der amerikanischen Politik, die entscheidenden Fragen in einem Aufsatz bereits ein Jahr vor dem Beginn der ersten Vorwahlen: Was ist die Republikanische Partei heute, konservativ oder populistisch? Ist ihr Schutzheiliger immer noch Ronald Reagan oder ist es Donald Trump geworden? Ist es ihr wichtiger, Ausgabenüberschüsse zu beschneiden oder die Sozialversicherungen trotz absehbarer Defizite unangetastet zu bewahren?[169]

Der Abgeordnete im Repräsentantenhaus Jim Jordan aus Ohio war der erste Vorsitzende des ultrakonservativen »Freedom Caucus« im Kongress, dem auch DeSantis angehörte. Er gibt sich seit einigen Jahren betont hemdsärmelig und tritt deshalb auch tatsächlich meist ohne Sakko auf. Er meinte schon Anfang Februar 2021, also nur einige Wochen nach Bidens Amtseinsetzung, die Antwort auf die Frage nach der Ausrichtung seiner Partei gefunden zu haben: Diese sei nicht mehr die »Partei von Wein und Käse«, twitterte er: »Sie ist jetzt die Partei von Bier und Blue Jeans.«

Sein Parteikollege Josh Hawley, der für Missouri im Senat sitzt, legte nach dem enttäuschenden Resultat in den Zwischenwahlen für den Kongress im November 2022 mit einem Meinungsbeitrag in der »Washington Post« nach.[170] Die bisherigen Leitlinien der Partei, Steuern senken und Handel fördern, hätten für Amerikas Arbeiter fürchterliche Konsequenzen gehabt, schrieb er. »Es wurde fast unmöglich, mit einem Einkommen eine Familie zu ernähren und ohne Hochschulabschluss eine gut bezahlte Stelle zu finden.« Der Handel mit China habe die USA fast vier Millionen gute Arbeitsplätze gekostet. Die Opioid-Krise, die für die meisten der 2022 knapp 110.000 Todes-

fälle durch eine Drogen-Überdosis verantwortlich ist, trifft gemäß Hawley oft die gleichen Bevölkerungsgruppen, die schon
unter der Deindustrialisierung am meisten gelitten hatten: »Das
ist keine Erfolgsbilanz.« Die alte Republikanische Partei sei tot,
fuhr Hawley fort, aber es gebe keinen Grund, ihr nachzutrau-
ern. Es gelte nun, etwas Neues aufzubauen, nämlich eine Partei,
»die das wahre kulturelle Rückgrat der Nation vertritt: die arbeitende Bevölkerung Amerikas«.

Es ist unschwer zu erkennen, was Hawley hier tut. Er versucht, der von Machtinstinkten geleiteten Position Trumps ein
argumentatives politisches Fundament zu verpassen. Die Parallelen zu dem, was DeSantis im außen- und sicherheitspolitischen Bereich tut, sind unübersehbar. Auch dieser will auf
Trumps Spuren fortfahren, aber mit einer stringenten, nachvollziehbaren Begründung für sein Tun. Die offene Frage bleibt
aber, wie schon oben angemerkt: Ist Trumpismus ohne Trump
mehrheitsfähig? DeSantis' Bruchlandung bei den Vorwahlen
scheint auf ein Nein hinzudeuten, aber das muss nicht längerfristig so bleiben. Vorläufig heisst es nur, dass niemand Trump
beerben kann, solange er noch ins Geschehen eingreifen kann.

Erstaunlich ist ja schon die Tatsache, dass Trump als außerordentlich wohlhabender, privilegiert aufgewachsener und an Eli-
teschulen ausgebildeter Mann zum erfolgreichen Volkstribun für
die Abgehängten und Verbitterten wurde. Das Gleiche gilt, was
die Ausbildung betrifft, auch für Hawley und DeSantis. Hawley
schloss seine Studien in Stanford und Yale ab, DeSantis in Yale
und Harvard. Ihre scharfe Kritik an der herrschenden Elite in
den USA kommt da etwas billig daher. Hawley, der sich für die
arbeitende Bevölkerung ins Zeug legt, soll laut »Forbes« über ein
Nettovermögen von rund zwölf Millionen Dollar verfügen. Das
ist nicht überraschend. Mehr als die Hälfte aller Kongressmitglieder waren 2020 nach Berechnungen der Organisation »Open

Secrets« Millionäre.[171] Das durchschnittliche Vermögen betrug acht Millionen Dollar. Im November 2022 wurde DeSantis' Vermögen von »Forbes« noch auf gut 300.000 Dollar geschätzt, und er soll damals auch noch ein Darlehen zur Finanzierung seines Studiums abbezahlt haben. Diese Zahlen sind inzwischen aber veraltet, weil die Einkünfte aus seinem Bestsellerbuch noch nicht eingerechnet waren. Im Juni 2023 stieg er dank seines Nettovermögens[172] in den Klub der Millionäre auf.

Sich als überdurchschnittlich gut ausgebildeter und überdurchschnittlich wohlhabender Politiker für die arbeitende Klasse einzusetzen ist keineswegs ein Monopol der Republikaner. Auch die Demokraten im Kongress sind zumeist reich und gut ausgebildet. Wie kam es allerdings dazu, dass die Demokraten in den letzten Jahrzehnten wiederholt große Gruppen der werktätigen Bevölkerung an die Republikaner verloren haben, wie wir im Detail im fünften Kapitel sehen werden? Eine mögliche Erklärung dieser Entwicklung würde auch erhellen, warum die Republikaner in Sachen Zuwanderung und bei Kulturkampfthemen den Ton verschärfen. Die These lautet, dass die Demokratische Partei viele werktätige Amerikanerinnen und Amerikaner abgeschrieben habe und die Republikaner sie beerben wollten.

Dass ein tiefer Graben zwischen Links und Rechts in Bezug auf diese Themen existiert und er von den beiden Parteien noch vertieft wird, zeigen die Resultate von zwei Pew-Untersuchungen aus dem Jahr 2022. Bei der Zuwanderung[173] sind für Menschen, die politisch den Republikanern zuneigen, die Sicherung der Grenze zu Mexiko (91%) und die verstärkte Abschiebung von papierlosen Migranten (79%) am wichtigsten. Jene, die den Demokraten zuneigen, sind zwar auch für eine bessere Sicherung der Grenze, wenn auch weniger deutlich (59%). Doch sie sind auch mehrheitlich dafür, papierlosen Migranten einen Weg in die Legalität zu verschaffen.

Ein ähnliches Bild bietet sich bei der Frage der geschlechtlichen Identität. Während die Zustimmung zur Gleichstellung von Schwulen und Lesben über die Parteigrenzen hinweg in den letzten Jahren kontinuierlich stieg,[174] ist die Thematik der Transpersonen vergleichsweise spät zum Kulturkampfthema geworden. Die Einstellungen bei Republikanern und Demokraten dazu unterscheiden sich drastisch. Auf die Frage, ob die Akzeptanz von Transpersonen gut für die Gesellschaft sei, antworten 59 Prozent der Demokraten mit ja; 27 Prozent sind unentschieden. Bei den Republikanern ist es umgekehrt: 54 Prozent finden, dies sei nicht gut für die Gesellschaft, und 30 Prozent sind unentschieden.[175]

Es ist, in anderen Worten, für die Republikaner bedeutend einfacher, bei diesen Themen die Verbundenheit mit der werktätigen Bevölkerung zu demonstrieren, als sich auf das dünne Eis von Themen wie Krankenversicherung oder Altersvorsorge zu begeben. Dort würden die Widersprüche zwischen den Anliegen der wirtschaftsliberalen Großspender und den öffentlichen Bekundungen nationalpopulistischer Politiker zu sehr ins Auge stechen. Allerdings werden die traditionell guten Beziehungen zwischen »Big Business« und der Republikanischen Partei nun zunehmend von kulturkämpferischen Themen belastet.

Das »Wall Street Journal« analysierte diesen Bruch im Juni 2023 am Beispiel des damaligen Speakers des Repräsentantenhauses, Kevin McCarthy.[176] 2016, als Trump ins Weiße Haus gewählt wurde, war McCarthy im Wahlkampf für seinen Sitz in Kalifornien noch zu 40 Prozent von politischen Aktionskomitees (PAK) großer Unternehmen unterstützt worden. Weil direkte Wahlspenden für Kandidaten durch das Gesetz eng begrenzt sind, weichen viele große Geldgeber auf diese PAK aus. Diese dürfen unbegrenzt mit Geld ausgestattet werden und müssen sich im Gegenzug nur verpflichten, ihre Aktivitäten nicht direkt mit den Kandidatinnen und Kandidaten zu koor-

dinieren. Im Klartext: ein schlecht getarntes Schlupfloch im
Scheunentorformat, aber eines, das beide Seiten nutzen – wenn
sie können. Bei den Republikanern sind die Finanzströme aus
diesen Quellen aber offenbar am Versiegen. Als McCarthy 2022
zur erfolgreichen Wiederwahl antrat, die ihm dann – wenn auch
nur für zehn Monate – das Amt des Speakers eintrug, stammten
gerade noch drei Prozent seines Budgets aus den Kassen von
Unternehmens-PAK. Der übergroße Rest setzte sich aus unzähligen Kleinspenden zusammen. Das war früher eigentlich das
Markenzeichen demokratischer Politiker.

Was war geschehen? Zum einen wurden republikanische
Wählerinnen und Wähler gegenüber Großunternehmen misstrauischer, weil sie diese für das Auslagern von Arbeitsplätzen
ins Ausland verantwortlich machten. Zum anderen werfen die
Konservativen vielen Unternehmen vor, sich in gesellschaftspolitische Fragen ungebührlich einzumischen und progressive Positionen einzunehmen. Dabei geht es oft um zwei Abkürzungen,
die zu Reizthemen geworden sind, nämlich DEI und ESG. Die
erste Abkürzung bedeutet Diversity (Vielfalt), Equity (Gleichbe-
rechtigung) und Inclusion (Inklusion) und wird als Grundsatz
für ein faires Verhalten und eine faire Einstellungspolitik von
Unternehmen, Behörden und Lehrstätten propagiert und an-
gewendet. Die zweite steht für Environment, Social und Gover-
nance und bezieht sich darauf, dass bei Investitionen und Geschäften auf Nachhaltigkeit und soziale Verantwortung geachtet
wird. Beide Kürzel sind unter amerikanischen Konservativen zu
roten Tüchern geworden.

Wie sich dieses Spannungsverhältnis zwischen wirtschaftsliberalen und populistischen Kräften in der Republikanischen
Partei weiterentwickeln wird, bleibt abzuwarten. Eine Taktik,
um die Widersprüche ignorieren zu können, ist simpel: Man
macht entweder einen weiten Bogen um die entsprechenden

Fragen oder man bezieht einmal hier, einmal dort Stellung. Das funktioniert mindestens so lange, als die beteiligten Politiker wissen, dass sie es mit ihren Visionen der »Republikanischen Arbeiterpartei« nicht zu weit treiben dürfen. Aber grundsätzlich ist nicht ausgeschlossen, dass sich hier ein tiefgreifender Paradigmenwechsel anbahnt, an dessen Ende die Demokraten die Partei der Wirtschaft und der wohlhabenden Vororte sein werden und die Republikaner die ländlichen Bevölkerungsgruppen sowie die Blue-Collar Workers repräsentieren.

In einem Bereich hat bereits ein aufsehenerregender Rollentausch stattgefunden: Die Demokraten, gestern noch die ewigen Demonstranten und Kritiker, treten immer mehr als im Wortsinn konservative Bewahrer der Institutionen und der gesellschaftlichen Stabilität auf. Die Republikaner dagegen, gestern noch die staatstragenden Sittenwächter und Bannerträger des Patriotismus, stehen den Institutionen des Staats, auch den Justizbehörden, zunehmend kritisch gegenüber und genießen dafür die Rolle der lauten, aufmüpfigen Kritiker.

4.6. Joe Bidens umfassendes Heilsversprechen

Der einzige der wichtigen Präsidentschaftsbewerber, der schon eine umfassende Vision seiner Außenpolitik entworfen hat, ist der amtierende Präsident Joe Biden. Kein Wunder, schließlich verfügt er einerseits über unzählige Mitarbeiter im State Department und im Nationalen Sicherheitsrat, die genau dies für ihn tun. Andererseits mischt er seit einem halben Jahrhundert in der Politik mit und kann auf einen enormen Erfahrungsschatz zurückgreifen. Zudem hat es die Linke normalerweise etwas leichter, große strategische Würfe zu skizzieren, weil sie die dafür nötigen Mittel dem Staat gern in die Hände geben.

Wenn auf der republikanischen Seite gilt, dass die Partei einen nationalistischeren Kurs in der Wirtschaftspolitik mit Bestimmtheit noch eine Weile einhalten wird, dann gibt es hier kaum prinzipielle Differenzen zu Bidens Ausblick, wie er vom Berater für Nationale Sicherheit, Jake Sullivan, Ende April 2023 in der Denkfabrik »Brookings Institution« in Washington skizziert wurde. Schon der Titel verriet, dass die Zeiten von Marktöffnung, Liberalisierung und Globalisierung, die Präsident Bill Clinton einst noch überzeugend vertrat, für die amerikanische Linke vorbei sind. Es geht um nichts Geringeres als die »Erneuerung der amerikanischen Führungsrolle in der Wirtschaft«. Um dieses Ziel zu erreichen, werden künftig stärker geostrategische Kriterien berücksichtigt. Laut Sullivan kann sich Amerika nur so vor unfairer Konkurrenz schützen und zugleich verhindern, dass es gegenüber seinen Konkurrenten auf entscheidenden Gebieten ins Hintertreffen gerät.

Die Kursänderung ist Sullivan zufolge die einzig mögliche Antwort auf die größeren Enttäuschungen der letzten Jahrzehnte. Vor allem nach dem Ende des sowjetischen Imperiums habe man geglaubt, dass die wirtschaftliche Integration Staaten verantwortungsbewusster und offener machen und die neue Weltordnung friedlicher und kooperativer sein werde. Vor allem habe man darauf gezählt, dass die Einbindung von Staaten in die Weltwirtschaft diese ausreichend motivieren würde, die dort geltenden Regeln einzuhalten. Dies habe aber in vielen Fällen nicht funktioniert, besonders in Bezug auf China. Peking habe in massivem Umfang sowohl traditionelle wie auch zukunftsweisende Sektoren subventioniert. Gleichzeitig habe die wirtschaftliche Integration auch sicherheitspolitisch nicht die erhoffte Wirkung erbracht. Weder habe sie China daran gehindert, seine militärischen Ambitionen in der Region stetig auszuweiten, noch habe sie Russland davon abgehalten, seine demokratischen Nachbarn militärisch zu überfallen. Zuerst die Covid-19-Pandemie, dann der russische Angriff auf die Ukraine hätten deutlich gemacht, dass die Versorgung mit essenziellen Gütern sehr rasch nicht mehr funktionierte, weil ganze Lieferketten leichtsinnig aus der Hand gegeben worden seien.

Amerika will sich gemäß Sullivan mit einem Maßnahmenbündel wieder zur Führungsmacht einer freien Wirtschaftsordnung aufschwingen. Dazu gehören staatliche Investitionen in kritische Sektoren, in die nicht genügend privates Kapital fließt. Es sollen vor allem Bereiche gefördert werden, die weiteres Wachstum auslösen, gleichzeitig sollen auch strategische Überlegungen eine Rolle spielen. Genau da wird es allerdings etwas unklar: Einerseits spielen Aspekte der nationalen Sicherheit eine zentrale Rolle beim Aufbau einer »starken, widerstandsfähigen und innovativ führenden technologisch-industriellen Basis«. Anderseits will Sullivan aber niemanden von der Zusammenarbeit ausschließen, sofern die betreffenden Länder »gleichgesinnte Partner« sind.

Gegenüber nicht kooperativen oder nicht kompatiblen Drittländern wie etwa China tritt die Regierung Biden im Gegensatz zu einigen konservativen Organisationen nicht für ein völliges Abkoppeln (decoupling) der nationalen Wirtschaft und der Lieferketten ein, sondern für – wie sie es nennt – Risikoverminderung und Diversifizierung. Ziel sei es lediglich, dass »die Technologie der USA und ihrer Verbündeten nicht gegen uns eingesetzt« werde. Was das im Einzelfall allerdings bedeutet, also welche Exporte oder welche Produktionsstandorte auf die schwarze Liste gesetzt würden, bleibt unklar. Ebenfalls fehlt ein klares Bekenntnis, dass zwischen den USA und ihren Verbündeten und Partnern Handelsschranken abgebaut werden sollen, um beispielsweise Staaten kompensieren zu können, die ihre Geschäfte mit China oder Russland auf Eis legen. Gerade im Fall

China wirkt das ungeschickt. Vor allem die Europäer scheinen nämlich nicht bereit zu sein, sich von den Geschäften in und mit China in größerem Maß abzukehren. Sie sehen neben Risiken immer auch noch Chancen. Die bereits zitierte ECFR-Umfrage von 2023 zeigt auch, dass man sich in den untersuchten elf EU-Mitgliedstaaten im Fall eines offenen chinesisch-amerikanischen Konflikts um Taiwan mehrheitlich neutral zu verhalten wünscht. Das birgt noch einiges Konfliktpotenzial.

Die Biden-Doktrin, wenn man sie so nennen will, ist nicht nur eine wirtschaftliche geostrategische Neuausrichtung, sondern auch ein Teil der Innenpolitik. Ziel ist es, Trump und den republikanischen Populisten mit der sogenannten »Außenpolitik für die Mittelschicht« das Wasser abzugraben. Die Regierung ist überzeugt, dass Trump ein reiches Reservoir an Amerikanerinnen und Amerikanern für sich begeistern konnte, die sich von der politischen Klasse zu Recht verraten fühlten, weil diese dem ökonomisch begründeten Ruf nach Gewinnoptimierung durch Globalisierung blindlings Folge leistete. Dies will Biden nun wiedergutmachen. Er verfolgt dabei noch weitere Ziele, wie die Klimaerwärmung abzuschwächen, Einkommensunterschiede auszugleichen und die Chancengleichheit voranzubringen. Ohne die Unterstützung des Kongresses, der ja über die Geldbörse wacht, haben solche hehren Pläne in Amerika wenig Chancen. Und da nun beide Parteien intensiv um die Mittelschicht buhlen, ist von den Republikanern kein großes Entgegenkommen zu erwarten.

Dass Probleme nicht gelöst, sondern lieber im Wahlkampf eingesetzt werden, zeigte auch das bittere Ringen um die Hilfe an die Ukraine über den Jahreswechsel 2023–2024. Zuerst blockierten die Republikaner diese Hilfe, weil sie sie mit der Sicherung der Grenze zu Mexiko verknüpfen wollten. Als sich im Senat ein tragfähiger Kompromiss abzeichnete, schossen Trump und die Republikaner im Repräsentantenhaus quer.

5. Zu viel Polarisierung zerreißt die Demokratie

Es gibt, vielleicht abgesehen von der Haltung gegenüber China, nicht mehr viele Dinge, auf die sich die Demokraten und Republikaner in den USA noch einigen können. Das zumindest legen unzählige Umfragen und auch das Verhalten der politischen Repräsentanten der beiden Parteien nahe. Die Polarisierung, die zunehmende Distanz und Entfremdung voneinander, manifestiert sich aber nicht nur in den politischen Institutionen, sondern auch im Alltag. Eltern werden bereits nervös, wenn ihre Kinder ihnen Partnerinnen oder Partner mit einer anderen politischen Ausrichtung vorstellen. Eheschließungen zwischen Anhängern verschiedener Parteien werden rar. Einer Analyse des konservativen »Institute for Family Studies« zufolge gab es 2020 bei sinkendem Trend nur noch vier Prozent Eheschließungen von gemischt demokratisch und republikanischen Paaren.[177]

Dies ist umso erstaunlicher, als die multiethnischen oder gemischtreligiösen Eheschließungen heute praktisch kein Problem mehr darstellen. Ob die Ablehnung »gemischtpolitischer« Ehen bei den Republikanern oder bei den Demokraten stärker ist, bleibt unklar. Einer Untersuchung aus dem Jahr 2010 zufolge war der Grad an Missbilligung bei den Republikanern größer,[178] zehn

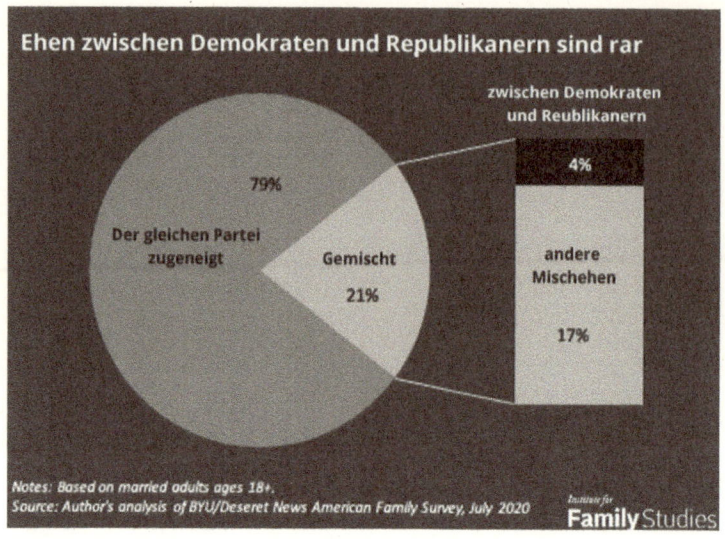

Jahre später kam eine andere Befragung zum gegenteiligen Resultat.[179] Klar und nicht wirklich überraschend ist, dass jene, die sich als Unabhängige identifizieren, am wenigsten Mühe mit diesen »gemischten« Ehen haben.

In diesem Kapitel will ich etwas Licht in den Maschinenraum der amerikanischen Demokratie bringen, die in vielen Bereichen erhebliche Unterschiede zu den europäischen parlamentarischen Demokratien aufweist. Es geht mir hauptsächlich darum, mehrere Faktoren zu schildern, die zu der außergewöhnlich starken Polarisierung in der amerikanischen Politik, aber auch im amerikanischen Alltag beitrugen. Dass diese Polarisierung existiert und immer dunklere Schatten auf das demokratische System wirft, darüber gibt es keine Zweifel.

Hier zunächst ein besonders anschauliches Beispiel. Das »Wall Street Journal« stellte im Dezember 2022 je gut 600 Republikanern und Demokraten die Frage, wer heute in den USA besonders unter Diskriminierung zu leiden habe.[180] Mehr als die Hälfte der befragten Demokraten nannten Schwarze, Latinos, Schwule und Lesben sowie Juden als jene Personengruppen, die am stärksten von Diskriminierung betroffen sind. Bei den Republikanern sah es ganz anders aus. Etwas weniger als 50 Prozent der Befragten anerkannten eine Diskriminierung von Schwarzen und Juden. Dafür waren rund 60 Prozent der Meinung, die Diskriminierung von Christen und Weißen stelle ein Problem dar. Diese Meinung vertrat wiederum nur ein Viertel der befragten Demokraten. Unter solchen Umständen wird es schwierig, über Diskriminierung auch nur zu reden.

Es gäbe eine Unmenge von weiteren Daten, die herangezogen werden könnten, um den Graben zu illustrieren, der sich durch die amerikanische Politik und Gesellschaft zieht. Wohlverstanden: Ein gewisses Maß an Polarisierung muss nicht schlecht sein. Sie kann den politischen Wettbewerb und die gesellschaftliche Diskussion beleben. Bedingung ist allerdings, dass ein Grundkonsens bestehen bleibt, wonach eine andere Meinung noch keine vorgehaltene Waffe ist, dass eine andere Vision der Zukunft nicht mit Gewalt durchgedrückt und nicht mit Gewalt bekämpft werden darf. Es gibt in freiheitlichen Demokratien immer Splittergruppen an den Rändern des politischen Spektrums, die genau dies propagieren und gelegentlich auch zur Tat schreiten. Das ist der Preis der Freiheit. Gefährlich wird es, wenn größere Bevölkerungsgruppen und breitere politische Strömungen ebenfalls beginnen, den Gegner nicht als Konkurrenten im Wettbewerb um Zukunftsvisionen zu sehen, sondern als Feind. Das ist eine verheerende Eskalation, denn Feinde wollen uns Schaden zufügen, trachten uns nach Leib und Leben und müssen deshalb auch mit allen Mitteln bekämpft werden.

5.1. Vertrauensverlust auf beiden Seiten

Die politische Vertretung des Volks ist in den USA der Kongress in Washington mit seinen beiden Kammern Repräsentantenhaus und Senat. Washington war früher weit weg von den meisten Amerikanerinnen und Amerikanern, und das ist nicht nur geografisch gemeint. Vieles, was dort geschah, betraf den Alltag in diesem weiten Land nicht. Auch darum, weil man es oft erst spät erfuhr – oder gar nicht. Die Menschen informierten sich mit Zeitungen sowie Radio- und Fernsehnachrichten. Der politische Betrieb in Washington nahm dabei einen eng begrenzten Platz ein. Das hat sich grundlegend geändert. Die nationale Politik wird nicht nur durch traditionelle und neue Medien in Sekundenschnelle in jeden noch so entlegenen Winkel des Landes transportiert. Sie schlägt auch immer stärker auf die Lokalpolitik durch. Was im Kapitol in Washington vorgeht, hat deshalb immer öfter Vorbildcharakter für die politische Kultur im ganzen Land. Die Schilderung der verschiedenen Faktoren, die zu einer mittlerweile gefährlichen Polarisierung in den USA geführt haben, will ich deshalb mit dem Kongress beginnen. Er ist gleichzeitig Opfer und Motor dieser unheilvollen Entwicklung.

Das Gallup-Meinungsforschungsinstitut, in Amerika selbst eine Institution mit langer Tradition, untersucht neben vielen anderen Dingen jedes Jahr, wie viel Vertrauen die Bevölkerung wichtigen Institutionen von Wirtschaft, Staat und Gesellschaft entgegenbringt. Konkret geht es bei der Umfrage von 2022 um die folgenden 16 »Einrichtungen«, in der absteigenden Reihenfolge der Vertrauenswürdigkeit:

- Kleinunternehmen
- das Militär
- die Polizei
- das Gesundheitssystem

- Kirchen / organisierte Religion
- die öffentliche Schule
- Gewerkschaften
- Banken
- große Techunternehmen
- den Obersten Gerichtshof
- das Präsidentenamt
- Zeitungen
- das Strafverfolgungssystem
- Big Business
- Fernsehnachrichten
- den Kongress

Dass die Volksvertretung in Washington das Schlusslicht trägt, muss man sich auf der Zunge zergehen lassen: Das Repräsentantenhaus, um das es bei dieser schlechten Beurteilung vor allem geht, wird schließlich alle zwei Jahre neu gewählt. Das sind vergleichsweise kurze Intervalle, und Fehlbesetzungen auf den Abgeordnetensitzen könnten eigentlich rasch korrigiert werden. Das war zweifellos auch die Idee der Staatsgründer. Aber offenbar passiert dies nicht, oder wenn, hat es keinen Einfluss auf das Vertrauen, das die Menschen ihrer Vertretung entgegenbringen. Was geht hier vor?

Natürlich könnte der Zufall dafür sorgen, dass viele der Befragten vielleicht zu jenen Wählerinnen und Wählern gehören, die den Wahllokalen stets fernbleiben, wenn es um Kongresswahlen geht. Das sind immerhin Anteile von 40 bis 60 Prozent. Die Wahlbeteiligung ist niedrig, wenn es um die Zwischenwahlen geht; wenn aber gleichzeitig auch das Präsidentenamt besetzt wird, finden mehr Menschen den Weg ins Wahllokal. In der Vertrauensfrage geht es jedoch um ganz andere Werte: Der Anteil der Befragten, die »viel« oder »einigermaßen viel« Vertrauen in ihre Volksvertretung haben, erreichte 2022 noch ganze sieben Prozent – und damit einen neuen historischen Tiefststand. Das ist so kümmerlich, dass es schwerfällt, einen statistischen Ausreißer für das Debakel verantwortlich zu machen.

Laut der Gallup-Umfrage vertrauen die Leute dem Kongress noch weniger als den Fernsehnachrichten, dem Big Business oder dem Strafverfolgungssystem, das in den USA immer wieder für negative Schlagzeilen sorgt. Für einmal sind sich die Angehörigen der verschiedenen politischen Lager in ihrer Einschätzung ziemlich einig. Zwar sehen jene, die sich als Demokraten oder als Unabhängige identifizieren, die Dinge etwas rosiger als jene der Befragten mit einer republikanischen Ausrichtung. Aber in allen drei Personengruppen landet der Kongress unter den 16 vorgegebenen Institutionen auf dem letzten Platz.[181]

Zur Ehrenrettung taugt auch nicht der Hinweis, dass alle gesellschaftlichen Einrichtungen in den letzten Jahren und Jahrzehnten einen gewissen Imageschwund hinnehmen mussten. Das mag auf einen breiteren Trend hindeuten, dass die Menschen in westlichen Demokratien ihren Institutionen im großen Ganzen misstrauischer gegenüberstehen als früher.

Es gibt in den USA aber auch Bereiche, die sich in der Wertschätzung behaupten konnten, beispielsweise die beiden Spitzenreiter, die Kleinunternehmen und das Militär. Sie sind die Einzigen, die noch bei einer Mehrheit der Befragten auf Vertrauen zählen können. Selbst die Polizei, die auf dem dritten Rang landet, ist zum zweiten Mal in der Geschichte der Befragung unter die 50-Prozent-Marke gefallen. Es ist wohl kein Zufall, dass dies erstmals 2020 passierte, als der Tod des Afroamerikaners George Floyd unter dem Knie eines Polizisten in Minneapolis die Nation erschütterte und die Bewegung »Black Lives Matter« weltweit für Schlagzeilen sorgte.

Duchschnittliches Vertrauen in die wichtigsten Institutionen der USA, 1979 bis 2023

Die Zahlen spiegeln den Anteil von Erwachsenen, die sehr viel oder recht viel Vertrauen haben

Die Erfassung bezieht sich nur auf Institutionen, die von Gallup seit 1979 regelmässig erfasst werden. Dies sind Kirchen/organisierte Religion, das Militär, der Supreme Court, Banken, öffentliche Schulen, Zeitungen, der Kongress, Gewerkschaften und Großunternehmen.

GALLUP

Besonders aussagekräftig ist, dass alle drei Pfeiler der Regierung, also das Präsidentenamt, der Kongress und der Oberste Gerichtshof, in Sachen Vertrauenswürdigkeit die bisher tiefsten Werte erzielten. Die Erhebung wird seit 1973 durchgeführt, also nur wenige Jahre nach den traumatisierenden 1960er Jahren, die von sogenannten Rassenunruhen, Vietnamkrieg, Antikriegsdemonstrationen und politischen Morden geprägt waren. Damals waren es vor allem die Linken gewesen, die das Vertrauen in die staatlichen und viele traditionelle nicht staatliche Institutionen verloren. Doch in den Jahren seit dem Aufkommen der Tea-Party-Bewegung, dies hatten wir im zweiten Kapitel gesehen, mochte sich auch ein wesentlicher Teil der Rechten und Konservativen nicht mehr als staatstragend verstehen. In Sachen Fundamentalopposition und Anfälligkeit für Verschwörungstheorien haben sie die Linke mittlerweile hinter sich gelassen.

5.2. Wer will, dass der Kongress nichts zustande bringt?

In den Augen vieler Amerikanerinnen und Amerikaner bringt der Kongress ganz einfach nichts zustande. Darin liegt einer der Hauptgründe für seinen miserablen Ruf. Doch die Wählerinnen und Wähler hätten alle zwei Jahre Gelegenheit, »nutzlose« Abgeordnete in die Wüste zu schicken und effizienteres Personal nach Washington zu entsenden. Es scheint sich hier um ein wenig rationales Verhalten in großem Maßstab zu handeln: Erst werden Volksvertreter gewählt, die für Kompromisse und Zusammenarbeit mit dem politischen Gegner nur Hohn übrighaben und ihr Mandat hauptsächlich als Auftrag für politische Showeinlagen betrachten. Und dann beklagen sich jene, die dieses Personal ausgewählt haben, über das Ausbleiben von Resultaten. Wie ist das erklärbar? Die Antwort ist nicht ganz einfach, und sie ist auch nicht besonders schmeichelhaft für das amerikanische Wahlsystem.

Die politische Landschaft der USA hat sich über die letzten Jahrzehnte tiefgreifend verändert. Die zwei großen Parteien drifteten politisch auseinander. Früher gab es zahlreiche linke Republikaner und rechte Demokraten, die sich in der anderen Partei genau gleich wohl gefühlt hätten. Die Parteizugehörigkeit war oft stärker von den Gewinnaussichten bei Wahlen bestimmt als von politischen Einstellungen oder Parteiprogrammen, die stets einen recht kleinen Stellenwert hatten. Parteien galten vielmehr als die Leitern, die für eine politische Karriere unabdingbar waren. Man nutzte jene, die je nach geografischer Lage und dem Zeitpunkt vielversprechender erschien. Die beiden großen amerikanischen Parteien sind auch heute noch anders aufgestellt als die meisten europäischen. Aber sie waren seit den 1990er Jahren und bis vor kurzem ideologisch klarer definiert, vor allem, wenn es um die Rolle des Staats, um die Unternehmensfreiheit, um die Sozialsysteme oder um Migration geht. Ganz besonders hat der sogenannte Kulturkampf, also gesellschaftspolitische Fragen wie die Ehe für alle, Identitätspolitik oder Abtreibung, tiefe Gräben aufgerissen, die von beiden Lagern eifrig bewirtschaftet werden.

Oft wird die Verantwortung für die zunehmende Kluft zwischen den beiden großen politischen Kräften in den USA instinktiv den Politikerinnen und Politikern selbst zugewiesen. Der Vorwurf lautet etwas vereinfacht: Die wollen gewählt werden und verbeugen sich auch rückwärts, wenn das ihre Gewinnchancen steigert. Das aber heißt, dass die Wählerinnen und Wähler ein solches Verhalten belohnen. Wenn die Bevölkerung wirklich wollte, dass der Kongress mehr zustande bringt, wäre das Versprechen der Politiker, man werde auf keinen Fall mit dem Gegner kooperieren, zweifellos der falsche Anreiz, um diesen Kandidaten die Stimme zu geben. Und doch passiert genau das: Die falschen Anreize werden gesetzt, weil in wichtigen Phasen des Auswahl- und Wahlprozesses in den USA eine relativ kleine Gruppe von Aktivisten die Oberhand hat.

Schauen wir uns ein konkretes Beispiel an. Die jüngsten Wahlergebnisse auf nationaler Ebene, die uns vorliegen, sind jene der Zwischenwahlen für den Kongress im November 2022. Wie erwähnt, deuteten sie mindestens bei den Republikanern stark darauf hin, dass nach der hitzigen Atemlosigkeit der Ära Trump extreme Positionen nicht mehr automatisch belohnt wurden. Gerade Kandidatinnen und Kandidaten, die Trumps Lüge des Wahlbetrugs weiterverbreiteten, wurden auffällig oft mit Nichtwahl abgestraft. Dass sie aber überhaupt in die Kandidaten-Position vorstoßen konnten, zeigt den problematischen Mechanismus des amerikanischen Systems. Radikale Kandidaten hatten zuvor in den parteiinternen Ausscheidungen andere, meist gemäßigtere Rivalen aus dem Feld geschlagen, nur um dann in der allgemeinen Wahl zu scheitern.

Dieses Dilemma ist in den USA nichts Neues. Eine gängige Regel besagt, dass Kandidatinnen und Kandidaten in der Vorwahl erst einmal die extremen Pole besetzen, dann aber für die allgemeine Wahl wieder in die gemäßigten Zonen zurückspurten müssen. Dann beginnt sogleich der Kampf um die nächste Vorwahl. Die parteiintern unterlegenen Rivalen werfen den Siegern bei jeder Möglichkeit vor, sie kollaborierten unnötigerweise mit dem Gegner. Die erfolgreich Gewählten sind bereits dabei, den heimischen Wahlkreis nach potenziellen Gegenkandidaten abzusuchen. Im Klartext: Für die neue republikanische Mehrheit im Repräsentantenhaus spielte der knappe Sieg am 8. November 2022 schon am Tag danach keine große Rolle mehr. Denn viele mussten sich bereits dann Sorgen machen, von einem Rivalen oder einer Rivalin aus der eigenen Partei herausgefordert zu werden. Mit der lediglich zweijährigen Legislaturperiode ist die Gefahr, im permanenten Wahlkampf festzustecken, besonders groß. Denn was immer die Abgeordneten tun: Eine ganze Wirtschaftsbranche von professionellen Beobachtern und Analytikern sowie die Aktivisten zu Hause in den Wahlkreisen beobachten ihr Verhalten mit Argusaugen. Wenn das parteiinterne Auswahlverfahren des nächsten Wahlkampfs beginnt, werden akribisch geführte Wertungslisten veröffentlicht, die zeigen sollen, wer den radikalen Prinzipien des Wahlkampfs treu blieb und wer »einknickte« und etwa mit dem politischen Gegner stimmte.

Bei diesen Vorwahlen spielen die lautesten, aktivsten Parteimitglieder erfahrungsgemäß eine überdurchschnittlich große Rolle. Die Abgeordneten ihrerseits schielen stets auf die Befindlichkeit dieser Parteimitglieder, deren Grad an Ärger und Frustration seismografisch registriert wird. Ergebnisse von Meinungsumfragen unter der eigenen Wählerbasis, manchmal von den Kandidaten selbst in Auftrag gegeben, werden akribisch analysiert und das eigene Verhalten danach austariert. Denn bei den Vorwahlen der eigenen Partei droht für die meisten Abgeordneten im Repräsentantenhaus mittlerweile eine größere Gefahr als im Duell mit dem Gegenkandidaten aus der anderen Partei.

5.3. Vorwahlen können undemokratisch sein

Immer dann, wenn über die zunehmende Polarisierung in der politischen Landschaft der USA geklagt wird, gerät darum auch die Rolle der Vorwahlen in die Kritik. Das amerikanische Wahlsystem ist für europäische Augen ungewöhnlich, da vor fast allen allgemeinen Wahlgängen zuerst offizielle, behördlich organisierte Vorwahlen abgehalten werden. Sie haben den gleichen Zweck wie andernorts Parteitage oder Delegiertenversammlungen. Sie sollen die Zahl der Bewerber ausdünnen oder einen Spitzenkandidaten küren.

Die Institution der Vorwahlen ist in den USA nicht etwa bei der Staatsgründung in die Verfassung geschrieben worden, sondern hat sich über die Jahrhunderte hinweg entwickelt. Viele fragen sich heute, ob diese Entwicklung möglicherweise zu weit oder in die falsche Richtung führte.

Am Anfang, noch zur Kolonialzeit, stand der »Caucus«. So nannten sich Parteiversammlungen der Notabeln. Auf diesen Versammlungen durften die Bewerber für lokale Ämter um die Unterstützung ihrer Partei buhlen. Auf höherer politischer Ebene wurden die Kolonien damals noch von der britischen Krone und ihren Gesandten regiert. Nach der Unabhängigkeit wurde das System auch auf die Wahlen auf der Ebene der Bundesstaaten und der neugeschaffenen Union ausgedehnt. Doch die »Caucuses« waren umstritten. Was ihre Anhänger als historisch gewachsene, wirklich basisdemokratische Einrichtung betrachten, war in Wirklichkeit immer anfällig für Manipulation und Missbrauch. Das Abstimmungsverhalten ist alles andere als geheim, es ist darum einfach, unzulässigen Druck auszuüben. Der Zugang zu den »Caucuses« kann von Aktivisten mit immer raffinierteren Manövern so beschränkt werden, dass das Resultat weitgehend vorbestimmt ist. Um Abhilfe zu schaffen, wurden Wahlkongresse der Parteien eingeführt, die offener organisiert wurden und breiter abgestützt sein sollten. Bald erwiesen sie sich aber als genauso anfällig für Manipulation und Stimmenkauf. Schlimmer noch: Das Bild vom rauchverhangenen Hinterzimmer, in dem Parteibonzen im Stil von Mafiapaten die Karrieren von Politikern aufbauten oder zerstörten, wurde zu einem Sinnbild der Korruption in der Politik. Deshalb experimentierte man ab dem 19. Jahrhundert mit der sogenannten »Primary«, einer Vorwahl an der Urne.

Bis in die 70er Jahren des 20. Jahrhunderts hatte sich dieses System fast vollständig durchgesetzt. Es gibt heute nicht einmal mehr eine Handvoll Bundesstaaten, die vor den Präsidentenwahlen immer noch eine Art von »Caucus« organisieren. Neben Iowa, das im letzten halben Jahrhundert jeweils die Vorwahlsaison eröffnete, waren das 2020 noch Nevada, North Dakota und Wyoming. Dazu kommen einige Überseeterritorien.

»Primary« ist allerdings nicht gleich »Primary«. Verschiedene Systeme stehen im Wettbewerb zueinander, denn die Parteien und die Bundesstaaten sind in der Frage der Organisation relativ autonom. Da gibt es geschlossene Vorwahlen, an denen nur registrierte Mitglieder der jeweiligen Partei teilnehmen dürfen. An offenen Vorwahlen dürfen dagegen alle wahlberechtigten Bürgerinnen und Bürger eines Staats teilnehmen.

Als dritte Variante existiert auch die Mischform der halboffenen
»Primary«. An ihr dürfen auch Nichtmitglieder der jeweiligen
Partei teilnehmen, sofern sie nicht einer anderen Partei ange-
hören.

Allerdings haben auch diese Vorwahlen mit dem Problem
zu kämpfen, dass diejenigen, die sich daran beteiligen, keineswegs die Partei insgesamt repräsentieren. Waren es früher im
»Caucus« die Platzhirsche und in den Wahlkonventen die Parteibonzen, die den Ton angaben, sind es heute die aktivistischen
und meist radikaleren Parteimitglieder, die besonders eifrig an
diesem Prozess teilnehmen. Kritiker meinen, dies befeuere den
Radikalismus der Bewerber und die Polarisierung in der Bevölkerung.

Diese Beobachtung ist nicht von der Hand zu weisen, obwohl nicht allein die Vorwahlen dafür verantwortlich sind. Erst
im Zusammenspiel mit der manipulativen Grenzziehung von
Wahlkreisen und der zunehmenden »Sortierung« der Bevölkerung entfaltet der Trend seine volle Kraft. Schauen wir uns an,
was das genau bedeutet.

5.4. Mehrheiten mit dem Zeichenstift

Am Anfang stand eine vernünftige Idee. Amerika war ein jun-
ges Land, das rasant wuchs. Also beschlossen die Gründer, dass
die politische Repräsentation des Volks alle zehn Jahre an die
demografischen Veränderungen angepasst werden müsse. Gemessen werden diese Veränderungen mit Volkszählungen. Weil
die gesamte Zahl der Abgeordneten im Repräsentantenhaus seit
bald hundert Jahren[182] gesetzlich auf 435 begrenzt ist, müssen die
Zahlen der Abgeordnetenmandate pro Staat und die Grenzen der
Wahlkreise je nach Wachstum oder Schwund der Bevölkerung

angepasst werden. Schon im frühen 19. Jahrhundert fanden ge-
wiefte Politiker heraus, dass Wahlkreisgrenzen auf kreative Weise
gezogen werden können, um erwünschte Nebenwirkungen zu
erzielen. Was das bedeutet, zeigt der 7. Kongress-Wahlkreis in
Pennsylvania besonders schön. Wegen seiner grotesken Form
erhielt er den Spitznamen »Goofy tritt Donald Duck in den Hin-
tern«.[183] Man braucht keine überbordende Fantasie, um das Lä-
cherliche einer solchen Silhouette nachvollziehen zu können.

Heute legt sich über jedes Anpassen von Wahlkreisen an
demografische Veränderungen sofort der Generalverdacht der
Manipulation, mithilfe des sogenannten »Gerrymandering«.
Benannt ist die Unsitte nach Elbridge Gerry aus Massachusetts,
der 1812 mit besonderer Weitsicht einen Wahlkreis »gestaltete«.
Dieser glich einem stilisierten Salamander und wurde darum in
einer Karikatur »Gerry-mander« genannt. Der Trick besteht darin, dass die Partei, die nach einer Volkszählung gerade an der
Macht ist, die Grenzen der Wahlbezirke so zieht, dass sie sich
für die kommenden Wahlen möglichst viele Vorteile verschafft.
Man steckt beispielsweise möglichst viele Wähler des Gegners
in einen einzigen Wahlkreis, selbst wenn dieser eine unmögli-
che Form annimmt. Das Ziel ist, dass durch den Prozess in den
umliegenden Wahlkreisen Mehrheiten für die eigene Partei entstehen. Diesem Spiel haben sich beide großen Parteien immer
wieder mit Leidenschaft verschrieben. Weil nicht weiße Wählerinnen und Wähler typischerweise als Anhänger der Demokraten gelten, begleiten die Manipulationen der Republikaner
oft auch einen Hauch von Rassismus. Aber tatsächlich steht im
Vordergrund die Absicht, möglichst viele Wahlkreise zu schaffen, in denen man gute Chancen auf einen Sieg hat. Die Technik
ist über die Zeit perfektioniert worden. Gemäß der parteiübergreifenden Organisation »Unite America« lag der Anteil der
Wahlkreise für das Repräsentantenhaus, in denen sich der Sieg

der einen oder der anderen Partei zuverlässig voraussagen lässt,
bei der Wahl von 2020 bei 83 Prozent.[184]

Das wiederum führt dazu, dass nicht die allgemeine Wahl
zum entscheidenden Faktor der Repräsentation wird. Wenn eine
Partei praktisch sicher sein kann, im Wahlkreis X zu gewinnen,
wird automatisch die innerparteiliche Auswahl zur entscheidenden Hürde. Würde noch ein wirklicher Wettbewerb stattfinden,
müsste man in der allgemeinen Wahl auch um Stimmen von Un-
entschlossenen oder Gemäßigten, ja womöglich um solche des
politischen Gegners kämpfen. In der parteiinternen Vorwahl in
einem »sicheren« Wahlkreis fällt das weg. Wie wir bereits fest-
stellten, appellieren die Kandidatinnen und Kandidaten nun vor
allem an jene, die an den Vorwahlen erfahrungsgemäß überdurchschnittlich oft teilnehmen: der aktivistische Teil der Partei.
Neue Bewerberinnen oder Bewerber müssen dann, um Amtsinhaber verdrängen zu können, noch radikaler als jene auftreten.
Das hat wiederum Auswirkungen auf das Verhalten der bereits
Gewählten, die sofort wieder auf die nächste Wahl und vor allem
auf mögliche Herausforderer in der eigenen Partei schielen.

Weil nun also in vielen Wahlkreisen nur noch die Vorwahlen
entscheidend sind, und weil sich an jenen oft nur eine kleine
Minderheit beteiligt, hat das bestehende Vorwahlsystem nicht
nur die Radikalisierung und die Polarisierung begünstigt. Sie
hat auch dazu geführt, dass immer weniger Wählerinnen und
Wähler überhaupt eine Stimme haben. »Unite America« kommt
in einer etwas gewagten Rechnung sogar zu dem Schluss, lediglich zehn Prozent der rund 235 Millionen Wahlberechtigten in
den USA würden heute effektiv über mehr als vier Fünftel der
Abgeordnetensitze im Repräsentantenhaus entscheiden. Selbst
wenn man die Zahlen etwas konservativer behandeln würde,
das Ergebnis wäre grundsätzlich das gleiche: Die beabsichtigte
Repräsentanz des Wahlvolks in Washington ist ungenügend.

Um diesen Teufelskreis zu brechen, wird seit einiger Zeit mit neuen Variationen des Vorwahlsystems experimentiert, etwa mit den sogenannten »Jungle Primaries«, die das Korsett der Parteien aufbrechen sollen. Bei dieser Spielart dürfen sich alle an der Vorwahl beteiligen, die wahlberechtigt sind, und die Bewerber werden nicht mehr nach Parteizugehörigkeit ausgewählt. Kalifornien, Washington, Nebraska und seit Neuestem auch Alaska haben sich für ein solches System entschieden. In den ersteren drei Bundesstaaten qualifizieren sich jeweils die beiden Bestplatzierten aus der Vorwahl für die allgemeine Wahl, egal aus welcher Partei sie stammen. In Alaska können die besten vier Bewerber aus der Vorwahl in die Stichwahl vorrücken, in der dann zusätzlich auch noch das Ranked-Choice- oder Präferenzwahl-Verfahren zur Anwendung kommt. Dabei können Wähler mehrere Kandidaten auf einer Rangliste ihrer Präferenz platzieren. Erreicht niemand die notwendige Mehrheit an Stimmen der ersten Präferenz, wird der Sieger mit dem sukzessiven Ausschluss von Kandidaten mit den wenigsten Stimmen ermittelt.[185] Das Verfahren nennt sich Instant-Runoff-Voting, vielleicht am besten übersetzt mit »integrierte Stichwahl«.

Vor allem bei den Republikanern gibt es aber auch eine Gegenströmung, die der Parteiführung wieder mehr Macht zugestehen will. Ihr Argument lautet, dass die Parteigremien am besten geeignet seien, um über die »Marke« der Partei zu wachen und sie deswegen im Auswahlverfahren von Kandidatinnen und Kandidaten Privilegien erhalten müssten. Nicht zufällig befinden sich unter den Anhängern dieser Strömung viele jener Republikaner, die sich erfolglos gegen Donald Trump gesträubt hatten und seit dessen Machtübernahme im Jahr 2016 in der Grand Old Party keine politische Heimat mehr haben.[186] Sie glauben, Trump habe eine »unfreundliche Übernahme« orchestriert, die eine starke Parteiführung mit geeigneten Instrumenten hätte verhindern können.

Es entbehrt nicht einer gewissen Ironie, dass die Führung der Demokraten noch über jene Werkzeuge verfügt, mit der sie die Kandidatenauswahl beeinflussen kann. Dies geschieht vor allem in Form der »Superdelegierten« für den Wahlkonvent. Das sind Parteikader oder Mandatsträger mit einem speziellen Privileg: Sie können am Wahlkonvent unterstützen, wen immer sie wollen, egal wie die Vorwahlen in ihrem Heimatstaat ausgefallen sind. Eine »unfreundliche Übernahme« durch Bernie Sanders, wie sie Trump bei den Republikanern gelang, war deshalb bei den Demokraten nicht so einfach möglich, obwohl er es sowohl 2016 als auch 2020 versuchte. Sie wäre wohl zuletzt an diesem Sicherheitsriegel der Superdelegierten gescheitert. Entsprechend wütend waren Sanders und seine Anhänger, und sie verlangten die Abschaffung der Superdelegierten.

5.5. »Wir« und »die anderen«: Stammesdenken im Cyber-Zeitalter

Die Zwischenwahlen für den Kongress vom November 2022 hatten ein bisschen Optimismus aufkommen lassen, dass eventuell ein Gegentrend zur verbreiteten Polarisierung und Radikalisierung entsteht. Doch die Hoffnung wurde schon im Januar 2023 gleichsam im Keim erstickt – oder zumindest deutlich relativiert. Das »Pew Research Center« veröffentlichte nämlich eine Studie, in der Mitglieder und Sympathisanten der Republikaner über die Prioritäten ihrer Partei im Kongress befragt worden waren. Sollte sie vor allem entschlossen gegen den demokratischen Präsidenten Joe Biden auftreten oder vielmehr Kompromisse zur Lösung der drängenden Probleme eingehen? Rund zwei Drittel der Befragten forderten Kompromisslosigkeit.[187] Mit anderen Worten: Sie verlangten wieder nach genau der Obstruktionspolitik der radikalen Kandidaten, obwohl diese in den Zwischenwahlen für den Kongress eben noch unterlegen waren. Das ist nach wie vor kein Erfolgsrezept, um »etwas zustande zu bringen«.

Die Polarisierung erschwert aber nicht nur die Gesetzgebung. Sie beeinträchtigt auch die zweite essenzielle Aufgabe des Kongresses, die Aufsicht über die Regierungstätigkeit. Wer sich das zweifelhafte Vergnügen schon einmal angetan hat, eine öffentliche Anhörung im Kongress mitzuverfolgen, kann sich wohl kaum des Eindrucks erwehren, dass dabei über Geschehnisse in zwei verschiedenen Universen gestritten wird.

Fehler einzugestehen bedeutet für die Partei mit Regierungsverantwortung, dem Gegner Terrain preiszugeben. Nach Fehlern des eigenen Teams wird darum nicht gesucht. Vielmehr geht es darum, die Angriffe des Gegners abzuwehren. Neben der blanken Lüge und einem bunten Strauß von Halbwahrheiten sind dabei zwei Methoden besonders beliebt. Das »Pivoting« besteht aus dem blitzschnellen Wegdrehen, wenn ein Problem das Potenzial hat, unübersehbar oder sonst wie unangenehm zu werden. Man spricht dann intensiv über etwas anderes. Gerne wird dazu ein Reizthema gewählt, das entsprechend viel Magnetwirkung entwickelt und Aufmerksamkeit erregt. Der Streit kann sich nun getrost um dieses Thema drehen, denn die Fronten sind längst gemacht. Das Schadenspotenzial ist gleich null.

Die zweite Methode nennt sich in den USA »Whataboutism«. Bei dieser Taktik wird der Spieß gewissermaßen umgedreht, natürlich ohne irgendwelche Schuld einzugestehen. Mit der Formulierung »What about...?« (»Und was ist mit ...?«) wird eine Gegenattacke eingeleitet, die sich um einen beliebigen Skandal der gegnerischen Partei dreht. Das Thema ist nebensächlich, und ob das inhaltlich irgendeinen Sinn ergibt, ist unwichtig. Hauptsache, der Gegner wird, mindestens kurzzeitig, seinerseits in die Defensive gedrängt.

Das verbreitete Gefühl, die »Unsrigen« müssten stets gegen die »anderen« in Schutz genommen und verteidigt werden, hat verschiedene Gründe, denen ich in den nächsten Abschnitten nachspüren will. Ein wichtiger Faktor ist dabei zweifellos, dass sich die amerikanische Gesellschaft spürbar verändert. Die Bevölkerungsgruppen, die Staat und Wirtschaft lange auf ihren Schultern trugen, drohen aus ihrer Führungsrolle verdrängt zu werden. Dieser Verlust ist nicht einfach zu ertragen, und die Betroffenen neigen dazu, ihn zu dramatisieren: »Ohne uns«, lautet mitunter der Tenor, »wird das Land vor die Hunde gehen.« Neu zugewanderten, wachsenden und aufstrebenden Schichten traut man wenig zu. Eine zweite Strömung, die manchmal gleichzeitig auftritt, drückt sich in Ressentiments aus. Die Betroffenen sind überzeugt davon, dass sie bei der Verteilung der staatlichen und gesellschaftlichen Ressourcen zugunsten der »Neuen« unfair behandelt oder gleich ganz übergangen werden.

Diese beiden Strömungen sind oft nicht recht greifbar. Noch schwieriger ist es, mit Fakten gegen sie anzukämpfen, weil sie im Grunde Gefühlszustände verkörpern und damit gegen Tatsachen weitgehend immun sind. Aber real sind sie ganz ohne Zweifel. Und oft äußern sie sich in einer Wut, die für neutrale Beobachter schwer nachvollziehbar ist und darum gern wie eine Überreaktion wirkt. Auch diese Wut ist real und weit verbreitet, nicht nur, aber besonders bei radikalen Republikanern. Sie mag ein wichtiger Faktor sein für den Befund einer anderen Untersuchung des »Pew Research Centers« aus dem Jahr 2021.[188] In ihr wurden Elemente der nationalen Identität in vier westlichen Ländern untersucht, nämlich in den drei europäischen Staaten Deutschland, Frankreich und Großbritannien sowie in den USA. Gefragt wurde unter anderem nach dem Umgang miteinander. Sind die Menschen heutzutage zu schnell beleidigt, oder sollte man verstärkt aufpassen, was man sagt, um das Gegenüber nicht zu verletzen? In Deutschland sprach sich eine knappe Mehrheit für Vorsicht aus; in Frankreich und Großbritannien verhielt es sich genau umgekehrt. In den USA dagegen fanden 57 Prozent der Befragten, man sei heute zu schnell beleidigt. Aufgeschlüsselt nach der politischen Einstellung war der Unterschied enorm: Weniger als ein Viertel der Konservativen machte sich Sorgen, mit ihren Worten jemanden zu verletzen, aber fast zwei Drittel der Progressiven.

5.6. Das große »Sortieren« der Bevölkerung

Zu den erstaunlichsten demografischen Veränderungen im Amerika der letzten Jahrzehnte gehört das freiwillige »Sortieren« der Bevölkerung in Gruppen, die immer weniger miteinander zu tun haben. Grob gesagt konzentrieren sich Linksprogressive in den Ballungsräumen, während sich die ländlichen Räume tendenziell langsam entleeren und eindeutiger konservativ werden.

Dieses »Selbstsortieren« führt auch zu einem strukturellen Problem im amerikanischen Wahlsystem, wie verschiedene Wissenschaftler schon seit einiger Zeit anmahnen. Es handelt sich um eine Art des »ungewollten Gerrymandering«:[189] In den Ballungsräumen dominieren die Demokraten dermaßen, dass sie überwältigende Mehrheiten von möglicherweise Millionen von Stimmen in einigen wenigen Wahlkreisen erreichen. Anders als im Verhältniswahlrecht diktiert das Mehrheitswahlsystem, dass diese Supermehrheiten politisch genau gleich viel wert sind wie jeweils fünfzig oder sogar nur zehn Stimmen Vorsprung in einem anderen Wahlkreis: Selbst mit einer Supermehrheit »ernten« die Demokraten nur einen einzigen Sitz. Auch in diesem

Sinn zählt bei weitem nicht jede Stimme gleich viel. Zur Illustration nur zwei Beispiele: Im 12. Wahlbezirk Kaliforniens gewann die Demokratin Barbara Lee 2022 mit mehr als 90 Prozent der Stimmen. Ihren 217.000 Stimmen standen knapp 23.000 für ihren republikanischen Konkurrenten gegenüber. Im 1.Wahlbezirk Montanas dagegen gewann der Republikaner Ryan Zinke mit einem Vorsprung von 8000 Stimmen vor seiner demokratischen Konkurrentin. Die Mehrheit von 194.000 Stimmen in Kalifornien war unter dem föderalistischen Mehrheitswahlrecht genau gleich viel wert wie jene von 8000 Stimmen in Montana.

Die räumliche Trennung der politischen Lager führt nicht nur zu Ungleichheiten im Wahlsystem, sie verstärkt, wie schon kurz erwähnt, auch nochmals die Polarisierung und Radikalisierung der amerikanischen Politik. Der Ton verschärfte sich nämlich enorm. Thomas Edsall, der für die »New York Times« seit über zwölf Jahren immer wieder bemerkenswerte Analysen über demografische und politische Trends in den USA schreibt, nahm sich im Januar 2023 der Frage an, wo die Wut entsteht, die die republikanische Rhetorik über den Kurs des Landes so oft zu dominieren scheint.[190]

Wütend zu sein, gehörte in den letzten Jahren der Regierung George W. Bushs und dann vor allem unter Präsident Barack Obama fast zum guten Ton unter Amerikas Konservativen. Der Komiker Stephen Colbert hatte in seiner Satireshow im Fernsehen nicht zufällig einen wütenden Konservativen gemimt, der seine Tiraden zu Beginn der Sendung gern mit dem Ausdruck eröffnete: »Folks, I'm angry!« (»Leute, ich bin wütend!«) Weit entfernt von jeglicher satirischen Absicht trieb dann Tucker Carlson die Kunst der wutentbrannten Tirade zu Beginn seiner abendlichen Shows auf Fox News in neue Höhen, bis er im April 2023 abgesetzt wurde. Wut wird, wo auch immer sie entsteht, auf beiden Seiten des politischen Grabens und in den zugehörigen Medien emsig bewirtschaftet. Auf der rechten Seite wittert man hinter allem Übel »Woke«-Wahnsinn, heruntergekommene Moral, Migranten und Sozialismus. Auf der linken wird praktisch alles auf die Gier des Kapitalismus, religiöse und sexuelle Doppelmoral sowie den »allgegenwärtigen Rassismus« zurückgeführt. Für differenzierte Betrachtungen bleibt da nicht viel Raum.

Eine treibende Kraft für die Wut-Bewegung in der Republikanischen Partei war die »Tea Party« gewesen, jene radikale Basisbewegung, die aus Enttäuschung über das republikanische Establishment während der zweiten Amtszeit George W. Bushs entstanden war. Schon bald trieb die Gruppierung, die mit ihrem Namen an die Rebellion gegen die britische Kolonialmacht erinnern wollte, die Partei vor sich her. Als es dann darum ging, sich diese Wut zunutze zu machen, sie weiter anzufachen und in die gewünschte Richtung zu steuern, betrat mit Donald Trump ein absolutes Naturtalent die politische Bühne.

Die Wut entlädt sich immer wieder von Neuem, sei es zu aktuellen Themen oder zu neuen Drehungen der »alten Klassiker«. Im Vorfeld der Zwischenwahlen für den Kongress im November 2022 warf der Schulunterricht wieder einmal besonders hohe emotionale Wellen. Konservative protestierten lautstark gegen das angeblich radikalprogressive Gedankengut der akademischen Forschung, das die Kinder an den öffentlichen Schulen mit Geschlechtermodellen oder einer überkritischen Behandlung des Rassismus indoktriniere. Vor allem Mütter in den Vorstädten, die in Amerika einflussreichen »Suburban Moms«, organisierten Widerstandskampagnen, die viel Echo auslösten. Das blieb nicht ohne Folgen. Gouverneur Glenn Youngkin aus Virginia zog unmittelbaren Nutzen aus der Empörung über dieses eine Thema, so dass es ihm gelang, als erster Republikaner seit 2009 in Virginia wieder eine Wahl auf Ebene des gesamten Bundestaats zu gewinnen.

Allerdings waren die »Suburban Moms« in den Jahren zuvor eher auf die linksprogressive Seite »ausgebrochen«. Früher ein starker Pfeiler der republikanischen Wählerschaft, wandelten sie sich gerade unter Trumps Präsidentschaft zu einem wichtigen Teil der Koalition, die Joe Biden an die Macht brachte. Die Mehrheitsverhältnisse sind seither nicht mehr so klar. Aber eines ist sicher: Auch wenn der Schulstreit in den »Suburbs« zum Teil sehr hitzig ausgetragen wurde, kam Edsalls Analyse, die sich auf eine ganze Reihe von verschiedenen Beobachtungen und Untersuchungen anderer Forscher stützt, zu einem anderen Schluss: Die Wut der Republikaner stammt mehrheitlich aus jenen ländlichen Gebieten, die zu konservativen Hochburgen geworden sind.[191] Politische Monokultur als Wutgenerator.

5.7. Die Landbevölkerung unter demografischem Druck

Sieht man von dem temporären Ausnahmezustand im Verlauf der Covid-19-Pandemie ab, als viele Städter aufs Land flohen, schrumpft die ländliche Bevölkerung Amerikas stetig. Es ist unklar, wie viele der Menschen, die damals aus den städtischen Ballungsräumen aufs Land flüchteten, weiterhin dort leben und wählen werden. Bei der Ausdünnung der ländlichen Gebiete gibt es zwar einige Ausnahmeerscheinungen, wie etwa spezielle Siedlungen für Rentner. Doch sie vermögen es nicht, den Gesamttrend aufzuhalten. Für diesen sind zwei Faktoren verantwortlich: der Sterbeüberschuss und die Abwanderung vor allem von besser gebildeten, jungen Leuten.

Mit der demografischen Ausdünnung wird die Bevölkerung gleichzeitig auch politisch homogener, denn es sind oft eben die jüngeren, besser gebildeten Menschen, die auch eher linksprogressiven Ideen zuneigen. Die Ballungsräume, wo sie hinziehen, werden dadurch noch progressiver, während die ländliche Gegend, aus der sie stammen, zunehmend konservativer wird. Das föderale amerikanische Wahlsystem, bei dem wie erläutert nicht jede Stimme gleich viel zählt, ermöglicht es der Republikanischen Partei oft, ihre Verluste in den Ballungsräumen »draußen« in den ländlichen Regionen auszugleichen.

Das Muster ist schon alt, hat sich zuletzt aber noch verstärkt: Betrachtet man eine Karte mit Wahlergebnissen, in denen demokratische Siege blau, republikanische rot eingefärbt sind, so ist Amerika, abgesehen von den Küstengebieten, ein riesiges rotes Meer, in dem einige blaue Inseln schwimmen.

Die Zahlen bestätigen den optischen Eindruck. Seit dem Jahr 2000 vermochten die Demokraten von den über 3000 Countys der USA, die etwa deutschen Landkreisen entsprechen, in den Präsidentschaftswahlen nicht einmal mehr ein Drittel für sich zu entscheiden.[192] Das beste Ergebnis, mit 876 gewonnenen Countys, erzielten die Demokraten 2008, als Barack Obama einen ungewöhnlich hohen Sieg einfuhr. Gleichzeitig erhielten die Demokraten in den Präsidentschaftswahlen seit 2000 fast jedes Mal in der Gesamtzahl, dem »Popular Vote«, mehr Wählerstimmen als die Republikaner. Nur ein einziges Mal, bei der Wiederwahl George W. Bushs nach den Attacken von 9/11, gaben die Amerikanerinnen und Amerikaner den Republikanern mehr Stimmen als den Demokraten.

Dank dem föderalistischen amerikanischen Wahlsystem hatte dies aber keine direkten Folgen. Entscheidend für die Präsidentenwahlen sind die Siege in den einzelnen Bundesstaaten. Diese entsenden dann ihre Delegierten in jenes Gremium, das das Staatsoberhaupt wählt, das »Electoral College«. Im Kongress ist der Senat ebenfalls föderalistisch zusammengesetzt: Jeder Staat hat Anrecht auf zwei Senatoren, egal, ob in ihm knapp 600.000

Menschen leben wie in Wyoming oder fast 40 Millionen wie in Kalifornien. Nur im Abgeordnetenhaus hängt die Vertretung des Volks direkt von der Bevölkerungszahl der Bundesstaaten ab.

5.8. Hohe Bevölkerungsdichte in »blauen Zonen«

Der Grund, warum die Demokraten nicht einmal ein Drittel der 3000 Countys »erobern«, aber dennoch meist mehr Stimmen erhielten, liegt natürlich darin, dass die »blauen« Countys mit demokratischen Mehrheiten viel dichter besiedelt sind. Es sind meist Ballungsräume, bestehend aus Städten, Vororten (Suburbs) und Einzugsgebieten (Exurbs). Die Distanz zum Zentrum eines bestimmten Gebiets ist ein entscheidender Faktor geworden, um auf die politischen Mehrheitsverhältnisse in diesem Gebiet schließen zu können. Forscher der Washington University of St. Louis haben gezeigt, dass Bevölkerungsdichte und geografische Entfernung zur Stadt auch dann für die politische Haltung wichtig bleiben, wenn andere Faktoren hineinspielen, wie etwa die ethnische Zugehörigkeit, das Geschlecht oder das Wohlstandsniveau der Einwohner.[193]

Das bedeutet nichts anderes, als dass eine Mehrheit der amerikanischen Wählerinnen und Wähler in relativ genau definierten Zonen lebt: Die Demokraten leben mehrheitlich bis zu zwölf Meilen von einer Stadt entfernt, die Unabhängigen etwa 17 Meilen und die Republikaner 20 Meilen. Das sind wohlgemerkt statistische Durchschnittswerte, aber sie sind dennoch aufschlussreich. Sie legen nahe, dass die Alltagserfahrungen in diesen jeweils verschieden strukturierten Wohngegenden offenbar auch die politischen Ansichten mitprägen. Zweifellos ist auch der Einfluss des Umfelds, also der politischen Haltung der jeweiligen Bevölkerungsmehrheit, von Gewicht.

In der gleichen Forschungsarbeit stellten die Autoren aus St. Louis auch fest, dass die ländliche Bevölkerung erhebliche Ressentiments gegenüber der städtischen Bevölkerung hegt. Darauf hatte schon die Politikwissenschaftlerin Katherine Cramer von der Universität Wisconsin-Madison in ihrem Buch aus dem Jahr 2016 »The Politics of Resentment« aufmerksam gemacht.[194]

Damals waren nicht nur in Amerika viele vom Wahlsieg Donald Trumps völlig überrascht worden. Cramer suchte nach Erklärungen. Sie war schon Jahre zuvor dem Aufstieg des damaligen republikanischen Gouverneurs von Wisconsin, Scott Walker, nachgegangen. Dieser hatte in einem traditionell eher »blauen«, also demokratisch wählenden, Staat zum Teil mit erstaunlich radikalen Ideen Erfolg gehabt. Aus den Resultaten ihrer Forschung konnte sie eine überzeugende Erklärung für Trumps Triumph beisteuern: Wie später ihre Kollegen in St. Louis hatte auch sie in der ländlichen Bevölkerung tiefe Ressentiments gegenüber den Ballungsräumen und deren Bewohnern registriert. Sie fand dafür in unzähligen Gesprächen drei Hauptgründe: Die ländliche Bevölkerung fühlt sich von Entscheidungsträgern, sowohl wirtschaftlichen als auch politischen, übergangen. Sie glaubt zudem, sie erhalte nicht den ihr zustehenden Anteil an Ressourcen. Und sie ist überzeugt davon, dass sie andere Werte und Lebenseinstellungen vertritt als die »Städter« und dass sie darum von jenen missverstanden und mit Geringschätzung behandelt wird.

Auf Fakten beruhen diese Ressentiments nicht. Im Gegenteil, es gibt zum Beispiel starke Hinweise darauf, dass die ländliche Bevölkerung überdurchschnittlich mit Ressourcen bedacht wird. Dies vor allem dann, wenn der Anteil der zugesprochenen Mittel im Verhältnis zur Wirtschaftsleistung einer Region betrachtet wird. Ebenso scheint auch die These wenig überzeugend, dass die ländliche Bevölkerung von Politikern grundsätzlich vernachlässigt werde. Gerade die Republikaner legen sich für dieses Bevölkerungssegment sehr ins Zeug, weil sie ja wissen, dass hier ihre Stammwähler zu Hause sind. Aber in der Politik entfalten oft nicht Tatsachen die größte Überzeugungskraft, sondern Emotionen. Und auf diesem Gebiet gibt es keinerlei Zweifel, dass sich die ländliche Bevölkerung Amerikas oft vernachlässigt, übergangen und verspottet fühlt. Das ist ein idealer Nährboden für Ressentiments.

Interessant ist, dass die Bewohner städtischer Ballungsräume ihrerseits auch Vorurteile gegenüber der ländlichen Einwohnerschaft haben. Eine wichtige Rolle spielt dabei die nicht zu bestreitende Tatsache, dass eine Stimme in bevölkerungsreichen Gegenden deutlich weniger Gewicht habe als in den ländlichen, spärlich besiedelten Regionen.

5.9. Nicht jede Stimme zählt gleich viel

Die tatsächlich unterschiedliche Stimmengewichtung mag auf den ersten Blick seltsam erscheinen, ist aber kein Zufall. Die Schöpfer der amerikanischen Verfassung hatten sie vor allem aus zwei Gründen eingebaut. Einerseits wollten sie weder dem Volk noch dem Kongress die alleinige Macht geben, den Präsidenten zu wählen. Bei beiden Optionen sahen sie Gefahren. Das Volk, meinten sie, könnte einem Demagogen auf den Leim kriechen, und darum wollten sie einen Schutzmechanismus einbauen. Der sah so aus: Das Volk wählt in jedem Bundesstaat und im Hauptstadtbezirk »District of Columbia« (Washington) die 538 Mitglieder des »Electoral College«. Die Zahl entspricht jener der Kongressmitglieder (100 im Senat, 435 im Repräsentantenhaus) plus – seit Inkrafttreten des 23. Verfassungszusatzes –drei Delegierte aus der Hauptstadt.[195]

In den ursprünglichen Vorstellungen sollten die gewählten

Delegierten bei ihrer Präsidentenwahl nochmals nach bestem Wissen und Gewissen frei entscheiden können. Die vielleicht etwas naive Vorstellung war, dass im »Electoral College« moralisch solide verankerte »Elektoren« das Richtige tun würden.

Dem Kongress wollten die Verfassungsväter – ja, es waren alles Männer – das Recht zur Wahl des Präsidenten nur in Ausnahmesituationen geben, weil sie fürchteten, die Legislative werde sonst gegenüber der Exekutive zu stark. Nur wenn es zu einem Patt oder zu keiner Mehrheit im »Electoral College« kommt, wird der Kongress aktiv. Dann wird im Repräsentantenhaus entschieden, und zwar mit einer Stimme pro Bundesstaat. Das heißt, jene Partei, die in einer Mehrheit der Bundesstaaten auch eine Mehrheit der Abgeordneten erkämpfte, wird den Präsidenten bestimmen. Der Senat kümmert sich mit einfacher Mehrheit um das Amt des Vizepräsidenten.

Die Staatsgründer unterließen es allerdings, das Recht der »Elektoren« auf einen freien Wahlentscheid festzuschreiben. Mit der Zeit wurde es durchlöchert und schließlich in vielen Staaten gesetzlich verboten. Durch die Linse einer modernen Interpretation von repräsentativer Demokratie wäre es in der Tat anstößig, wenn ein Staat sich klar für einen Kandidaten aussprächе, aber seine Delegation im »Electoral College« einen anderen bevorzugte.

Aber das spielte zur Zeit der Staatsgründung noch keine Rolle. Was aber in die Verfassung hineingeschrieben wurde, war die Zusammensetzung des »Electoral College«. Und dort sind die bevölkerungsmäßig kleineren Bundesstaaten wegen des föderalistisch organisierten Senats übervertreten. Es handelte sich um einen typischen Verhandlungskompromiss, ohne den die kleineren Staaten die neue Verfassung nach dem Unabhängigkeitskrieg ganz einfach nicht akzeptiert hätten.

Weil sie Pioniere beim Aufbau eines republikanischen Sys-

tems waren, hatten die amerikanischen Staatsgründer keine
Vorbilder, die sie einfach übernehmen konnten. Niemand wird
ihnen unterstellen wollen, sie hätten überall die ideale Linie gefunden, aber das wäre wohl auch ein verfehlter Anspruch. Angesichts der Tatsache, dass damals nur weiße Männer mit Land-
besitz das Wahlrecht hatten, kann man auch verstehen, dass
andere Fragen der fairen demokratischen Repräsentation in den
folgenden 200 Jahren etwas mehr Gewicht hatten als die Bevor-
teilung der kleinen Bundesstaaten. Dennoch ist es erstaunlich,
dass sich das »Electoral College« bis heute behaupten konnte,
obwohl es doch ganz klare Mängel aufweist. Des Rätsels Lösung
ist der drohende Machtverlust für Minderheiten und für kleinere Staaten. Und auch die Schwierigkeit der Emanzipation der
nicht weißen Menschen in den südlichen Bundesstaaten spielte
eine wesentliche Rolle.

Blenden wir zurück ins Jahr 1968. Die Präsidentschaftswahl
war, was die absoluten Stimmen anbelangt, ganz knapp an Richard Nixon gegangen (31 Millionen für Nixon gegen 30 Millionen für Hubert Humphrey). Die Möglichkeit, dass ein Präsident
gewinnen könnte, obwohl er weniger Stimmen als sein Rivale
erhielt, erschien den meisten Kongressmitgliedern anstößig.
Im September 1969 verabschiedete das Abgeordnetenhaus deshalb mit der erdrückenden Mehrheit von 338 zu 70 Stimmen
einen Entwurf für einen Verfassungszusatz, der das »Electoral
College« abschaffen und durch die Volkswahl des Präsidenten
ersetzen würde. Zuvor hatte das Meinungsforschungsinstitut
Gallup festgestellt, dass die Bevölkerung diesen Schritt mit einer Vierfünftelmehrheit befürwortete.[196] Das war die höchste je
gemessene Zustimmung zwischen den Jahren 1944 und 2004,
in denen diese Befragung durchgeführt wurde. Was konnte da
noch schiefgehen?

Eine Reihe von Vertretern aus dem Süden und aus kleineren

Bundesstaaten akzeptierten die Wahlreform nicht, sie brachten sie im Senat mit einem sogenannten »Filibuster« zu Fall. Damit wird ein prozessuales Manöver bezeichnet, mit dem eine Schlussabstimmung über ein Geschäft verhindert werden kann. Früher wurden umstrittene Vorhaben im wahrsten Sinn des Worts totgeredet. Für eine Debatte gab es keine zeitliche Begrenzung. Erst 1917 änderte sich diese Regel. Eine Mehrheit von zwei Dritteln der abstimmenden Senatoren konnte danach das Ende einer Debatte erzwingen. Der Vorschlag sorgte damals für einen Aufruhr, und Senator William King aus Alabama warnte seine Kollegen, er werde sie den ganzen Winter lang mit einem endlosen Redebeitrag auf Trab halten, um das Vorhaben zu vereiteln.[197] Aber der Fortschritt ließ sich nicht aufhalten, die sogenannte »Cloture« wurde eingeführt, das Ende einer Debatte durch eine qualifizierte Mehrheit. Die Senatoren müssen seither nicht mehr stunden- oder tagelang reden, sondern nur noch damit drohen. Natürlich lassen sich einige das Schauspiel dennoch nicht entgehen, einen medienwirksam Redemarathon abzuhalten.

Zurück zu den 60er Jahren. Das Vorhaben, das »Electoral College« abzuschaffen, scheiterte an sechs Stimmen. Den 36 Gegnern standen 54 Befürworter gegenüber; 60 hätte es gebraucht. In jüngerer Vergangenheit ist kein Versuch mehr gemacht worden, das System zu ändern. Das hängt auch damit zusammen, dass das »Electoral College« seit dem Jahr 2000 im Zweifelsfall immer der Republikanischen Partei in die Hände spielte. Nur ein einziges Mal, im Jahr 2004, erhielt der republikanische Sieger auch die Mehrheit der Stimmen im Volk. Die Republikaner haben unter diesen Umständen kein Interesse, das System zu ändern. Vielleicht wäre alles anders gekommen, wenn George W. Bush im Jahr 2004 Ohio nicht knapp gewonnen, sondern verloren hätte. Dann wäre die Sache nämlich einmal genau umgekehrt ausgegangen. John Kerry hätte die

Mehrheit im »Electoral College« erhalten, trotz weniger Wählerstimmen (59 zu 62 Millionen).[198] Aber Bush siegte in Ohio, und damit blieb alles beim Alten. Gegenwärtig weiß niemand, wann sich die Lage wieder einmal derart verändern könnte, dass die bevölkerungsmäßig kleineren, also ländlicheren und heute konservativeren Bundesstaaten akzeptieren könnten, zugunsten eines faireren Systems Macht abzugeben.

5.10. Der Stadt-Land-Graben wird politisch

Im Moment geht der Trend eher in die andere Richtung. Die Bevölkerung konzentriert sich zwar immer mehr, aber die Strukturen der Machtverteilung bleiben die gleichen. Seit Jahrzehnten verliert die Demokratische Partei stetig an Einfluss im ländlichen Amerika. Die Entwicklung ist dramatisch. Bill Clinton gewann 1996 noch in 1100 Countys, die zu den am dünnsten bevölkerten gehören. Barack Obama musste zwölf Jahre später, trotz seines Erdrutschsiegs, mehr als die Hälfte dieser Countys verlorengeben. Joe Biden kam nochmals zwölf Jahre später auf nicht einmal mehr 200 dieser Countys.[199]

Die Kongressvertretung des ländlichen Amerikas wurde immer deutlicher republikanisch. In den Zwischenwahlen von 2022 schien sich dieser Trend im besten Fall etwas zu verlangsamen. Aber von einer Trendumkehr zu reden, wäre vermessen. Immer noch wählten laut den Wählernachbefragungen des Nachrichtensenders NBC 63 Prozent der Einwohner von Kleinstädten und ländlichen Gegenden republikanisch. Ihnen standen nur 34 Prozent gegenüber, die Demokraten bevorzugten.[200] Die Wählernachbefragung von CNN zeigte, dass diese erhebliche Differenz von 29 Prozentpunkten zwischen den republikanischen und den demokratischen Wähleranteilen vor allem seit 2018 rasant gewachsen war. Sie hatte sich in den vier Jahren mehr als verdoppelt.[201]

Dementsprechend haben sowohl Präsident Joe Biden als auch die Demokraten den Kampf um »rural America« in dicken Lettern auf ihre Fahnen geschrieben. Dies wäre bitter nötig, wenn die Demokratische Partei den Trend brechen will, dass sie in den Präsidenten- und Senatswahlen zwar deutlich mehr Stimmen erhält als ihre republikanische Rivalin, aber diese Stimmen nicht in politische Macht in Washington übersetzen kann.

Eine Verschiebung der politischen Gewichte, wie sie sich gegenwärtig in der republikanischen Dominanz im ländlichen Amerika zeigt, ereignet sich in den USA in unregelmäßigen Abständen immer wieder. Die letzte hatte in den 1960er Jahren ihren Anfang genommen. Damals nahmen die Demokraten unter Anführung des überraschend ins Amt gelangten Präsidenten Lyndon B. Johnson viele der Anliegen der Bürgerrechtsbewegung auf und gossen sie in Gesetze, die im Süden auf breite Ablehnung stießen. 1964 trat das Bürgerrechtsgesetz in Kraft, das jegliche Diskriminierung im öffentlichen Bereich und bei Anstellungen selbst in der Privatwirtschaft strafbar und einklagbar machte. 1965 folgte das Wahlrechtsgesetz, das das Wahlrecht stärkte und künstliche Barrieren verbot, die vor allem im Süden, in den ehemaligen konföderierten Staaten, errichtet worden waren, um Schwarze vom Wählen abzuhalten. Das trieb gerade im Süden die bisher zuverlässig demokratisch Wählenden massenweise in die Arme der Republikaner.

Die Demokratische Partei hatte auf nationaler Ebene seit der Zeit nach dem Bürgerkrieg einen schwierigen Spagat vollführen müssen. Während sie im Norden immer deutlicher eine progressive Wählerschicht ansprach, war sie im Süden immer noch die konservative Kraft geblieben, die das »Southern Establishment« vertrat. Unter dem Rückgriff auf den Namen »Dixieland«, der für den einst konföderierten Süden steht, wurden ihre Vertreter in Washington als »Dixiecrats« bezeichnet.

Das Überlaufen der »Dixiecrats« zu den Republikanern besiegelte das, was man das große Umpolen der amerikanischen Parteipolitik nennen könnte. Die Republikaner, die einst unter der Führung Abraham Lincolns die Sklaverei abgeschafft und die Emanzipation der vorher versklavten Bevölkerung eingeleitet hatten, wurden nun zur Partei jener, die das Alte bewahren wollten, auch und gerade in Bezug auf Bürgerrechtsfragen. Mindestens im Süden waren es die gleichen Leute, die sich gegen die Aufhebung der »Rassen«-Segregation aussprachen, nur taten sie es nun unter der republikanischen Flagge statt unter der demokratischen. Es führte dazu, dass die Demokraten im Süden sukzessive Terrain einbüßten. Der Trend konnte vorübergehend beim Sieg Obamas im Jahr 2008 etwas gebrochen werden, als der demokratische Hoffnungsträger im Zug seines deutlichen Triumphs auch in Florida und North Carolina gewann. Aber danach fiel der Süden wieder geschlossen den Republikanern zu, bis Joe Biden im Jahr 2020 etwas überraschend Arizona und Georgia auf sein Konto verbuchen konnte.

Ronald Reagan hatte vor 40 Jahren das Kunststück fertiggebracht, noch einmal einen wichtigen Pfeiler der demokratischen Stammwähler abzuwerben. Die oft gewerkschaftlich organisierten, meist von Einwanderern aus Europa abstammenden Blue-Collar Workers liefen, wie später noch einmal in der Wahl von 2016, scharenweise zu den Republikanern über. In beiden Fällen hatte die Absetzbewegung auch mit Ressentiments gegenüber anderen, nicht weißen Volksgruppen zu tun, die in den Augen der Betroffenen deren Status als beherrschendes Element der amerikanischen Mittelschicht bedrohten.[202]

6. Nichts brennt wie die Neugier: Warum Prognosen so schwierig sind

In der Wahlnacht 2016 machte sich in einem beträchtlichen Teil des Publikums Fassungslosigkeit breit. Donald Trump gewann das Rennen gegen Hillary Clinton, obwohl fast alle Meinungsumfragen und Prognosen einen Sieg Clintons vorausgesagt hatten. Trump schaffte dies, weil er in drei Bundesstaaten im Mittleren Westen triumphierte, die früher als sichere Stimmenlieferanten der Demokraten gegolten hatten. Den drei Staaten Michigan, Pennsylvania und Wisconsin, die sich von Süden her wie ein Wall vor die Großen Seen legen, hatten die Demokraten sogar einen Spitznamen gegeben: die »blaue Brandmauer«. Sie sollte dafür sorgen, dass republikanische Hoffnungen an ihr ersticken würden, bevor sie einen Flächenbrand im Mittleren Westen auslösen könnten. Doch statt, wie von Clintons Wahlkampfteam geplant, an der »blauen Brandmauer« aufzulaufen, fand Trump einen Weg, sie zu knacken.

Das Publikum blickte augenreibend in Richtung der Demoskopen. Diese gingen, nach anfänglichen Ausreden, über die Bücher und fanden Erklärungsansätze.[203] So mussten sie anerkennen, dass ihre Auswahl an befragten Personen für eine repräsentative Abbildung der Bevölkerung nicht mehr optimal war. Als eine der schwerwiegendsten Unterlassungen stellte sich heraus, dass sie in der weißen Wählergruppe nicht genügend nach dem Bildungsgrad unterschieden hatten. In der Wahl hatte sich nämlich herausgestellt, dass Weiße je nach Bildungsgrad ganz anders abstimmten. Jene mit höherer Bildung wählten mit einem Anteil von 55 Prozent Clinton. Aber viel mehr ins Gewicht fiel der Umstand, dass Weiße ohne höhere Bildung für Trump stimmten, und zwar in dem viel deutlicheren Verhältnis von fast zwei Dritteln. Aber nicht nur die Wucht, mit der diese Wählergruppe Trump bevorzugte, hatten die Demoskopen unterschätzt, sondern auch ihren Anteil an der gesamten Gruppe der weißen Wählerinnen und Wähler. Er lag mit 44 Prozent deutlich höher als jener der Bevölkerung mit höherer Bildung (30%).[204] Bildung war zu einem entscheidenden Faktor dafür geworden, ob Weiße für Trump oder für Clinton stimmten.

Spulen wir zur Wahl von 2020 vor – und wieder waren die Prognosen nicht sehr präzise. Sie hatten dem demokratischen Kandidaten Joe Biden, gemessen am Ergebnis, zu gute Werte gegeben. Eine Erklärung, die die Meinungsforscher auf der Suche nach den Gründen dafür fanden, zeigt gut, wie kompliziert die Angelegenheit ist: Weil Trump Zahlen, die ihm nicht schmeicheln, reflexartig als falsch bezeichnet, wächst natürlich auch unter seinen Anhängern die Skepsis gegenüber Umfragen. Sie könnten, lautete die These, zum Schluss gelangen, es lohne sich nicht, an Meinungsumfragen teilzunehmen, weil diese sowieso nicht aufrichtig durchgeführt würden und gefälschte Resultate präsentierten.[205] Eine zweite mögliche Erklärung, nämlich dass Trump-Anhänger bewusst falsche Angaben machen, entweder um ihre wahre Meinung zu verbergen oder um die Umfrage zu sabotieren, wird von Demoskopen im Allgemeinen vehement bestritten.

Die Beispiele zeigen, dass Meinungsforscher noch so rasch an ihren Modellen schrauben und drehen können. Sie laufen jedes Mal wieder Gefahr, von neuen Entwicklungen überrascht zu werden. Will man sich beim Verfolgen eines amerikanischen Wahlkampfs vor unangenehmen Überraschungen hüten, sollte man gegenüber Meinungsumfragen und Prognosen eine gesunde Portion Skepsis bewahren. Das Erstellen, Gewichten und Auswerten von Umfragen ist kompliziert, und oft sind es erst die Interpretationen in den Medien, die uns klare Verhältnisse vorgaukeln. Zudem sind längst nicht alle Ergebnisse öffentlich, denn gerade die besonders wichtigen Umfragen in den entscheidenden Bundesstaaten werden nur gegen hohe Bezahlung durchgeführt und ausgewertet. Den Parteien, Denkfabriken und Medienunternehmen bietet sich dafür ein ganzes Heer von »Pollsters«, also Meinungsforschern, an. Gerade jene, die für einzelne Wahlkampfteams arbeiten, verfügen oft über Daten, die sie nicht mit der Öffentlichkeit teilen. Ein berühmtes Beispiel war Kellyanne Conway, die im August 2016 die Wahlkampagne Trumps übernahm und sich auf die Strategie konzentrierte, die »blaue Brandmauer« zu knacken. Sie hatte in ihren Umfrageergebnissen gesehen, dass im Mittleren Westen das Potenzial für eine Sensation lag, und diese traf dann prompt auch ein. Die »Polls«, die Umfrageergebnisse, sind Trump derart wichtig, dass er Conway später, als er Präsident wurde, zu seiner Beraterin machte.

Eine zweite Berufssparte, die aus dem Raten um den Gewinner der Präsidentschaftswahl Profit schlagen will, ist die Wettbranche. Bis 1940 war es auch in Amerika sehr populär, auf den Wahlausgang zu wetten. Zwischen 1868 und 1940 sollen die Wettquoten sehr zutreffend gewesen sein. Laut einer wissenschaftlichen Studie, die mehrere tausend Zeitungsartikel auswertete, hatten die Quoten einen Monat vor der Wahl nur in einem Fall den Sieger nicht als Favoriten gehandelt.[206] Heute ist das Wetten auf politische Wahlausgänge in den

USA verboten. Während Casinos oder in jüngster Zeit auch vermehrt Sportwetten wieder legalisiert wurden, liegt dieser Schritt für politische Wetten noch in weiter Ferne. Darum gibt es in den USA nur informelle Wettquoten. Doch in Übersee brummt das Geschäft auf Hochtouren, 2020 sollen weltweit Wetten im Umfang von einer Milliarde Dollar abgeschlossen worden sein.[207] Das erhöht den Druck auf die Gesetzgeber in den amerikanischen Bundesstaaten, auch diese Art von Wetten zuzulassen. Warum soll man den Profit ausländischen Unternehmen überlassen? Selbst die Wall Street würde sich gerne etwas vom Kuchen abschneiden. Ein entsprechendes Gesuch eines Unternehmens für derivative Anlagen wurde von der staatlichen Regulierungsbehörde CFTC im September 2023 abgelehnt.[208] Wetten haben zurzeit einen besseren Ruf, wenn es um die Prognose des Wahlsiegs geht, als Meinungsumfragen. Das betraf 2020 nicht nur das Resultat, sondern auch die – fehlende – Bereitschaft Trumps, das Amt an Biden zu übergeben.[209]

Wer vor unkonventionellen Methoden nicht zurückschreckt, um seine Neugier zu befriedigen, kann sich am Prognosemodell von Allan Lichtman versuchen, eines Geschichtsprofessors an der American University in der Hauptstadt Washington. Er hatte zusammen mit einem Mathematiker ein System entwickelt, das nach seinen eigenen Angaben unter bestimmten Bedingungen den Wahlausgang präzise voraussagen kann. Die beiden Wissenschaftler fertigten dazu einen Katalog von 13 Thesen oder Annahmen an, die vor jeder Präsidentenwahl mit der Realität abgeglichen werden müssen.[210] Die Theorie dahinter ist auf den ersten Blick simpel: Treffen mindestens 8 der 13 Annahmen zu, gelingt es der Partei an der Macht, diese zu verteidigen. Sind aber mehr als 6 Annahmen falsch, wird es im Weißen Haus einen Machtwechsel geben.

Dies sind die 13 Annahmen in Lichtmans System:

1. Die Partei des Amtsinhabers gewann bei der letzten Zwischenwahl für den Kongress Sitze.
2. Es gibt keinen ernsthaften Rivalen für die Re-Nominierung des Präsidenten.
3. Der Kandidat der Partei an der Macht ist der Präsident im Amt.
4. Es gibt keine ernst zu nehmende Wahlkampagne einer dritten Partei oder eines Unabhängigen.
5. Während der Wahlkampagne kommt es nicht zu einer Rezession.
6. Das reale Pro-Kopf-Wachstum der Wirtschaft ist in der gegenwärtigen Amtszeit gleich wie oder größer als das durchschnittliche Wachstum der beiden Amtszeiten zuvor.
7. Die gegenwärtige Regierung unternimmt wesentliche innenpolitische Veränderungen.
8. Es kommt in der gegenwärtigen Amtszeit nicht zu größeren sozialen Unruhen.
9. Die Regierung wurde von größeren Skandalen verschont.
10. Die Regierung hat keine schwerwiegenden außenpolitischen Fehler begangen.
11. Die Regierung hat einen großen außenpolitischen Erfolg erzielt.
12. Der Kandidat der Partei an der Macht hat Charisma oder ist ein nationaler Held.
13. Der Kandidat der anderen Partei hat kein Charisma und ist kein nationaler Held.

Es ist offensichtlich, dass die Formulierungen in manchen dieser Annahmen viel Raum für Interpretationen zulassen. Von daher ist es sicher einfacher, mit den 13 Thesen zurückliegende Wahlresultate zu erklären, als im Voraus zuverlässige Vorhersagen zu machen. Fairerweise muss man eingestehen, dass Lichtman mit seinen Interpretationen und seinen Prognosen eine sehr glückliche Hand hatte und seine Voraussagen erstaunlich oft zutrafen. Er schaffte es nicht nur, fast alle Resultate von Präsidentenwahlen seit Beginn des letzten Jahrhunderts zu erklären. Er sagte auch jedes Wahlresultat seit 1984 richtig vorher – mit einer Ausnahme: Im Jahr 2000 lag er zwar richtig, dass Al Gore die meisten Stimmen erhalten würde. Aber wegen des föderalistischen amerikanischen Wahlsystems gewann eben George W. Bush.

Auf einen ganz anderen Frühindikator war 2009 ein Forscherteam in Kalifornien gestoßen. Die Gruppe von der Loyola Marymount University in Los Angeles analysierte verschiedene Ereignisse, die im Vorfeld von Wahlen Einfluss auf die Stimmungslage einer bestimmten Bevölkerungsgruppe haben könnten. Sie kam erstaunlicherweise zum Schluss, dass ein Sieg in einem lokalen Sportereignis für die Heimmannschaft einem Amtsinhaber, der sich zur Widerwahl stellt, ein entscheidendes Plus an Stimmen eintragen könne, weil sich die Einwohner der betreffenden Gegend dann ziemlich gut fühlten.[211] Konkret glaubten sie Belege gefunden zu haben, wonach Siege der lokalen College-Footballmannschaft in den letzten zwei Wochen vor der Wahl der Partei an der Macht ein Plus von bis zu einem Prozent an Stimmen bescheren kann. In gewissen hart umkämpften Bundesstaaten (»Swing States«) wäre dies genug, um den Ausschlag zu geben. Die These hielt aber einer späteren Überprüfung durch ein anderes Forscherteam aus Chicago[212] im Jahr 2015 nicht stand. Dieses konnte keine Belege für eine ursächliche Beziehung zwischen den sportlichen Erfolgen und der Stimmenverteilung erkennen. Es müsse sich beim Phänomen, das die Forscher der Universität von Los Angeles beschrieben, um Zufallstreffer gehandelt haben. Gerade bei jenem politi-

schen Personal, das sich auf die Organisation von Wahlkampagnen spezialisiert, war eine gewisse Erleichterung unübersehbar.

Um die Trends frühzeitig aufzuspüren, schwärmen Repor-
ter in den USA im Vorfeld einer Präsidentenwahl auch immer
gern in sogenannte »Bellwether Counties« aus. Der Begriff bezeichnet Wahlkreise, deren Wahlresultat seit langem das nationale Ergebnis spiegelt. Bis vor kurzem gab es noch 19 solcher
Wahlkreise in verschiedenen Staaten, die seit 1980 mit ihrem
Resultat immer richtiggelegen waren. Dann kam 2020, Joe Biden besiegte Donald Trump, und für 18 der 19 Countys war die
Glückssträhne zu Ende.[213]

Seither ist nur Clallam County im Staat Washington als
»Barometer-Wahlkreis« übriggeblieben. Er wird sich im Vorfeld
der Wahl von 2024 bestimmt nicht über mangelndes Interesse
der Medien beklagen können. Warum ausgerechnet Clallam
das letzte »Bellwether County« ist, entzieht sich einfachen Erklärungen. Die Zusammensetzung der Bevölkerung im Wahlkreis ist für das Land keineswegs repräsentativ. Die gut 77.000
Einwohner sind zu über 80 Prozent weiß, während der Anteil
im ganzen Land knapp 59 Prozent beträgt (ohne Latinos).[214]
Auch bei der Altersstruktur ist Clallam County keineswegs
Durchschnitt. Der Anteil der über 65-Jährigen ist fast doppelt
so hoch wie im Durchschnitt des Landes, nämlich 30,5 gegenüber 16,9 Prozent. Offenbar gründet die Diversität der politischen Standpunkte in Clallam nur sehr bedingt auf den heute so
häufig beschworenen Identitätsfaktoren wie ethnische Herkunft,
Geschlecht oder Alter.

6.1. Falsche Freunde: vermeintliche Gewissheiten

Für Fehleinschätzungen in den Wahlprognosen ist aber nicht nur die Demoskopie verantwortlich, sondern oft auch die Voreingenommenheit der Beobachter, die sich auf vermeintliche Gewissheiten verlassen. Ein gutes Beispiel dafür ist der demografische Wandel. 2012, als sich Barack Obama zur Wiederwahl stellte, geisterte plötzlich die Vorstellung durch die Landschaft, diese Wahl könne die letzte Chance für die Weißen sein, nochmals unbestritten den Ton anzugeben. Das Magazin »The Atlantic« titelte: »Will 2012 Be the Last Hurrah for Whites?« (»Wird 2012 der Schwanengesang für die Weißen sein?«)[215] Je nach Standpunkt löste die provokative These Freude oder Endzeitstimmung aus, und es wurde hitzig über sie und die Implikationen des demografischen Wandels diskutiert. Vier Jahre später, beim Überraschungssieg Trumps, wurde die These von einer unerwartet hohen Beteiligung der weißen Wählerschaft gleichsam weggefegt.

Dennoch konnte sich die darunterliegende Legende behaupten: Die Weißen als Stammwähler der Republikaner würden zunehmend in die Minderheit versetzt, während die Demokraten mit den wachsenden demografischen Gruppen der Zuwanderer und Nicht-Weißen auf ein zukunftsträchtiges Wählerpotenzial setzen könnten. Die Zeit werde also automatisch für die Progressiven arbeiten. Das Bild ist derart wirkungsmächtig, dass auch viele Republikaner überzeugt sind, es treffe zu. Sie werfen den Demokraten darum gern vor, in Fragen der Zuwanderung absichtlich eine lasche Haltung einzunehmen, um sich damit eine künftige politische Klientel heranzuziehen.

Eine weitere Legende, die gern als unverrückbare Tatsache dargestellt wird, ist die Behauptung, die Stammwähler der Republikaner würden immer rechtsradikaler und die Partei werde darum immer weniger mehrheitsfähig. Zusammen genommen verstärken diese beiden Legenden den Eindruck, der großen konservativen Kraft Amerikas drohe unausweichlich das Ende. Allerdings ist der Untergang der Grand Old Party schon so oft prophezeit worden, dass sich unweigerlich das Sprichwort aufdrängt, wonach Totgesagte länger leben.

Auch nach den letzten Zwischenwahlen für den Kongress wurde die verbale Keule vom Untergang der Republikaner wieder kräftig geschwungen. Tatsächlich hatten sie im November 2022 nicht die erhoffte »rote Welle« ausgelöst, die vielleicht gar beide Kongresskammern in Washington ins konservative Lager hätte reißen können. Im Gegenteil, aus dem Blickwinkel gewonnener Sitze im Kongress blieben die Republikaner deutlich unter den Erwartungen. Aber ein Debakel war die Angelegenheit ebenfalls nicht. Immerhin schafften sie es, in der Wahl zum Repräsentantenhaus mit 54 gegen 51 Millionen eine klare Mehrheit der Stimmen auf sich zu vereinigen.[216] Ihr Pech war, dass sie viele Stimmen dort holten, wo sie wegen einer erdrückenden demokratischen Mehrheit keine Aussichten auf einen Sitzgewinn hatten. Für ein Mal wurden die Republikaner vom föderalistischen Wahlsystem bestraft. Die landesweite Stimmenmehrheit war übrigens keine Ausnahme: In den sieben Zwischenwahlen für die Volksvertretung nach 2008 schaffte die Partei das vier Mal,[217] während sie bei den Präsidentenwahlen in Bezug auf die reine Stimmenzahl stets den Kürzeren zog. Der Hauptunterschied zwischen den beiden Urnengängen: Präsidentschaftswahlen sind für die demokratischen Wählerinnen und Wähler bedeutend attraktiver, während Republikaner auch bei den »langweiligen« Kongresswahlen disziplinierter ihre Stimme abgeben.

Zu den Gründen für das unerwartet schlechte Abschneiden der Republikaner 2022 wurde einerseits Trumps Obsession mit dem Leugnen seiner Wahlniederlage zwei Jahre zuvor genannt. Das verprellte Wählerinnen und Wähler, die einen Strich unter die Angelegenheit ziehen wollten. Anderseits hatte auch das Urteil des Supreme Court im Sommer zuvor, das das Abtreibungsrecht gekippt hatte, einen langen Schatten über die Wahl geworfen.[218] Dass einige Bundesstaaten unter republikanischer Führung danach umgehend harsche Maßnahmen gegen Schwangerschaftsabbrüche ergriffen, löste nicht nur unter den Unabhängigen und den Anhängern der Demokraten Entsetzen aus. Die scharfen Gesetze wurden auch von Kreisen in der Republikanischen Partei abgelehnt, und so manche geplante Verschärfung des Abtreibungsverbots wurde von »Dissidenten« torpediert oder mindestens verzögert. Es gibt nämlich durchaus zahlreiche republikanische Politikerinnen und Politiker, die zwar gegen das frühere, fast grenzenlose Abtreibungsrecht waren, aber eine alltagstaugliche Fristenlösung für Schwangerschaftsabbrüche unterstützen. Auch aus solchen Kreisen wurden in diesem Zusammenhang Warnungen laut, die Partei manövriere sich mit radikalen Maximalforderungen ins Abseits.

Ross Douthat, einer der konservativen Kommentatoren bei der progressiven »New York Times«, widmete dieser Frage im April 2023 eine Kolumne.[219] Er räumte zunächst durchaus ein, dass es unter den Konservativen wegen der radikalen Vorschläge in der Abtreibungsfrage Befürchtungen über die Mehrheitsfähigkeit gebe. Aber das war nicht sein Punkt. Er wollte vielmehr zeigen, dass der Einsatz für harte Maßnahmen gegen Abtreibungen nicht unbedingt zu Sanktionen durch die Wählerinnen und Wähler führe. Beispiele waren dabei Georgia und Ohio. Deren republikanische Gouverneure Brian Kemp[220] und Mike DeWine[221] wurden ebenfalls im November 2022 mit sehr guten Resultaten wiedergewählt, obwohl sie beide die umstrittenen »Heartbeat«-Gesetze unterzeichnet hatten. Beide Gouverneure waren aber aus anderen Gründen außerordentlich populär. Ihre Unterschrift unter der sehr engen Fristenlösung vermochte ihnen offensichtlich nichts anzuhaben; die Wählerschaft blieb ihnen treu.

Ausgerechnet der Datenanalytiker der progressiv ausgerichteten »New York Times«, Nate Cohn,[222] versetzte der These eines unausweichlichen demografischen Untergangs der Republikanischen Partei im Juni 2023 einen heftigen Schlag. Auf der Basis von Tausenden von Interviews mit Wählerinnen und Wählern hatte er die Bestätigung erhalten, dass fast jede Altersgruppe unter 50 in den letzten zehn Jahren politisch nach rechts rückte. Konkret: Jene, die 2008 als Jungwähler mit sehr starken Mehrheiten geholfen hatten, Barack Obama ins Weiße Haus zu tragen, unterstützten 2020 Joe Biden nur noch mit 55 zu 43 Prozent. Zwölf Jahre zuvor war das Verhältnis zugunsten Obamas noch rund doppelt so groß gewesen. Oder umgekehrt ausgedrückt: Die Differenz zwischen Links- und Rechts-Wählern in dieser Altersgruppe ging über die Jahre um mindestens die Hälfte zurück.

Das Ergebnis von Cohns Untersuchung scheint die Volksweisheit zu bestätigen, wonach viele Menschen mit dem Alter konservativer werden. Allerdings schien es anderen Untersuchungsergebnissen aus der jüngeren Vergangenheit diametral zu widersprechen. Diese waren nämlich zum Schluss gekommen, die sogenannten Millennials, also Personen, die zwischen Mitte der 80er und Ende der 90er Jahre geboren wurden, hätten den sprichwörtlichen Trend zu immer konservativeren Ansichten mit zunehmendem Alter gebrochen. Doch der Widerspruch war nur ein scheinbarer; des Rätsels Lösung war die unterschiedliche Betrachtungsweise: Cohn beobachtete, wie einzelne Geburtenjahrgänge ihre politische Haltung über die Jahre hinweg veränderten. Andere hatten dagegen das Verhalten der gesamten Millennial-Generation untersucht. In dieser gab es auch nach 2008 immer noch eine ganze Reihe von neuen Jahrgängen, die zum ersten Mal wählen konnten und viel deutlicher für die Demokraten stimmten. Der Trend bei den einzelnen Jahrgängen, mit zunehmendem Alter nach rechts zu rücken, war zwar eine Tatsache. Aber bei der Betrachtung der gesamten Generation wurde er von den neu dazugestoßenen Jahrgängen verdeckt, die eher den Demokraten zuneigten.

6.2. Demografie allein reicht nicht

Die Behauptung, das Schicksal der Republikaner sei besiegelt, weil sie sich zu sehr auf die schrumpfende weiße Bevölkerung stützten, ist in mehrfacher Hinsicht Wunschdenken. Die Wahlen von 2016 und 2020 boten genügend Anschauungsunterricht. Zwar schrumpft der Anteil der Weißen an der wahlberechtigten Bevölkerung tatsächlich. Aber sie sind immer noch in der Mehrheit und stellten 2018 laut dem Pew Research Center mehr als zwei Drittel der Wahlberechtigten.[223] Unter jenen, die auch wirklich wählen gingen, stellten die Weißen 2020 gemäß der Datenanalysefirma Catalist, die den Demokraten nahesteht, sogar 72 Prozent.[224]

Ethnische Anteile der tatsächlich Wählenden

	2008	2012	2016	2020	2016 bis 2020
Weiß	77 %	75 %	74 %	72 %	-2,0 %
Schwarz	12 %	13 %	12 %	12 %	-0,1 %
Latino	7 %	7 %	9 %	10 %	+1,2 %
Asiatisch	3 %	3 %	4 %	4 %	+0,8 %
Andere	1 %	1 %	2 %	2 %	+0,1 %

Eine gute Wahlkampagne muss immer gleichzeitig zwei verschiedene Dinge leisten. Einerseits gilt es, im gegnerischen Lager oder in der Gruppe der Unentschiedenen Wähler »abzuwerben«. Sie müssen beispielsweise mit der besonderen Qualität der Kandidaten oder der politischen Vision von der eigenen Sache überzeugt werden. Anderseits ist es wichtig, die eigenen Anhänger und Sympathisanten für die Wahl zu mobilisieren. In Amerika spricht man darum vom Tandem »persuasion and mobilisation«. Das Problem ist, dass die beiden Strategien miteinander ins Gehege geraten. Überzeugungsarbeit verlangt tendenziell nach besonnenen, gemäßigten Argumenten, während zum Zweck der Mobilisierung die Emotionen der eigenen Basis geschürt werden müssen. Das Jonglieren mit diesen zwei Strategien ist die hohe Kunst der Kampagnenführung. Etwas mehr oder weniger Geschick kann wahlentscheidende Auswirkungen haben.

2016 gelang Trumps Wahlkampagne beides, während die Demokraten vor allem bei der Mobilisierung der Basis versagten. Ein wesentlicher Grund für Trumps Überraschungssieg war, dass er es geschafft hatte, weiße Wählerinnen und Wähler in die Wahllokale zu locken, die früher zu Hause geblieben waren. Gleichzeitig blieben viele Frauen und Männer, die normalerweise für die Demokraten stimmen, der Wahl fern, weil sie der Kandidatin Hillary Clinton nicht trauten und weil sie es der Parteiführung übel nahmen, dass diese die »Thronfolgerin Clinton« in geradezu manipulativer Weise von Anfang bis zum bitteren Ende unterstützt hatte, zum Nachteil von Bernie Sanders.

Es war bezeichnend, dass Sanders, ein betagter und altgedienter Senator aus Neuengland, nun plötzlich die demokratischen Massen begeistern konnte, obwohl er politisch weit links außen steht und auch deswegen lange Jahre ziemlich unauffällig geblieben war. 2016 zählte er zu den ganz wenigen, die es wagten, den Plan des Parteiestablishments für eine geordnete Machtübergabe an Clinton zu durchkreuzen. Ein Plan übrigens, den auch der abtretende Präsident Obama unterstützte, sehr zum Leidwesen seines damaligen Vizepräsidenten Joe Biden. Dieser ließ sich, nicht ohne Bitterkeit, nach gutem Zureden überzeugen, es sei nun Zeit für eine Frau im Weißen Haus.

Der entsprechende »Deal« ging vermutlich auf das Jahr 2012 zurück. Obama stellte sich damals zur Wiederwahl. Aber die Wirtschaft erholte sich nach der großen Finanz- und Wirtschaftskrise von 2007/2008 nur schleppend, und auch sein Wahlkampf lahmte. Sein früher so eindrückliches Redetalent schien ihm abhandengekommen zu sein. Die Parteispitze fragte sich bange, wer denn nun das notwendige Feuer in der Basis entfachen solle. Dann kam der Wahlkonvent der Demokraten in Charlotte (North Carolina). Bill Clinton trat an die Mikrofone und hielt jene feurige Rede, die Obama in seiner Wahlkampagne so oft hatte vermissen lassen. Nicht nur zeigte er, dass sein rhetorisches Talent ungebrochen war, er schloss auch eine wichtige Lücke in der Botschaft der Demokraten und wandte sich besonders leidenschaftlich an die Mittelschicht.[225] Der frühere Präsident verpasste den Demokraten damit einen Energieschub, der weit über den Wahlkonvent hinaus Funken schlug. Die Gegenleistung war offensichtlich, dass Obama vier Jahre später seinen Teil zur erfolgreichen Nominierung Hillary Clintons beitragen würde. Nicht nur Biden, sondern die gesamte Prominenz der Demokraten ließ Clinton dann widerstandslos den Vortritt. Natürlich rächte sich das später, weil diese »Krönung« in der demokratischen Wählerschaft einfach nicht genug Leidenschaft entfachte. Ein wichtiger Pfeiler der Strategie zur Mobilisierung der Basis fehlte.

Das führt direkt zu einem weiteren Argument gegen angebliche demografische Gewissheiten. Zwar mag die ethnisch diversere Bevölkerung wachsen und mehrheitlich den Demokraten zugeneigt sein. Aber sie muss auch für den Gang in die Wahllokale mobilisiert werden. Das gelingt besonders gut, wenn es gilt, einen verhassten Amtsinhaber oder abtretenden Präsidenten abzustrafen, also mit einer Protestwahl. 2008, als der erste schwarze Präsident gewählt wurde, war die republikanische Regierung unter George W. Bush gegen das Ende ihrer zweiten Amtszeit außerordentlich unpopulär geworden. Da waren zum einen die Kriege in Afghanistan und im Irak mit ihren Skandalen, die das amerikanische Selbstverständnis tief erschütterten. Da waren aber auch die Finanz- und Wirtschaftskrise und die Tatsache, dass der Staat für deren Bewältigung den Haushalt in astronomische Größen aufblähte.

Auch im Jahr 2020 waren Trumps richtungsloser Umgang mit der Covid-19-Pandemie und eine nicht abreißende Flut kleinerer und größerer Skandale sicherlich gute Gründe für eine Art Protestwahl. Wenn wir uns nur die Gesamtzahl der abgegebenen Stimmen anschauen, gewann Obama 2008 mit zehn Millionen Stimmen oder sieben Prozent Vorsprung. Biden siegte 2020 immerhin mit acht Millionen Stimmen oder 4,5 Prozent Vorsprung. Das sind verhältnismäßig deutliche Resultate.[226]

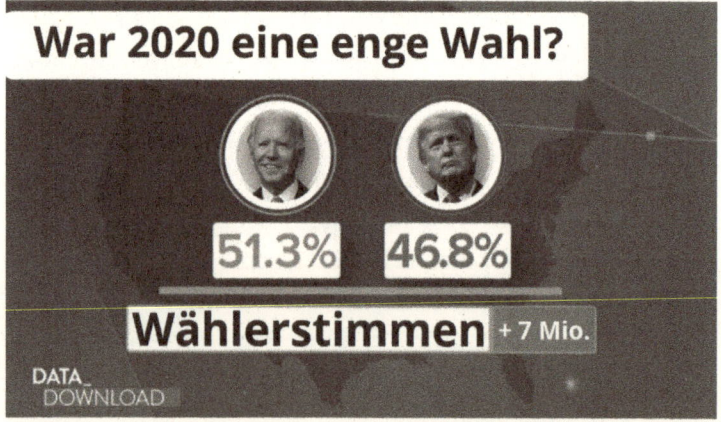

So scheint es wenigstens auf den ersten Blick. Denn bei den wirklich wichtigen Stimmen im »Electoral College«, auf die es ankommt, gewann Obama immer noch sehr klar, nämlich mit

365 zu 173 »Elektoren«-Stimmen. Bidens Sieg dagegen war viel weniger komfortabel ausgefallen. Im Fall der entscheidenden »Swing States«, also jener Bundesstaaten, die man dem politischen Gegner jedes Mal wieder entreißen und aufs eigene Konto verbuchen muss, hatte Biden lediglich einen hauchdünnen Vorsprung. Trump hatte 2016 die entscheidenden Stimmen für seine Mehrheit im »Electoral College« in den drei Staaten Pennsylvania, Michigan und Wisconsin geholt. Sein Vorsprung gegenüber Clinton betrug dort gerade einmal 78.000 Stimmen. Verglichen mit den landesweit abgegebenen knapp 129 Millionen Stimmen wäre das eine Gewinnmarge von 0,06 Prozent.

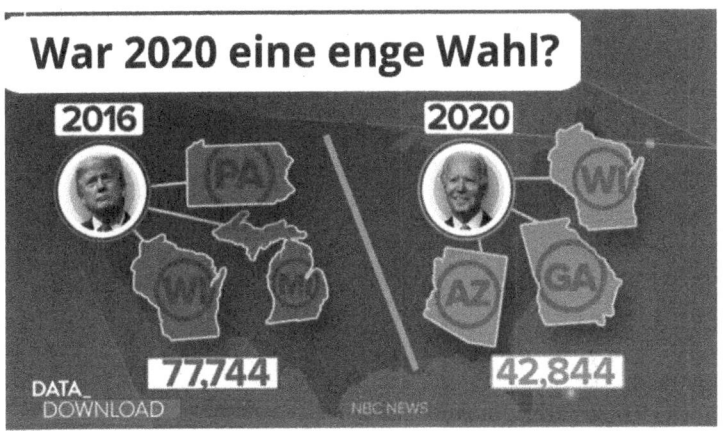

Auch Biden konnte vier Jahre später die nötigen Stimmen für eine Mehrheit im »Electoral College« in drei »Swing States« holen, nämlich in Arizona, Georgia und Wisconsin. Bei ihm gaben sogar nur knapp 43.000 Stimmen den Ausschlag. Landesweit war die Wahlbeteiligung mit 155 Millionen Wählenden auf einen neuen Rekordwert geklettert. Aber Bidens Vorsprung in den drei entscheidenden »Swing States« war nicht einmal halb so groß wie jener Trumps vier Jahre zuvor. Und schon das Ergebnis von 2016 war oft als Zufallsresultat bezeichnet worden.[227] Auch wenn man vom Rest des Landes einmal absieht und nur die abgegebenen Stimmen in Arizona (3,334 Mio.), Georgia (4,936 Mio.) und Wisconsin (3,241 Mio.) zur Basis nimmt, dann betrug Bidens Vorsprung gegenüber Trump weniger als ein halbes Prozent.

Sogar größere demografische Verschiebungen bedeuten für sich alleine noch nicht, dass es automatisch zu Verschiebungen in den Wahlresultaten kommt. Wie wir gesehen haben, schrumpft der Anteil der Weißen sowohl in der Gesamtbevölkerung als auch unter den aktiven Wählern. Besonders stark war der Rückgang von Wählenden bei den Weißen ohne Hochschulbildung. Gemäß den Berechnungen des Politikwissenschaftlers Alan Abramowitz von der Emory University in Atlanta (Georgia) schrumpfte ihr Anteil zwischen 1980 und 2020 von 69 auf 39 Prozent.[228] Wenn man also davon ausgeht, dass die Demokraten im Normalfall den Löwenanteil der nicht weißen Stimmen erhalten, dann würde das auf den ersten Blick einen klaren Vorteil für sie bedeuten.

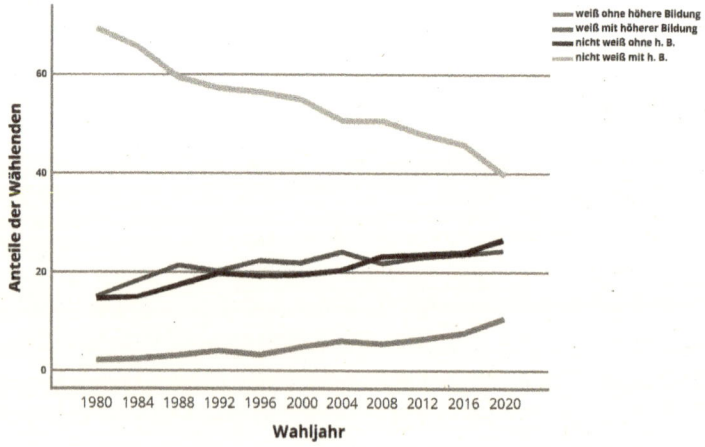

Aber diese Entwicklung verläuft parallel zu einer anderen, die die Sache wieder komplizierter macht. In der gleichen Untersuchung vom März 2023 weist Abramowitz nämlich nach, dass immer mehr Wahlberechtigte sich in den gleichen 40 Jahren den Republikanern zugewandt haben. Gemessen wird das jeweils an den Angaben, die die Befragten selbst machen. 1980 bezeichneten sich noch über 50 Prozent der Wählerinnen und Wähler als Demokraten und nur etwas über 30 Prozent als Republikaner. Doch dieser Vorsprung der Demokraten von 20 Prozentpunkten schrumpfte in den folgenden Jahren stetig. Allein zwischen 2008 und 2020 ging er von 13,9 auf 4,1 Prozentpunkte zurück. Das Wählerreservoir der Republikaner ist gegenüber jenem der Demokraten demnach stark gewachsen.

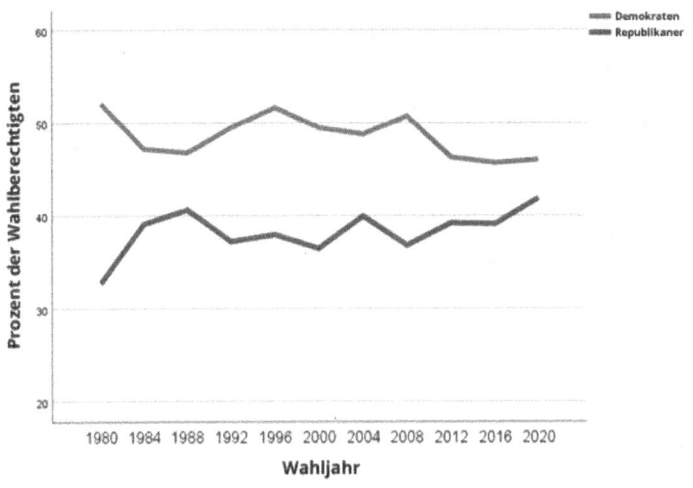

Die Studie von Abramowitz belegt auch, dass der Anteil weißer Wählerinnen und Wähler bei den Demokraten stetig sinkt. Allerdings hat die Wahl von 2020 gezeigt, dass umgekehrt die Unterstützung durch die Nicht-Weißen für diese Partei keineswegs in Stein gemeißelt ist.

Eine Absetzbewegung war besonders bei Nicht-Weißen und Nicht-Schwarzen zu sehen, also beispielsweise Latinos und Asiaten. Die Afroamerikaner sind der Demokratischen Partei bisher recht treu geblieben. Die Abwanderung zu den Republikanern in dieser Gruppe betrug zwischen 2016 und 2020 nur etwa ein bis zwei Prozentpunkte. Bei den Latinos dagegen waren es deutlich mehr, nämlich zwischen acht und neun Prozentpunkte. Dies sind keine Propagandazahlen der Republikaner, sondern Erkenntnisse des linken Meinungsforschers und Analytikers David Shor.[229]

Besonders auffällig war, dass sich die einst deutlichen Unterschiede zwischen weißen und nicht weißen Konservativen verwischten. Das heißt, Konservative von nicht weißer Hautfarbe wählten stärker als zuvor wie weiße Konservative. Der Hauptgrund dafür war, dass die Demokratische Partei bei gewissen Themen, die den nicht weißen Konservativen überaus wichtig sind, radikale Positionen einnahm, die diese nicht mehr mittragen konnten. Zu diesen Themen gehören etwa die Kriminalität und die öffentliche Sicherheit. Ein Paradebeispiel war die irrwitzige Forderung des linken Flügels der Demokraten, der Polizei das Geld zu entziehen (»Defund the Police!«), um sie zu »disziplinieren«. Am stärksten betroffen von einer solchen Maßnahme wären genau jene Nicht-Weißen gewesen, die ohnehin schon am meisten unter der Kriminalität leiden.

Mehrere Umfragen stellten in der jüngeren Zeit fest, dass die Schwächung der nicht weißen Wähleranteile der Demokraten anhält, mindestens so lange Joe Biden ihr Spitzenkandidat ist. Einen kleinen Trost erhielt die Partei von den Erhebungen der »New York Times« und des Siena College,[230] über die die Zeitung im September 2023 berichtete. Den absteigenden Zustimmungswerten unter allen nicht weißen Wählergruppen stand ein positiver Trend bei den Weißen gegenüber, und die sind immer noch mit Abstand die größte Wählergruppe.

Das »Wall Street Journal« hatte bereits im April 2023 auf der Basis einer eigenen Meinungsumfrage berichtet, in einem direkten Duell zwischen den letzten beiden Präsidenten würden die Latinos Trump mit 46 zu 41 Prozent vorziehen.[231] Dies wäre für die Demokraten eine Katastrophe, denn noch 2020 hatte Biden seinen Konkurrenten Trump im Wählersegment der Latinos mit einem Anteil von 66 zu 32 Prozent geschlagen.[232] Inwieweit dies Vorboten einer größeren Umpolung sein könnten, ist noch nicht klar. Das Gleiche gilt für die Frage, ob der neue Trend mehr mit Trumps Populismus zu tun hat oder eher mit der ideologischen Entwicklung der Demokraten. Aber sicher ist, dass blindes Vertrauen der Demokraten in nicht weiße Wählergruppen in keiner Art und Weise angebracht ist.

6.3. Von der Arbeiter- zur Akademikerpartei

Wie wir schon bei der Ursachenforschung für die überraschende Fehlprognose der Meinungsforscher im Jahr 2016 beobachtet hatten, wurde in den letzten Wahlzyklen neben dem Wohnort, der ethnischen Herkunft oder der Hautfarbe auch die Bildung zu einem wichtigen Unterscheidungsmerkmal für ein bestimmtes Verhalten innerhalb der amerikanischen Wählerschaft. Hier machte sich ebenfalls eine größere Verschiebung bemerkbar: Die Demokratische Partei, die zumindest im Norden einst die Partei der Arbeiter und Angestellten war, wandelte sich immer mehr zur Partei der urbanen akademisch Gebildeten. So änderte sich ihr Profil, und sie begann, den Sorgen und Nöten der früheren Stammwählerschaft nicht mehr allzu große Beachtung zu schenken. Stattdessen ist die Partei besonders offen für alles, was aus der akademischen Welt und aus dem Kunstbetrieb in die Medien schwappt und dort zum Trend wird.

Das kann im Glücksfall Missstände ans Licht bringen, die in der breiteren Gesellschaft nicht zur Kenntnis genommen oder bewusst ignoriert werden. Im schlechteren Fall verleiht dieses Phänomen aber Randthemen ein Gewicht, das sie aus guten Gründen nicht verdienen, weil sie für die Lebenswelt der großen Bevölkerungsmehrheit nicht relevant sind. Gelegentlich kommt es auch zu grotesken Verzerrungen im öffentlichen Diskurs, wenn selbsternannte Vorkämpfer solcher Trendthemen weit übers Ziel hinausschießen. Ein anschauliches Beispiel ist, wenn junge Weiße in den USA und anderswo mitunter glauben, sie müssten älteren Nicht-Weißen erklären, was wahrer Rassismus ist. Das ist kein Witz, sondern eine Realität, deren Ironie nur Eiferern entgeht.

Gerade »Blue-Collar Workers«, also Arbeiter und Angestellte, die einfache handwerkliche Tätigkeiten oder körperliche Arbeit verrichten, laufen auch aus diesem Grund immer wieder in Wellen von ihrer ursprünglichen politischen Heimat bei den Demokraten zu den Republikanern über. Die sogenannten »Reagan-Democrats«, die nach den kulturellen und gesellschaftspolitischen Verwerfungen der sechziger und siebziger Jahre den Republikanern Ronald Reagan und George H.W. Bush Wahlsiege bescherten, waren vor allem weiß und lebten in den Industriezentren des Nordens. Eine ähnliche Entwicklung war 2016 erneut festzustellen, als Hunderttausende von eher weniger gut gebildeten weißen Demokraten zu Donald Trump überliefen. Wie schon im fünften Kapitel ausführlicher beschrieben, hatte zuvor bereits eine beträchtliche Zahl von Bewohnern der frühe-

ren Südstaaten aus Protest gegen die Bürgerrechtsbewegung die
Parteiloyalität gewechselt.

Die Demokratische Partei suchte und fand ihrerseits neue
Wählerreservoire in den begüterten Vorstädten, wo häufig gut
gebildete oder qualifizierte Menschen leben. Zum Zünglein an
der Waage wurden immer stärker die »suburban women«, also
Frauen in den Vorstädten. Diese sind längst nicht mehr nur
Hausfrauen und »soccer moms«, also Mütter, die sich mit großem Engagement ausschließlich um die Erziehung und Weiter-
bildung ihrer Kinder kümmern. Das sind heute im Regelfall nur
noch wenige.

In Tat und Wahrheit sind Frauen immer häufiger die wichtigste Einkommensquelle in Familien mit Kindern.[233] Das ist
kein Zufall. Frauen sind an den amerikanischen Hochschulen
seit langem in der Mehrheit. Jetzt hat sich das auch auf den Arbeitsmarkt durchgeschlagen. Im vierten Quartal 2019 stellten sie
zum ersten Mal die Mehrheit unter Hochschulabgängern, die in
einem Arbeitsverhältnis stehen. Selbst die Covid-19-Pandemie,
die für viele Frauen eine unfreiwillige Erwerbspause bedeutete,
weil sie sich um Kinder kümmern mussten, änderte an diesem
Verhältnis kaum etwas. Nach Untersuchungen des Pew Research Center, die sich auf Regierungsstatistiken stützen, standen im zweiten Quartal 2022 im amerikanischen Arbeitsmarkt
31,3 Millionen Frauen mit mindestens einem Bachelorabschluss
lediglich 30,5 Millionen Männern mit dem gleichen Bildungs-
stand gegenüber. Dafür ist nicht etwa ein Rückgang der Zahl der
studierenden Männer verantwortlich. Es ist einfach so, dass die
Zahl der Frauen bedeutend schneller wuchs.[234]

Demografische Veränderungen in den Wählergruppen, ob sie
nun augenfällig oder eher im Verborgenen erfolgen, sind immer
wieder deutlich an den Ergebnissen der Präsidentschaftswahlen
ablesbar. So triumphierte Barack Obama 2008 noch in fünf be-

sonders umkämpften »Swing States«. Er konnte damals Iowa, Indiana und Ohio im Mittleren Westen sowie North Carolina und Florida im Süden auf sein Konto im »Electoral College« verbuchen. 2012 verlor er bei seiner Wiederwahl bereits Indiana und North Carolina. Hillary Clinton musste vier Jahre später auch noch Iowa, Ohio und Florida an die Republikaner preisgeben, zusammen mit den zuvor als sicher geltenden Staaten Michigan, Wisconsin und Pennsylvania (die »blaue Brandmauer«).

Natürlich spielten für Clintons Niederlage auch noch andere Faktoren eine Rolle, doch die Karte zeigt eindrücklich, dass die Bewohner der früheren Industriegebiete – heute mit typischer Geringschätzung auch »Rostgürtel« genannt – in Scharen zu Trump und den Republikanern überliefen. Es waren genau jene Regionen, in denen früher vor allem weiße Amerikaner darauf zählen konnten, auch ohne höhere Bildung eine gut bezahlte Anstellung zu bekommen. Gewerkschaften hatten noch einen hohen Stellenwert, und daraus leitete sich auch eine Nähe zur Demokratischen Partei ab.

Bezeichnend für die Entwicklung bei den Demokraten war, dass Clinton im Wahlkampf von 2016 die Hälfte der Trump-Wähler als »basket of deplorables« (»Korb voller Erbarmungswürdiger«) verunglimpfte. Das unterstrich auf persönlicher Ebene die Arroganz einer Politikerin, die sich gern als »links« inszenierte. Auf einer gesellschaftlichen Ebene spiegelt der Vorfall die enorme Distanz, die die Führung der Demokratischen Partei heute von ihren einstigen Stammwählern trennt.

Die Betroffenen reagierten mit den Mitteln, die ihnen zur Verfügung standen. Nach diesem Vorfall waren beispielsweise auf Wahlkampfveranstaltungen von Trump vermehrt Anhänger zu sehen, die voller Stolz T-Shirts mit dem Aufdruck »DEPLORABLE« trugen. Unvergessen bleibt mir auch ein Erlebnis während einer Reportagereise im Herbst 2016 nach Uniontown im

Südwesten Pennsylvanias. Dort ist genau das Wählersegment zu Hause, das Clinton mit ihrem beleidigenden Spruch im Visier hatte. Geprägt von Kohle und Stahl, mit Städtenamen, die an die europäischen Reviere erinnern, waren diese Gegenden einst ein wesentlicher Machtpfeiler der Demokratischen Partei gewesen und hatten dieser zuverlässig Mehrheiten verschafft. Donald Trump und sein Wahlkampfstab waren auf der Basis von damals nicht öffentlichen Wählerbefragungen zur Überzeugung gelangt, dass sie wegen des Ärgers dieser Wählerinnen und Wähler über die demokratische Partei eine Sensation zustande bringen könnten.

Im Gespräch mit dem lokalen Vorsitzenden der Demokraten, dem Anwalt Jim Davis, wurde bald klar, dass auch ihm die Entfremdung zwischen seiner Parteibasis und der nationalen Führung nicht verborgen geblieben war. Auf die konkrete Frage, ob Clinton auf die Stimmen der Parteimitglieder in Uniontown noch zählen könne, überlegte er lange. Er wollte offensichtlich nicht als defätistisch erscheinen, aber noch weniger wollte er einen verlogenen Zweckoptimismus an den Tag legen. Auffällig war dafür, wie Davis mit vorsorglichem Feingefühl jene in Schutz nahm, die später tatsächlich zu Trump überlaufen sollten. Seine Antwort lautete: »Ich weiß es nicht. Aber auch wenn sie Trump wählen sollten, macht das aus ihnen keine schlechten Menschen. Das sind keine Rassisten und keine Fremdenhasser. Das sind im Kern gute Leute.«[235] Trump gewann im Fayette County, wo Uniontown liegt, mit fast zwei Dritteln der Stimmen.[236]

6.4. Wer ist am Kulturkampf schuld?

Fassen wir zusammen: Die These, wonach die demografische Entwicklung den Demokraten längerfristig garantierte Siege

bescheren wird, ist offensichtlich zerbrechlich. Krisen, gesellschaftliche Entwicklungen, äußere Ereignisse, das Verhalten
und die Attraktivität von Kandidaten können Trends, die eben
noch als sicher galten, immer wieder brechen, manchmal auch
mit großer Wucht. Auf gleich wackligen Füßen steht das viel
beschworene Bild einer Republikanischen Partei, die angeblich immer weiter nach rechts abdriftet und damit zunehmend
unwählbar wird. Es ist besonders in jenen Medien und Kreisen
verbreitet, die von ihren Gegnern als »linker Mainstream« bezeichnet werden. Das Bild impliziert, dass die Rechten immer
konservativer werden und die Linken deshalb gezwungen sind,
den Status quo – oder noch lieber gleich die Demokratie als Ge-
samtes – mit immer heftigerem Einsatz zu verteidigen.

Diese Meinung konnte sich verbreiten, weil sie sich in einem
bestimmten Kontext auf eine reale Basis stützte. 2022 war das
Pew Research Center nämlich in einer Studie zum Schluss gekommen, die Republikaner seien deutlich stärker nach rechts
gerückt als die Demokraten nach links.

Das traf zwar zu, die Pew-Studie war nicht falsch. Aber sie
galt ausdrücklich nur für das Verhalten der Kongressabgeord-
neten in Washington.[237] In Bezug auf die breitere Bevölkerung
hatte das Forschungszentrum nämlich gar keine Untersuchungen angestellt.

Schon ein Jahr zuvor hatte dagegen der linksprogressive Autor und Analytiker Kevin Drum in einer eigenen Untersuchung
Hinweise auf eine genau gegenteilige Entwicklung gefunden, aber
eben nicht bei Kongressmitgliedern, sondern im gemeinen Volk.
»Wenn Sie den Kulturkrieg hassen, dürfen Sie die Linke dafür
verantwortlich machen«, meinte er im Juli 2021 provokativ in seinem Blog »Jabberwocking« und listete eine Reihe überraschender
Grafiken zum Thema auf.[238] Seine Bilanz: In den letzten 20 Jahren
hatten sich die Anhänger der Demokraten ideologisch stärker be-

wegt als ihr politischer Gegner, und zwar – wenig überraschend –
nach links. Die Demokraten bieten laut Drum heute ein Bild von
größerer Geschlossenheit in ihren Standpunkten. Der Grund ist,
dass mehr von ihnen mittlerweile dort angelangt sind, wo früher
nur eine progressive Minderheit ideologisch zu Hause war.

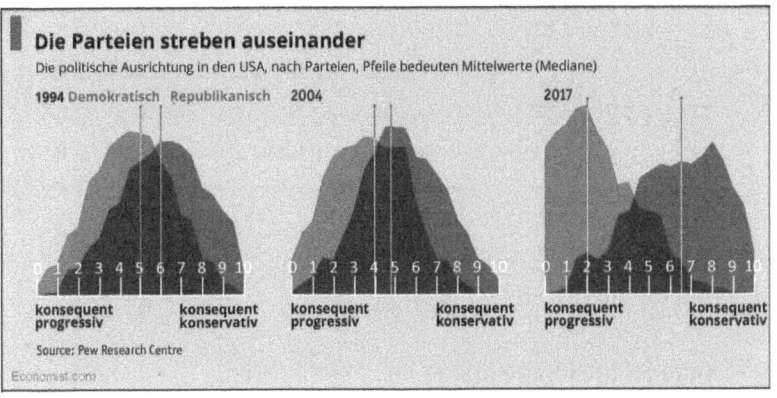

Die Parteien streben auseinander

Die politische Ausrichtung in den USA, nach Parteien, Pfeile bedeuten Mittelwerte (Mediane)

1994 Demokratisch Republikanisch   2004   2017

konsequent   konsequent   konsequent   konsequent   konsequent   konsequent
progressiv   konservativ   progressiv   konservativ   progressiv   konservativ

Source: Pew Research Centre

Economist.com

Drum hatte Meinungsumfragen analysiert, die Stellungnahmen
zu sechs Reizthemen der politischen Auseinandersetzung ein-
forderten. Er hatte dabei festgestellt, dass die Positionswechsel
auf der linken Seite des politischen Spektrums über die Jahre
eindeutig stärker ausfielen als auf der rechten. Es gab eine Ausnahme: Beim Thema Ehe für alle vertraten die Republikaner
liberalere Standpunkte. Seit der Jahrtausendwende verlor die
typisch konservative Haltung (»nicht akzeptabel«) 40 Prozentpunkte an Zustimmung im republikanischen Lager. Bei den anderen fünf Themen – Zuwanderung, Steuern, Abtreibung, Religion und Waffengesetze – hatten sich die Demokraten stärker
um die einst radikal linken Positionen geschart als die Republikaner um die rechten.

Drums Schlüsse widersprachen derart dem gängigen Kanon
einer nach rechts abdriftenden Republikanischen Partei, dass

sofort kritische Fragen laut wurden: War diese Vermessung der Standpunkte auch seriös? Wie war das mit der Methodik? Und ist der Forscher überhaupt glaubwürdig?

Die erheblichen Zweifel an seiner Analyse wurden erst Anfang 2023 weggeblasen, als zwei einflussreiche Institute fast zeitgleich Resultate veröffentlichten, die mit seinen Schlüssen weitgehend übereinstimmten. Auf der Basis der jährlichen Gallup-Umfragen wies William Galston im Januar für die Brookings Institution[239] nach, dass sich die Mehrheit der demokratischen Parteianhänger zwischen den Präsidentschaften Clinton und Biden von »gemäßigt« nach »progressiv« verschoben hatte. Der Anteil von Konservativen unter den Demokraten fiel von rund 25 auf 10 Prozent, ein historischer Tiefstand.

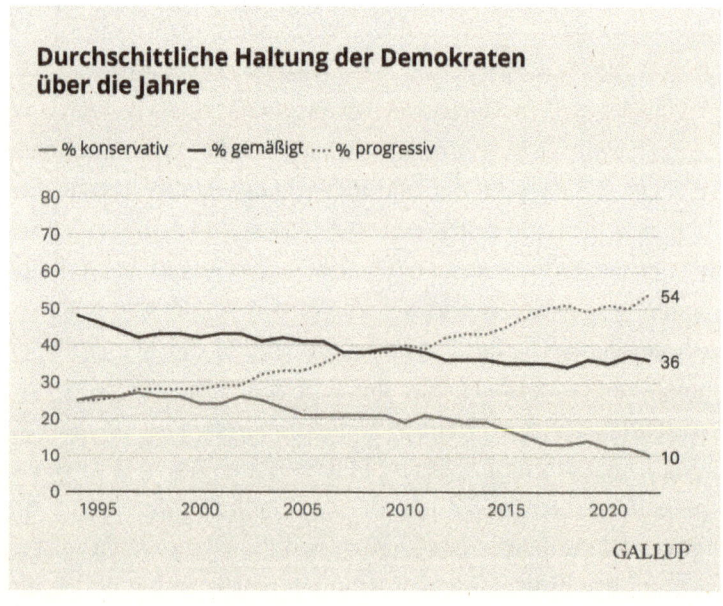

Durchschittliche Haltung der Demokraten über die Jahre

— % konservativ   — % gemäßigt ···· % progressiv

GALLUP

Im Gegensatz dazu blieben sich die Republikaner ziemlich treu. Sie hatten sich stets mehrheitlich für konservativ gehalten und wurden über die Jahrzehnte einfach noch etwas konservativer. Der Anteil jener, die sich als fortschrittlich bezeichneten, schrumpfte von acht auf fünf Prozent, was eine längerfristige Konstante beschreibt.

Einen Monat nach Galston legte das »Center for Politics« an der University of Virginia (UVA) nach. Die dortigen Forscher stützten sich auf ein anderes Datenset, nämlich die Erhebungen, die vor und nach jeder Präsidentenwahl im Rahmen des Programms ANES (American National Election Studies) landesweit gemacht werden. Das Resultat: Auch diese Daten zeigten den gleichen Trend. Die wesentliche Abweichung war, dass der im Vergleich stärkere Ruck der Linken nach links nun sogar über einen Zeitraum von 50 Jahren nachgewiesen werden konnte.[240]

Das ANES-Programm befragt seit 1972 Wählerinnen und Wähler auf ihre ideologische Haltung. Diese können sich selbst auf einer Skala verorten, die von 1 (sehr progressiv) bis 7 (sehr konservativ) reicht. 1972 lagen die durchschnittlichen Standpunkte der Demokraten und der Republikaner auf dieser Skala noch einen Punkt auseinander. Bei den Demokraten betrug der durchschnittliche Wert 3,7, bei den Republikanern 4,7. 50 Jahre später lag der entsprechende Wert bei den Demokraten bei 2,8, bei den Republikanern bei 5,5. Die Differenz wuchs also von 1 auf 1,7 Punkte. Der demokratische Durchschnitt hatte sich um 0,9 nach links, der republikanische um 0,8 Punkte nach rechts bewegt. Die Daten zeigten auch, dass die Bewegung bei den Demokraten in den Jahren nach 2012, also nach der Wiederwahl Obamas, besonders stark ausfiel.

Aufgeschlüsselt nach Themen ergab sich ein Bild, das sich weitgehend mit jenem von Kevin Drum deckte. Bei der ideo-

logischen Selbsteinschätzung, aber auch bei spezifischen Themen wie Abtreibung, Krankenversicherung oder Unterstützung für Afroamerikaner waren die Demokraten deutlich
stärker nach links gerückt als die Republikaner nach rechts.
Mehr noch: Bei den Fragen, ob sie eine Krankenversicherung oder mehr Unterstützung für schwarze Amerikaner für
wünschenswert hielten, bewegten sich auch die Republikaner
deutlich nach links, also weg vom traditionellen konservativen Standpunkt, der beide Anliegen prinzipiell und dezidiert
ablehnt.

Das scheinbare Paradox, dass bei den Kongressmitgliedern
die Republikaner konservativer wurden, aber im Volk die Demokraten linker, ist ein deutlicher Fingerzeig, dass etwas faul ist
an der Art, wie die politische Repräsentation in den USA zustande kommt. Es stützt die Vermutung, auf die wir in Kapitel
fünf im Detail eingingen, dass das gegenwärtig am meisten verbreitete System der Vorwahlen dazu beiträgt, dass Radikalisierung und Polarisierung bei den gewählten Mandatsträgern zu-
nehmen.

6.5. Personenkult gegen Themenkult

Nicht in allen Untersuchungen ist die Differenz zwischen der
ideologischen Radikalisierung von Demokraten und Republikanern groß. Aber sie ist im Minimum ausreichend, um den
Mythos zu entkräften, wonach sich vor allem die Konservativen
in den letzten Jahrzehnten verändert hätten. Wenn der Blick
von diesem Filter befreit ist, ist es auch etwas einfacher, eine
mögliche Erklärung zu finden, warum gegenwärtig die Wut auf
Seiten der Rechten größer zu sein scheint als auf der Linken.
Nicht, dass es am äußersten linken Rand des politischen Spekt-

rums keine oder weniger heftige Wut gäbe – die Extreme stehen sich dabei näher, als sie wahrhaben möchten. Aber die Wut in Amerika ist rechts stärker verbreitet, sie reicht bis in die Mitte hinein.

Wenn man akzeptiert, dass die progressive Bevölkerungshälfte gerade im letzten Jahrzehnt relativ deutlich nach links gerückt ist, ist es nachvollziehbar, was mit der konservativen Hälfte passierte. Sie befürchtet einerseits, dass immer neue Forderungen nach sozialen Programmen dazu führen werden, dass der Staat nach und nach mehr Einfluss auf immer mehr Aspekte des täglichen Lebens nimmt und zudem auch laufend mehr Steuern erheben muss, um dies zu finanzieren. Das ist in ihren Augen nicht nur ein Fass ohne Boden. Im Allgemeinen widerstrebt den Konservativen seit jeher zutiefst ein Gesellschaftsmodell, das sich nur durch Steuererhöhungen finanziert. Wenn das die politisch-materielle Seite des konservativen Unwohlseins darstellt, dann gibt es auch noch eine emotionale. Das Land, in dem die Konservativen in ihrer Wahrnehmung seit jeher eine wichtige Rolle spielten, das sie schätzen und darum bewahren wollen, scheint unter dem Einfluss der Linksprogressiven unaufhaltsam von ihnen wegzutreiben.

Das Gefühl, dass sich die andere Hälfte der Bevölkerung entferne, trifft aber auch auf die progressive Hälfte zu. In ihren Augen treibt das Land, das die Konservativen bewahren wollen, ebenso unaufhaltsam in die Vergangenheit und hat darum in der Gegenwart keinen Platz mehr. Die Konservativen werden als jene Kraft dargestellt, die an überholten Vorstellungen hängt und einer besseren Zukunft im Weg steht. Da wird ein gewisses Maß an Arroganz erkennbar, und das ist vielen Demokraten auch durchaus bewusst, vor allem jenen, die an der »politischen Frontlinie« arbeiten: Diese leben in Gegenden mit unklaren politischen

Mehrheiten oder sogar in konservativen Regionen, mit einer Bevölkerung, die nur mit gemäßigten oder auch traditionell linken Argumenten überzeugt werden kann. Doch in der nationalen Partei, im täglichen Wettbewerb um Augen und Ohren der Öffentlichkeit haben ihre Stimmen der Mäßigung und der Besonnenheit einen schweren Stand. Das gekonnt bediente Entsetzen über Trump und über andere republikanische Provokateure, die stets geschürte Aufregung über immer neue Missstände, soziale Ungleichheit oder Rassismus ist emotional stärker aufgeladen als nüchterne Argumente. Entsetzen und Aufregung werden auch von den Algorithmen der Internetnachrichtendienste und den Feedback-Schlaufen der Medien belohnt.

Reizthemen des Kulturkampfs tun, was ihre Aufgabe ist: Sie treiben die Menschen zur Weißglut. Dagegen haben beispielsweise Pläne für bessere und erschwingliche Vorschulen oder für sicherere Arbeitsplätze, also klassische linke Themen, einen schweren Stand. Dazu kommt, dass die Exponenten des radikalen Flügels der Demokratischen Partei Echokammern in den Medien und in städtisch progressiven Kreisen vorfinden, was ihnen mithilfe einer überdurchschnittlich hohen Reichweite in den Netzwerken und in den Medien großes Gehör verschafft.

Beide Parteien in Amerika scheinen gegenwärtig in einer toxischen Beziehung gefangen. Die Republikaner sind in Teilen zu Gefangenen eines Personenkults geworden, den ein wesentlicher Teil ihrer Wählerinnen und Wähler gegenüber dem Idol Trump zelebriert. Die Demokraten ihrerseits scheinen zur Geisel von Themen geworden zu sein, die allein dem progressiven Flügel der Partei am Herzen liegen, aber gemäßigte Kräfte verschrecken. Dieser Umstand macht es der Partei gegenwärtig unmöglich, verlorenes Terrain bei gemäßigten Wählerinnen und Wählern in den ländlichen Gebieten wiedergutzumachen.

Das Bild vom »Personenkult der Republikaner« und dem

»Themenkult der Demokraten« hat ein Anwalt geprägt, der in konservativen amerikanischen Medien unter dem Pseudonym A. G. Hamilton schreibt.[241] Es ist nicht nur eine originelle Sicht auf eine schwierige Situation. Sie gibt auch Hinweise darauf, warum Donald Trump trotz aller Normverstöße und Gesetzesbrüche in einem beträchtlichen Teil der Partei Heldenstatus genießt. Trump, meint A. G. Hamilton, habe den Eindruck vermittelt, er könne Naturgesetze außer Kraft setzen: Er benahm sich, wie auch immer er wollte, und wurde weder sanktioniert noch, wie es neudeutsch heißt, gecancelt. Die vermeintlichen Zwänge der politischen Korrektheit zerschellten an ihm ebenso wie die angebliche Gewissheit, eine Bewerbung für das Präsidentenamt sei eine ernste Sache.

Trump inszeniert in gewisser Weise einen Superheldenfilm in der Politik. Er stellt sich rhetorisch schützend vor jene, die sich seit Jahren marginalisiert und verspottet fühlen. Er, mit seiner Furchtlosigkeit, bringe ihnen die Freiheit zurück, meinen die Anhänger. Man braucht sich nur die rohe Ausgelassenheit seiner Unterstützer bei seinen Veranstaltungen anzuschauen, um zu begreifen, dass die Anwesenden nicht nur einen hemmungslos von sich selbst überzeugten Menschen ohne jeden Selbstzweifel bejubeln, sondern mindestens so sehr sich selbst und die angeblich neu gefundene Freiheit: zu denken und zu sagen und zu schreien, was immer sie gerade wollen, und wenn sich jemand daran stört, dann sei's drum! Das wird sich vermutlich irgendwann totlaufen, aber niemand weiß genau, wann. Die Frage könnte ein entscheidender Faktor in diesem Wahlkampf 2024 sein. Vorläufig haben die Anklagen gegen Trump dazu geführt, dass sich viele Republikaner wie in einer Wagenburg um ihn scharten.

Bei den Demokraten stellt sich die Frage ganz anders. Präsident Biden hat schon früh klargemacht, dass er die verlorenen Blue-Collar Workers wenigstens zum Teil wieder in den Schoß

der Demokratischen Partei zurückholen will. Er wäre mit seiner Herkunft und seiner Vergangenheit als eher konservativer
Linker dafür sicher geeignet. Das würde aber konkret bedeuten,
wieder mehr traditionelle linke und gewerkschaftliche Themen
aufzugreifen und die rastlosen Kulturkämpfer am linken Parteiflügel zur Zurückhaltung zu mahnen oder zu ignorieren. Ob
ihm dies gelingen wird, ohne dass ihm dieser linke Flügel von
der Fahne geht, ist bei den Demokraten das spannende Thema –
abgesehen vom Gesundheitszustand des Kandidaten. Beides
könnte sich in mangelndem Enthusiasmus der demokratischen Wählerschaft niederschlagen, was der sichere Weg in die
Katastrophe ist, wie Hillary Clinton aus eigener Erfahrung weiß.

6.6. Wie lange halten die Institutionen?

Dass das System der Demokratie extreme Polarisierung nicht
überlebt, wurde in den USA in der Mitte des 19. Jahrhunderts
deutlich. Die Ansprüche der Südstaaten, die sich das Sichern ihrer privilegierten wirtschaftlichen und politischen Existenz nur
mit dem Fortbestehen der Sklaverei vorstellen konnten, prallten
immer stärker auf jene des amerikanischen Nordens, der mit
der aufkommenden Industrialisierung zunehmend selbstbe-
wusst auf seine Rechte pochte. Die nahezu unbeschränkte Ver-
fügbarkeit von Kohle, Eisen, Kupfer und Erdöl machte den Norden reich. Er benötigte nicht nur Lohnarbeiter, sondern lehnte
die Sklaverei zunehmend auch aus ethischen Gründen ab. Der
Konflikt eskalierte keineswegs über Nacht, sondern langsam,
aber scheinbar unaufhaltsam. Der Süden wollte das System der
Sklaverei mit immer radikaleren Forderungen an den Norden
schützen. Hätte es Gelegenheiten gegeben, die Spannungen zu
entschärfen? Mit Sicherheit. Aber der Grundkonflikt blieb un-

lösbar. Die beiden Seiten, »Wir« und »die anderen«, trieben immer weiter auseinander. Bis es zur Sezession kam, die ersten Schüsse abgefeuert wurden und Amerika im blutigsten Krieg seiner Geschichte versank. Für das Land, seine demokratische Pionierleistung und die ganze freiheitliche Welt wäre es eine Katastrophe, sollte es je wieder in eine ähnliche Situation geraten.

Auswege aus der extremen Polarisierung zu finden erscheint außerordentlich schwierig. Wie wir gesehen haben, zielen viele Anreize der demografischen und gesellschaftlichen Entwicklung, des Wahlrechts und der Funktionsweise der Medien in die falsche Richtung. Es gibt eine Menge Persönlichkeiten, Institute und Organisationen, die sich dennoch den Kopf darüber zerbrechen. Meistens rechnen sie mit langen Prozessen und kleinen Schritten. Francis Fukuyama, der nach dem Zusammenbruch des Sowjetimperiums mit dem von ihm prognostizierten »Ende der Geschichte« Berühmtheit erlangte, sieht nur einen Ausweg, der rasch Ergebnisse zeitigen würde.[242] In einem Beitrag für sein Magazin »American Purpose«, das die klassisch liberale Demokratie propagiert, wünscht er sich einen Erdrutschsieg der Demokraten. Es brauche einige Amtszeiten in der Hand einer einzigen Partei, um das politische Fieber zu senken, die nötigen Reformen am Wahlrecht vorzunehmen und den Diskurs auf ein unaufgeregtes, konstruktives Niveau zu heben. Fukuyama glaubt, dass ein solcher Sieg nur von einer Partei errungen werden kann, die sich wieder mehr ins Zentrum wagt und vom Extremen bewusst abrückt. Er sieht diese Möglichkeit gegenwärtig nur bei den Demokraten gegeben, die mit der Nominierung Joe Bidens im Jahr 2020 gezeigt hätten, dass sie dem gemäßigten Mittelkurs eines Veteranen vor den schrillen Tönen eines Bernie Sanders oder einer Elizabeth Warren den Vorzug geben.

Fukuyamas These unterschlägt allerdings zwei wesentliche Tatsachen. Fast das halbe Land scheint gegenwärtig keinerlei

Bereitschaft zu zeigen, den Demokraten irgendetwas Positives zuzutrauen, schon gar nicht, das Land auf eine gesunde Basis zu stellen und den politischen Diskurs vom Gift zu befreien. Sie haben auch nicht vergessen, dass Joe Biden unter dem Druck von Bernie Sanders nach seiner Amtseinsetzung sofort nach links schwenkte und aus der zuvor angekündigten »Übergangs-Präsidentschaft« ein epochenbildendes links progressives Vermächtnis machen wollte.

Recht hat Fukuyama dagegen mit seinem Argument, dass die Republikaner zu einer Haltung der ausgestreckten Hand nicht imstande sind, solange sie im Personenkult um Trump gefangen sind. Trump ist von seinem Wesen her das reine Gegenteil einer ausgestreckten Hand. Wenn er dem Gegner etwas entgegenstreckt, dann ist es der Mittelfinger.

Die Präsidentschaft Donald Trumps, und besonders die letzten drei Monate nach seiner Wahlniederlage, haben eindrücklich gezeigt, dass ein paar integre Menschen in Schlüsselstellen und die demokratischen Institutionen der USA einem Demagogen vom Schlage Trumps eine Amtszeit lang standhalten können. Aber es ist keineswegs sicher, dass sie weitere vier Jahre dazu fähig wären. Amerika und die westliche Welt hatten Glück, dass der Präsident, der nicht abtreten wollte, nicht genug Disziplin aufbrachte, längerfristig zu planen und kohärent zu agieren. Was passiert, wenn er beim nächsten Mal nur noch Jasager um sich hat, die ihm vielleicht auch noch die Planung abnehmen? Darin liegt im Moment die größte Gefahr der Polarisierung: Sie zersetzt die Institutionen, die sich den Machthungrigen entgegenstellen müssen. Wenn es wichtiger ist, dass »wir gewinnen«, als dass die Prinzipien der freiheitlichen Demokratie respektiert werden, dann gibt es nichts mehr zu verteidigen. Das ist die entscheidende Wahl, die Amerika treffen muss, unabhängig davon, wer im November 2024 auf dem Stimmzettel steht.

Dankeswort

Auch dieses Buch ist natürlich nicht das Produkt eines Einzelnen. Dank gebührt stets vielen, und es ist unmöglich, alle hier namentlich aufzuzählen. Beginnen möchte ich mit jenen, die ich in meiner gut zehnjährigen Tätigkeit als Korrespondent der »Neuen Zürcher Zeitung« in den USA kennenlernte, die mir ihre Zeit widmeten und ihre Gedanken erläuterten. Ich habe in Amerika aber nicht nur gearbeitet, sondern auch mit meiner Familie dort gelebt. Meine Kinder gingen in die öffentliche Schule, und das war wesentlich, um auch persönliche Freunde und einen Einblick in den Alltag meines Gastlandes zu gewinnen. Es war ein Alltag, der sich stets in verschiedenen Spannungsfeldern abspielte.

Amerika erscheint, nicht zum ersten Mal in seiner Geschichte, als ein zerrissenes Land. Es sind allerdings oft auch gerade diese Spannungen, die das Besondere hervorbringen. Die außergewöhnliche Vitalität verdeckt nur schlecht die oft vorhandenen materiellen Sorgen. Übermaß und Mangel an Chancen und persönlichen Perspektiven können durchaus gleichzeitig herrschen. Im sozial besser abgesicherten Europa kann es manchmal schwerfallen, die Tragweite zu erfassen, die Entscheidungen, Vorfälle oder Entwicklungen für die Menschen in den USA mit sich bringen. Der Absturz lauert überall, und das

soziale Netz hat große Maschen. Bewundernswert ist ein aus-
geprägter Wille zur Selbstbehauptung, den viele Amerikanerinnen und Amerikaner trotzdem, oder gerade deswegen, an den
Tag legen. Ein oft ausgedrücktes Misstrauen gegenüber dem
Staat wird häufig von privatem Engagement kompensiert, wenn
es darum geht, solidarisch zu sein mit jenen, die vom Schicksal
getroffen werden.

Auf Seiten des Verlags Quadriga habe ich zuerst Sabine Nie-
meier zu danken, die damals noch als Programmleiterin Sach-
buch den Funken schlug, aus dem die Idee für diesen Band ent-
stand. Die Arbeit am Manuskript betreute Cindy Witt, die mich
immer wieder, auch mit feinem Humor und Besonnenheit, zu
motivieren wusste. Burkard Miltenberger danke ich für sein
kompetentes und einfühlsames Lektorat. Auch allen übrigen
Beteiligten im Verlag, bei der Korrektur, beim Satz und beim
Druck ein grosses Dankeschön.

Ohne die Ermunterung von Familie und Freunden wäre das
Unternehmen erheblich schwieriger, vielleicht gar aussichtslos
geworden. Hervorheben möchte ich Esther Schmid, Herbert
Staub und Cordelia Fankhauser, die jeglichen Selbstzweifel im
Keim erstickten, und René Pfister, der sich als informeller erster Leser anbot und wertvolles Feedback gab. Die früheren Kollegen bei der NZZ, allen voran Meret Baumann und Andreas
Rüesch, gaben mir mit ihrer spontanen Begeisterung für dieses
Projekt entscheidenden Schwung. Und natürlich gebührt mein
besonderer Dank meinen Söhnen Patrice und Ilya, die nicht nur
den nomadischen Lebensstil eines Auslandkorrespondenten für
den größten Teil ihres bisherigen Lebens mittrugen, sondern
mich auch ermutigten, den Ruhestand noch etwas warten zu
lassen.

Porrentruy, im Februar 2024

Anmerkungen

Einleitung: Die Qual dieser ganz besonderen Wahl

[1] https://ropercenter.cornell.edu/how-groups-voted-2012

[2] https://abcnews.go.com/Politics/OTUS/rnc-completes-autopsy-2012-loss-calls-inclusion-policy/story?id=18755809

[3] https://www.gutenberg.org/files/2044/2044-h/2044-h.htm

[4] https://www.history.com/news/dewey-defeats-truman-election-headline-gaffe

1. Der Tabubruch und seine Folgen

[5] https://www.youtube.com/watch?v=w7Bg5_-7e00&ab_channel=TODAY

[6] https://claremontreviewofbooks.com/digital/the-flight-93-election/

[7] https://truthsocial.com/@realDonaldTrump/posts/109449803240069864

[8] https://apnews.com/article/trump-hannity-dictator-authoritarian-presidential-election-f27e7e9d7c13fabbe3ae7dd7f1235c72

[9] https://www.wsj.com/articles/law-and-order-trump-has-an-evil-twin-jan-6-election-2024-political-violence-proud-boys-oath-keepers-washington-1d424246

[10] https://www.justice.gov/opa/pr/proud-boys-leader-sentenced-22-years-prison-seditious-conspiracy-and-other-charges-related

[11] https://www.realclearpolitics.com/video/2023/03/19/chris_christie_being_indicted_wont_help_trump_the_circus_continues.html

12   https://www.businessinsider.com/kevin-mccarthy-trump-photo-mar-a-lago-this-will-not-pass-2022-4?r=US&IR=T

13   https://www.washingtonpost.com/politics/2021/12/11/republicans-repeatedly-point-violent-threats-key-trumps-gop-rein/

14   https://www.nytimes.com/2019/02/25/magazine/lindsey-graham-what-happened-trump.html

15   https://www.cbsnews.com/news/house-republicans-launch-new-jan-6-committee/

16   https://www.businessinsider.com/everyone-dominion-smartmatic-suing-defamation-election-conspiracy-theories-2021-2?utm_source=ActiveCampaign&utm_medium=email&utm_content=What+Does++As+Long+as+It+Takes++Mean%3F&utm_campaign=What+Does++As+Long+as+It+Takes++Mean%3F&r=US&IR=T#one-america-news-by-dominion-7

17   https://s3.documentcloud.org/documents/23684956/2023-02-16-redacted-dominion-opening-sj-brief-18.pdf?utm_source=ActiveCampaign&utm_medium=email&utm_content=What+Does++As+Long+as+It+Takes++Mean%3F&utm_campaign=What+Does++As+Long+as+It+Takes++Mean%3F

18   https://www.cnbc.com/2023/04/19/fox-smartmatic-defamation-case-dominion.html

19   https://www.reuters.com/legal/judge-rejects-newsmaxs-bid-dismiss-smartmatic-lawsuit-over-2020-election-2023-08-23/

20   https://constitutioncenter.org/blog/on-this-day-bush-v-gore-anniversary

21   https://www.businessinsider.com/capitol-hill-insurrection-has-roots-in-brooks-brothers-riot-2021-1?r=US&IR=T

22   https://www.wsj.com/articles/SB975017479389950567

23   https://www.wabe.org/judge-rules-against-abrams-group-in-georgia-voting-rights-lawsuit/

24   https://www.youtube.com/watch?v=AW_Bdf_jGaA&ab_channel=NBCNews

25   https://www.gpb.org/news/2022/11/08/brad-raffensperger-who-defied-trump-wins-reelection-georgia-secretary-of-state

26   https://www.whitehouse.gov/briefing-room/speeches-remarks/2022/01/11/remarks-by-president-biden-on-protecting-the-right-to-vote/

27   https://votingrightslab.org/vbm-changes-2022/

28   https://edition.cnn.com/2022/05/23/politics/georgia-early-voting-turnout/index.html

29   https://www.collins.senate.gov/imo/media/doc/one_pager_on_electoral_count_reform_act_of_2022.pdf

30   https://www.nytimes.com/interactive/2021/01/07/us/elections/
electoral-college-biden-objectors.html

31   https://www.justsecurity.org/81806/january-6-intelligence-and-
warning-timeline/

32   https://www.voanews.com/a/usa_timeline-us-race-
riots-1965/6190204.html

33   https://www.wunc.org/race-demographics/2020-10-07/greensboro-
city-council-apologizes-for-police-role-in-1979-massacre

34   https://www.nbcnews.com/storyline/dallas-police-ambush/
protests-spawn-cities-across-u-s-over-police-shootings-
black-n605686

35   https://www.nytimes.com/2020/07/21/us/portland-protests.html

36   https://apnews.com/article/race-and-ethnicity-police-violence-
oregon-portland-a4b84a60d51755a8330ef102098aba63

37   https://www.nytimes.com/2021/04/27/us/portland-protests-
mayor-ted-wheeler.html

38   https://www.nytimes.com/2020/10/13/us/michael-reinoehl-antifa-
portland-shooting.html

39   https://www.cbsnews.com/news/torch-carrying-white-
nationalists-march-through-university-of-virginia-ahead-of-rally/

40   https://apnews.com/article/charlottesville-a-year-
later-north-america-us-news-ap-top-news-virginia-
b8560c3ebaac4deb9043bb695f2eb1db

41   https://www.wsj.com/articles/anarchy-in-portland-oregon-ted-
wheeler-chuck-lovell-11630014195

42   https://www.nzz.ch/international/unruhen-usa-die-gewalt-
schadet-der-black-lives-matter-bewegung-ld.1575921

43   https://www.foxnews.com/us/protests-riots-nationwide-
america-2020

44   https://www.dhs.gov/news/2020/07/27/myth-vs-fact-50-nights-
violence-chaos-and-anarchy-portland-oregon

45   https://www.npr.org/2021/11/19/1057288807/kyle-rittenhouse-
acquitted-all-charges-verdict

46   https://www.pnas.org/doi/10.1073/pnas.2122593119

47   https://health.ucdavis.edu/vprp/pdf/Political-Violence-Fact-
Sheet%201_7-21-22.pdf

48   https://abcnews.go.com/US/rise-gun-ownership-people-color/
story?id=80008877

49   https://grabien.com/story.php?id=417705

50   https://twitter.com/yashar/status/1641608890310852608?s=20

51   https://www.theatlantic.com/magazine/archive/2023/04/us-
extremism-portland-george-floyd-protests-january-6/673088/

52   https://www.youtube.com/watch?v=VSrEEDQgFc8&ab_
      channel=NBCNews

53   https://www.forbes.com/sites/alisondurkee/2023/03/14/republicans-
      increasingly-realize-theres-no-evidence-of-election-fraud-but-
      most-still-think-2020-election-was-stolen-anyway-poll-finds/

2. Einmaleins des amerikanischen Wahlkampfs

54   https://www.thegreenpapers.com/P24/R

55   http://www.thegreenpapers.com/P24/D

56   https://www.nytimes.com/2020/03/02/us/politics/pete-buttigieg-
      joe-biden-endorsement.html#:~:text=Biden%2C%20Jr.,bigger%20
      than%20me%20becoming%20president

57   https://www.nytimes.com/2020/04/08/us/politics/bernie-sanders-
      drops-out.html

58   https://www.politico.com/story/2016/05/trump-gop-primary-
      delegate-wins-223605

59   https://www.nytimes.com/2016/06/07/upshot/how-hillary-
      clinton-reached-the-magic-number.html

60   https://www.nbcnews.com/politics/2020-election/bernie-sanders-
      signs-dnc-loyalty-pledge-i-am-member-democratic-n979696

61   https://www.nytimes.com/2023/03/18/us/politics/jimmy-carter-
      october-surprise-iran-hostages.html#:~:text=But%20Iran%20
      did%20hold%20the,Carter%20left%20office.

62   https://www.nationalreview.com/2016/02/ronald-reagan-
      republican-party-dead-2016-donald-trump/

63   https://www.reaganfoundation.org/ronald-reagan/reagan-quotes-
      speeches/inaugural-address-2/

64   https://www.pewresearch.org/politics/2021/11/09/the-democratic-
      coalition/

65   https://rollcall.com/2023/06/21/trump-vs-biden-ii-the-rematch-
      voters-dont-want/

66   https://www.nzz.ch/international/als-der-vietnamkrieg-
      kippte-ld.1352207

67   https://www.politico.com/story/2016/03/mccarthy-nearly-upsets-
      lbj-in-new-hampshire-primary-march-12-1968-220521

68   https://www.nytimes.com/2023/10/10/magazine/kamala-harris.
      html

69   https://eu.desmoinesregister.com/story/news/elections/
      presidential/caucus/2024/01/15/republican-vivek-ramaswamy-
      trailing-gop-polls-iowa-caucuses-results/72067258007/

70 https://www.oyez.org/cases/1971/70-18
71 https://www.oyez.org/cases/2021/19-1392
72 https://maristpoll.marist.edu/polls/abortion-rights-in-the-united-states/
73 https://www.theguardian.com/us-news/2023/jan/03/donald-trump-abortion-midterms-republicans
74 https://sports.yahoo.com/trump-trashes-disloyal-evangelical-christians-002700403.html
75 https://projects.fivethirtyeight.com/polls/president-general/
76 https://www.wsj.com/articles/did-perot-spoil-1992-election-for-bush-its-complicated-11562714375
77 https://www.sscnet.ucla.edu/polisci/faculty/lewis/pdf/greenreform9.pdf

3. Wer und was besondere Aufmerksamkeit verdient

78 https://www.investopedia.com/financial-edge/0812/5-presidents-who-couldnt-secure-a-second-term.aspx#:~:text=Ten%20former%20U.S.%20presidents%20were,party%3B%20others%2C%20like%20George%20H.W.
79 https://news.gallup.com/poll/116677/presidential-approval-ratings-gallup-historical-statistics-trends.aspx
80 https://www.nytimes.com/2020/05/03/us/politics/joe-biden-vice-president-pick.html
81 https://www.nytimes.com/2023/07/29/us/politics/mcconnell-feinstein-biden-age.html
82 https://edition.cnn.com/2023/07/27/politics/mitch-mcconnell-multiple-falls-this-year/index.html
83 https://constitutioncenter.org/blog/understanding-presidential-disability-under-the-constitution
84 https://www.nytimes.com/2015/05/31/us/politics/joseph-r-biden-iii-vice-presidents-son-beau-dies-at-46.html
85 https://blogs.cdc.gov/nchs/2023/05/18/7365/
86 https://www.bbc.com/news/world-us-canada-55805698
87 https://eu.usatoday.com/story/news/politics/2023/03/16/house-republicans-hunter-biden-china/11484189002/
88 https://www.justice.gov/storage/US_v_Trump_23_cr_257.pdf
89 https://www.justice.gov/storage/US-v-Trump-Nauta-De-Oliveira-23-80101.pdf
90 https://manhattanda.org/wp-content/uploads/2023/04/Donald-J.-Trump-Indictment.pdf

91   https://d3i6fh83elv35t.cloudfront.net/static/2023/08/CRIMINAL-
      INDICTMENT-Trump-Fulton-County-GA.pdf

92   https://www.wsj.com/articles/trump-organization-convicted-of-
      criminal-tax-fraud-in-new-york-trial-11670360422

93   https://edition.cnn.com/2021/02/13/politics/mitch-mcconnell-
      acquit-trump/index.html

94   https://www.nytimes.com/2023/08/01/opinion/trump-indictment.
      html

95   https://www.cbc.ca/news/world/trump-14th-amendment-
      challenges-1.7012321

96   https://coloradonewsline.com/2023/11/15/colorado-judge-to-
      hear-closing-arguments-in-case-seeking-to-bar-trump-from-
      ballot/#:~:text=Six%20Colorado%20voters%20have%20sued,3%20
      of%20the%2014th%20Amendment.

97   https://www.nytimes.com/2023/11/14/us/politics/trump-
      michigan-ballot-14th-amendment.html

98   https://www.courts.state.co.us/userfiles/file/Court_
      Probation/02nd_Judicial_District/Denver_District_
      Court/11_17_2023%20Final%20Order.pdf

99   https://www.cbsnews.com/news/trump-colorado-supreme-
      court/

100   https://www.reuters.com/legal/us-supreme-court-hear-trump-
      appeal-colorado-ballot-disqualification-2024-01-05/

101   https://www.nbcnews.com/politics/supreme-court/supreme-
      court-sidesteps-decision-trump-presidential-immunity-claim-fed-
      rcna130769

102   https://www.nytimes.com/interactive/2023/11/07/us/elections/
      times-siena-battlegrounds-registered-voters.html

103   https://www.scribd.com/document/670200251/cbsnews-
      20230910-SUN#fullscreen=1

104   https://projects.fivethirtyeight.com/polls/approval/kamala-harris/

105   https://www.nytimes.com/2023/11/05/upshot/polls-biden-
      trump-2024.html

106   https://www.nytimes.com/2023/11/05/upshot/polls-biden-
      trump-2024.html

107   https://projects.fivethirtyeight.com/polls/president-
      primary-r/2024/national/

108   https://twitter.com/RonDeSantis/status/1749159384112845285

109   https://www.rollingstone.com/politics/politics-news/trump-
      suggesting-ron-desantis-pedophile-1234675596/

110   https://www.cnbc.com/2022/11/12/trump-2024-campaign-trump-
      lashes-out-at-desantis-and-youngkin-.html

[111] https://www.federalbudgetinpictures.com/where-does-all-the-money-go/

[112] https://www.theatlantic.com/politics/archive/2023/11/nikki-haley-2024-campaign-voter-support/675906/

[113] https://archive.nytimes.com/india.blogs.nytimes.com/2012/04/04/a-conversation-with-nikki-haley/

[114] https://www.today.com/news/un-ambassador-nikki-haley-today-i-will-never-support-muslim-t109290

[115] https://www.rollingstone.com/politics/politics-news/trump-seriously-on-the-trail-with-the-gops-tough-guy-41447/13/

[116] https://www.youtube.com/watch?v=G4kX2tXvuVA&ab_channel=CNN

[117] https://www.270towin.com/content/republican-primary-and-caucus-delegate-allocation-methods

[118] https://www.nbcnews.com/politics/2024-election/nikki-haley-swipes-trump-gop-candidates-tout-staunch-support-israel-rcna122616

[119] https://www.politico.com/news/2023/11/13/tim-scott-backer-fundraiser-nikki-haley-00126910

[120] https://apnews.com/article/cornel-west-president-independent-green-party-2024-57dd7dbc0bccc10ea866005663398823

[121] https://poll.qu.edu/poll-release?releaseid=3881#:~:text=Quinnipiac%20University%20Poll-,2024%20Presidential%20Race%20Stays%20Static%20In%20The%20Face%20Of%20Major,Candidate%20In%203%2DWay%20Race

[122] https://www.nytimes.com/2023/09/27/opinion/trump-biden-election-2024.html

[123] https://thehill.com/opinion/congress-blog/4176973-no-labels-duped-me-i-wont-let-them-dupe-america/

[124] https://newrepublic.com/article/172059/no-labels-took-100000-clarence-thomas-buddy-harlan-crow

[125] https://www.propublica.org/article/clarence-thomas-scotus-undisclosed-luxury-travel-gifts-crow

[126] https://www.filesforprogress.org/datasets/2023/6/dfp_no_labels_blog_tabs.pdf?utm_source=ActiveCampaign&utm_medium=email&utm_content=Insurers+Exit+Florida%2C+California&utm_campaign=Insurers+Exit+Florida%2C+California

[127] https://www.monmouth.edu/polling-institute/reports/monmouthpoll_us_072023/?utm_source=ActiveCampaign&utm_medium=email&utm_content=Insurers+Exit+Florida%2C+California&utm_campaign=Insurers+Exit+Florida%2C+California

[128] https://www.wsj.com/articles/why-i-wont-be-seeking-re-

election-to-the-senate-politics-washington-joe-manchin-7f61ee21?mod=hp_opin_pos_1

129   https://www.reuters.com/world/us/democratic-us-senator-joe-manchin-will-not-seek-re-election-2024-2023-11-09/

130   https://www.nytimes.com/2023/11/29/opinion/no-labels-trump-biden-2024.html

131   https://www.theatlantic.com/politics/archive/2023/07/joe-lieberman-interview-no-labels-2024-election/674711/?utm_source=ActiveCampaign&utm_medium=email&utm_content=Ted+Cruz+Braces+for+Another+Reelection+Battle&utm_campaign=Ted+Cruz+Braces+for+Another+Reelection+Battle&utm_source=ActiveCampaign&utm_medium=email&utm_content=Insurers+Exit+Florida%2C+California&utm_campaign=Insurers+Exit+Florida%2C+California

132   https://www.propublica.org/article/biden-interview-trump-supreme-court-ethics

133   https://www.nytimes.com/2023/10/14/opinion/the-real-danger-in-robert-f-kennedy-jrs-independent-run.html

134   https://crsreports.congress.gov/product/pdf/R/R40504/7

4. Was der Kampf ums Weiße Haus für Europa bedeutet

135   https://ecfr.eu/publication/crisis-of-confidence-how-europeans-see-their-place-in-the-world/

136   https://ecpr.eu/Events/Event/PaperDetails/65530

137   https://www.politico.eu/article/qanon-europe-coronavirus-protests/

138   https://ecfr.eu/publication/keeping-america-close-russia-down-and-china-far-away-how-europeans-navigate-a-competitive-world/#the-return-of-the-american-ally

139   https://thehill.com/homenews/administration/314432-trump-nato-is-obsolete/

140   https://www.reuters.com/article/frankreich-nato-idDEKBN1XH1UY

141   https://www.bbc.com/news/world-us-canada-39585029

142   https://edition.cnn.com/2017/08/02/politics/donald-trump-russia-sanctions-bill/index.html

143   https://www.cbsnews.com/news/chinese-hackers-took-trillions-in-intellectual-property-from-about-30-multinational-companies/

144   https://www.bbc.com/news/world-asia-45351356

145   https://www.wsj.com/video/watch-trump-says-as-president-hed-

settle-ukraine-war-within-24-hours/0BCA9F18-D3BF-43DA-
9220-C13587EAEDF2.html

146 https://edition.cnn.com/2018/02/27/politics/judge-curiel-trump-
border-wall/index.html

147 https://www.pewresearch.org/short-reads/2021/01/13/how-
trump-compares-with-other-recent-presidents-in-appointing-
federal-judges/

148 https://apnews.com/article/russia-ukraine-
donald-trump-humanitarian-assistance-congress-
c47a255738cd13576aa4d238ec076f4a

149 https://www.politico.com/news/2022/07/15/republicans-spartz-
ukraine-zelenskyy-00045949

150 https://edition.cnn.com/2023/02/22/politics/ukraine-aid-
republican-leaders/index.html

151 https://www.foxnews.com/politics/far-left-dems-urge-biden-push-
peace-deal-ukraine-throw-party-uproar

152 https://spectator.org/americas-ruling-class/

153 https://www.harpercollins.com/products/the-courage-to-be-free-
ron-desantis?variant=40977857544226

154 https://time.com/3978510/congress-must-reject-the-iran-deal/

155 https://apnews.com/article/ron-desantis-ukraine-republicans-
2024-f44acc03f772f393b7f8d452ee26508a

156 https://www.nytimes.com/2021/10/03/obituaries/angelo-codevilla-
dead.html

157 https://press.un.org/en/2016/sc12657.doc.htm

158 https://eu.naplesnews.com/story/news/politics/
elections/2018/09/17/gops-ron-desantis-addressed-another-
extremist-group-last-year/1328389002/

159 https://www.c-span.org/video/?439585-1/israeli-palestinian-
conflict-middle-east-policy

160 https://www.foxnews.com/transcript/rep-desantis-and-allen-west-
on-trumps-north-korea-policy

161 https://www.youtube.com/watch?v=d95nnOAPXrw&ab_
channel=GovernorRonDeSantis

162 https://www.npr.org/templates/story/story.php?storyId=4460172

163 https://www.foxnews.com/politics/desantis-says-putin-war-
criminal-piers-morgan-interview

164 https://www.cbsnews.com/miami/news/gov-desantis-signs-bills-
targeting-china-influence/

165 https://wusfnews.wusf.usf.edu/politics-issues/2023-05-17/
desantis-to-send-state-national-guard-to-mexico-border-
eskamani-calls-it-a-political-stunt

[166] https://www.fox4now.com/news/local-news/desantis-takes-aim-at-biden-administration-over-fentanyl

[167] https://www.nytimes.com/2016/03/16/upshot/measuring-donald-trumps-mammoth-advantage-in-free-media.html

[168] https://www.ft.com/content/47125814-436d-474e-bdc7-37cf419ddcb9

[169] https://www.wsj.com/articles/can-the-gop-become-a-real-working-class-party-11674835143

[170] https://www.hawley.senate.gov/hawley-op-ed-gop-dead-new-gop-must-listen-working-people

[171] https://www.opensecrets.org/news/2020/04/majority-of-lawmakers-millionaires/

[172] https://edition.cnn.com/2023/06/30/politics/desantis-financial-disclosure-florida/index.html#:~:text=DeSantis'%20net%20worth%20is%20more,state%20disclosure%20shows%20%7C%20CNN%20Politics

[173] https://www.pewresearch.org/short-reads/2022/09/08/republicans-and-democrats-have-different-top-priorities-for-u-s-immigration-policy/

[174] https://news.gallup.com/poll/1651/gay-lesbian-rights.aspx

[175] https://www.pewresearch.org/short-reads/2022/02/11/deep-partisan-divide-on-whether-greater-acceptance-of-transgender-people-is-good-for-society/

[176] https://www.wsj.com/articles/republicans-corporations-donations-pacs-9b5b202b?st=4ltt5mzxrekpafw&reflink=share_mobilewebshare

5. Zu viel Polarisierung zerreißt die Demokratie

[177] https://ifstudies.org/blog/marriages-between-democrats-and-republicans-are-extremely-rare

[178] https://madeinamericathebook.wordpress.com/2012/09/24/the-polarizing-political-paradox-redux/

[179] https://today.yougov.com/topics/politics/articles-reports/2020/09/17/republicans-democrats-marriage-poll

[180] https://www.wsj.com/articles/republicans-democrats-are-split-over-which-groups-face-discrimination-wsj-poll-finds-11671847585

[181] https://news.gallup.com/poll/394283/confidence-institutions-down-average-new-low.aspx

[182] https://history.house.gov/HistoricalHighlight/Detail/35513

183 https://www.washingtonpost.com/blogs/the-fix/post/name-that-district-contest-winner-goofy-kicking-donald-duck/2011/12/29/gIQA2Fa2OP_blog.html

184 https://www.uniteamerica.org/reports/the-primary-problem

185 https://www.nzz.ch/international/ein-vielversprechendes-wahlverfahren-spaltet-die-gemueter-ld.1451651

186 https://www.postandcourier.com/opinion/commentary/goldberg-our-american-experiment-with-primary-elections-is-bad-for-democracy/article_e26f159e-7694-11ed-8183-bbe8603187b9.html

187 https://www.pewresearch.org/politics/2023/01/31/republicans-leery-of-compromise-with-biden-majority-want-gop-to-focus-on-investigations/?utm_source=AdaptiveMailer&utm_medium=email&utm_campaign=1-31-23%20Biden%20&%20Economy%20GEN%20DISTRO&org=982&lvl=100&ite=11087&lea=2298412&ctr=0&par=1&trk=a0D3j000012UKrEEAW

188 https://www.pewresearch.org/global/2021/05/05/4-political-correctness-and-offensive-speech/

189 http://law.stanford.edu/wp-content/uploads/2022/04/Online-Edition-Diller.pdf

190 https://www.nytimes.com/2023/01/25/opinion/rural-voters-republican-realignment.html

191 https://www.nytimes.com/2023/01/25/opinion/rural-voters-republican-realignment.html

192 https://centerforpolitics.org/crystalball/articles/how-democrats-are-losing-the-war-for-counties/

193 https://source.wustl.edu/2020/02/the-divide-between-us-urban-rural-political-differences-rooted-in-geography/

194 https://press.uchicago.edu/ucp/books/book/chicago/P/bo22879533.html

195 https://www.archives.gov/electoral-college/allocation

196 http://archive.fairvote.org/electoral_college/Gallup_Polls.pdf

197 https://www.senate.gov/about/powers-procedures/filibusters-cloture/overview.htm

198 https://www.270towin.com/2004_Election/

199 https://www.nbcnews.com/meet-the-press/what-remaking-american-politics-looks-1996-n1295000

200 https://thehill.com/homenews/campaign/3742535-democrats-look-to-make-inroads-with-rural-voters-after-glimmers-of-hope-in-2022/

201 https://edition.cnn.com/interactive/2022/politics/exit-polls-2022-midterm-2018-shift/

202 https://journals.sagepub.com/doi/pdf/10.1177/0002716218811309

6. Nichts brennt wie die Neugier: Warum Prognosen so schwierig sind

[203] https://www.cbsnews.com/news/2016-polls-president-trump-clinton-what-went-wrong/

[204] https://www.pewresearch.org/politics/2018/08/09/an-examination-of-the-2016-electorate-based-on-validated-voters/#link=%7B%22role%22:%22standard%22,%22href%22:%22https://www.pewresearch.org/politics/2018/08/09/an-examination-of-the-2016-electorate-based-on-validated-voters/%22,%22target%22:%22%22,%22absolute%22:%22%22,%22linkText%22:%22examination%20of%20the%202016%20electorate%20by%20Pew%22%7D

[205] https://news.vanderbilt.edu/2021/07/19/pre-election-polls-in-2020-had-the-largest-errors-in-40-years/

[206] https://www.jstor.org/stable/3216894

[207] https://nypost.com/2020/11/02/us-election-sets-betting-records-overseas-with-1-billion-in-wagers/

[208] https://www.wsj.com/finance/regulation/cftc-rejects-bid-to-launch-political-election-betting-market-940fbb17

[209] https://finance.yahoo.com/news/betting-markets-emerge-as-winners-in-messy-aftermath-of-election-day-2020-polling-failures-140241854.html

[210] https://www.american.edu/media/news/092616-13-keys-prediction.cfm

[211] https://papers.ssrn.com/sol3/papers.cfm?abstract_id=1403606

[212] https://www.ncbi.nlm.nih.gov/pmc/articles/PMC4653178/

[213] https://www.wsj.com/articles/bellwether-counties-nearly-wiped-out-by-2020-election-11605272400

[214] https://www.census.gov/quickfacts/fact/table/US/PST045222

[215] https://www.theatlantic.com/politics/archive/2012/06/will-2012-be-the-last-hurrah-for-whites/427803/

[216] https://www.cookpolitical.com/charts/house-charts/national-house-vote-tracker/2022

[217] https://ballotpedia.org/Proportion_of_each_party%27s_national_U.S._House_vote_and_share_of_seats_won_in_U.S._House_of_Representatives_elections

[218] https://www.politico.com/news/2022/12/19/dobbs-2022-election-abortion-00074426

[219] https://www.nytimes.com/2023/04/21/opinion/trump-desantis-republicans.html?searchResultPosition=5

[220] https://www.atlantanewsfirst.com/2022/11/09/gov-brian-kemp-wins-re-election-nations-most-watched-governors-race/

221 https://apnews.com/article/2022-midterm-elections-abortion-
     health-ohio-covid-cdb0993362d1c13c957783782c4bd3b2

222 https://www.nytimes.com/2023/06/01/upshot/millennials-polling-
     politics-republicans.html?smid=nytcore-android-share

223 https://www.pewresearch.org/2020/09/23/the-changing-racial-
     and-ethnic-composition-of-the-u-s-electorate/

224 https://catalist.us/wh-national/

225 https://www.theguardian.com/commentisfree/2012/sep/06/bill-
     clinton-speech-obama

226 https://www.nbcnews.com/politics/meet-the-press/did-biden-
     win-little-or-lot-answer-yes-n1251845

227 https://www.nzz.ch/international/wahlen-usa-die-swing-states-
     im-mittleren-westen-entscheiden-ld.1575684

228 https://centerforpolitics.org/crystalball/articles/the-
     transformation-of-the-american-electorate/

229 https://nymag.com/intelligencer/2021/03/david-shor-2020-
     democrats-autopsy-hispanic-vote-midterms-trump-gop.html

230 https://www.nytimes.com/2023/09/05/upshot/biden-trump-black-
     hispanic-voters.html?searchResultPosition=1

231 https://www.wsj.com/articles/another-biden-trump-presidential-
     race-in-2024-looks-more-likely-19d88039

232 https://www.as-coa.org/articles/chart-how-us-latinos-voted-2020-
     presidential-election

233 https://sites.utexas.edu/contemporaryfamilies/2021/11/02/
     breadwinning-mothers-brief-report/

234 https://www.pewresearch.org/fact-tank/2022/09/26/women-now-
     outnumber-men-in-the-u-s-college-educated-labor-force/

235 https://www.nzz.ch/international/trumps-letzte-hoffnung-auf-der-
     faehrte-der-schweigenden-mehrheit-ld.125095

236 https://www.politico.com/2016-election/results/map/president/
     pennsylvania/

237 https://www.pewresearch.org/fact-tank/2022/03/10/the-
     polarization-in-todays-congress-has-roots-that-go-back-decades/

238 https://jabberwocking.com/if-you-hate-the-culture-wars-blame-
     liberals/

239 https://www.brookings.edu/articles/the-polarization-paradox-
     elected-officials-and-voters-have-shifted-in-opposite-directions/

240 https://centerforpolitics.org/crystalball/articles/both-white-and-
     nonwhite-democrats-are-moving-left/

241 https://twitter.com/AGHamilton29/status/
     1484886742243160068?ref_src=twsrc%5Etfw%7Ctwcamp%5Etw
     eetembed%7Ctwterm%5E1484886742243160068%7Ctwgr%5Ef5

1ac6b0d3d250bab3bfd18907f66dc9b515608c%7Ctwcon%5Es1_&
ref_url=https%3A%2F%2Fthedispatch.com%2Fnewsletter%2Ffren
chpress%2Fthe-cult-of-ideology-vs-the-cult%2F

242 https://www.americanpurpose.com/blog/fukuyama/pathways-
from-polarization/
Oder deutsche, gekürzte Fassung: https://www.nzz.ch/meinung/
fukuyama-amerika-muss-sich-versoehnen-dazu-gibt-es-nur-
einen-weg-ld.1701799